文學結構主義

Structuralism in Literature
An Introduction

羅伯特・休斯—著
Robert Scholes

劉豫—譯

原　序

　　當嘗試介紹文學中的結構主義時，我感到有必要做一些應該在此申明的抉擇。在強調結構主義的文學方面時，我不可避免地忽略了結構主義的其他方面。讀者在這裡將看不到對哲學、心理學、歷史、自然科學或數學中的結構主義的討論。在已經出版過了的專著中，人們可以找到這種討論，本書的文獻附錄也將提及這些書。但本書所著重強調的將是文學。因此，我將僅介紹語言學及其他人文和自然科學的一些最基本概念。經常與結構主義聯在一起的一些顯赫名字——德里達（Derrida）、拉岡（Lacan）、傅柯（Foucault）——不在本書的討論範圍。現象學也將僅在與結構主義相區別的意義上被提及。

　　如此強烈並近乎排他地專論文學結構主義，其原因既在於我本人的興趣，也在於我對以英語為母語的其他文學研究者的需要的瞭解。我尤其希望促進對某些法國批評家的瞭解，他們的著作在歐洲以外尚未充分地為人所知，但他們的成就已經給人以深刻印象，並正在繼續擴大。在嘗試這樣做時，我不得不在犧牲詩歌、戲劇和其他文學形式的情況下強調敍事文學。我並沒有完全忽略其他主要形式（第二章考察了詩歌，第三章考察了戲劇），但應該在一開始就坦率承認，小說在這裡得到了比任何其他文學種類多

得多的關注。情況之所以會是這樣，有許多原因。既然我主要力圖將歐洲批評思想介紹給講英語的讀者，所以對詩歌的處理就會帶來特殊的困難。衆所周知，出於結構主義者所能詳細顯示的一些理由，詩歌是不能翻譯的。但除此之外，我還必須補充我個人的感覺，即：由於我在第二章中將更全面闡述的那些理由，詩歌也證實（至少迄今爲止）比小說更不適合於結構主義批評。

戲劇的情況則相當不同。一些有趣的和顯然屬於結構主義的戲劇批評已經出現〔例如巴特（Barthes）和戈德曼（Goldmann）關於拉辛（Racine）的論著，以及雅克・埃爾曼（Jacques Ehr-mann）關於《西那》（*Cinna*）的那篇出色論文〕。在決定以犧牲戲劇爲代價來詳盡地闡述我對小說的處理時，我也許犯了錯誤——但我的意圖是在篇幅許可的情況下，盡可能詳盡地討論結構主義者所最廣泛、最徹底地處理過的那個文學方面。當然，我也受制於我本人的興趣和侷限性。小說詩學一直是我在文學研究中的主要理論課題，我把我先前在這個領域內所做過的工作看成一種許可證，它允許我參與結構主義者對敍事的討論、提出我個人用以取代某些結構主義公式的觀點，以及在超出結構主義理論家的立場的情況下發展一些觀點。我希望，本書的最終價值，將既在於它向英語讀者介紹了這場歐洲批評運動的主要人物和思想，也在於它通過這種介紹補充了文學理論的某些原則。

在言歸正傳之前，我還必須對另一處省略表示歉意。儘管我並沒有對之加以解釋，本書沒有包括任何關於結構主義電影詩學的論述。從許多原因來看，這都是一個嚴重的忽略。結構主義的主要發展之一是被稱爲**符號學**（semiology，或semeiology，或semiotics）的一個既相關又獨特的學科，它研究一般的**指義系統**（signifying system）。人類語言是一個指義系統，亦是我們所擁

有的最繁雜的一個；但還有其他系統，它們的形式經常是某種意象研究或某種可作為一種交際形式來研究的社會行為模式。人通過身體語言、衣著式樣和許多其他說話和寫作之外的方式進行交際。作為包括了這些超語言交際形式的一種研究，符號學已證實理想地適合於討論電影的意義，因為電影也使用視覺形象、語言、音樂和其他聲響傳遞意義。對於當今的電影研究者來說，不知道符號學就等於是文盲。在把電影符號學者的成就擱置一邊時，我當然並不想貶低它們。但這個多義媒介的問題太複雜，電影符號學的牽扯面又太廣，所以我決定，與其在這有限的篇幅內粗略地闡述它，倒不如盡可能多地討論小說，而將對電影符號學的論述侷限在文獻附錄的某些條目上。我還必須加上一點，即在我個人的經驗中，電影研究者經常發現，通過形式主義和文學結構主義去接觸這個課題，要比在缺乏這種知識的情況下去探討它更容易一些。因此，即使對那些把書面文學當作一種有趣的歷史現象，但引不起眼前興趣的專心致志的電影研究者來說，我也希望這些材料會有所裨益。

在提及本書所沒有包括的那些結構主義方面時，我只是力圖在讀者面前表現出一種公正的立場，既不許願也不暗示他可以在這裡找到的東西比實際上存在的要多。但我並不想對本書實際論述的那些東西表示歉意。在結構主義中，我找到了一個觀念和方法的體系，它強有力地促進了我個人對文學和生活的看法。假如人在這個世界上的作用是要提高對自己及其所處環境的意識，那麼，結構主義便有許多東西可以啓迪我們。我毫不猶豫地把結構主義思想的結論推出藝術的範圍，將它們用於人類境遇的其他方面。對此，我不做任何辯解。

在本書的寫作過程中，我得到了許多人的支持和鼓勵，我希

望在此對他們的幫助表示感謝。這個研究項目是在耶魯大學出版社的惠特尼・布萊克的建議下開始的。假如沒有他的指點和鼓勵，本書絕對寫不出來。從加利福尼亞州到麻薩諸塞州的學院和大學的師生已經讀過或聽過本書的一些章節或片斷，他們的反應經常是批評性的，對我的修改總是起著一種促進和幫助作用。對他們，並對我的同事、學生──朋友──我均表感謝。我同時也對首先印出未經修改的本書初稿的三家雜誌的編輯表示感謝，現在他們又准許我對那些初稿加以修改並收入本書。這三家雜誌分別是《小說》（*Novel*）（愛德華・布洛姆和馬克・斯比卡）、《詹姆斯・喬埃斯研究季刊》（*The James Joyce Quarterly*）（托馬斯・弗・斯塔利）和《新文學史》（*New Literary History*）（拉爾夫・科恩）。我還希望以高興和感激的心情提及另外三人的幫助：卡奇格・托洛利安（Khachig Tololyan）在撰寫論文中抽出寶貴時間閱讀了我的全部手稿；簡・萊文（Jane Lewin）也同樣犧牲了自己的時間幫助校稿；喬・安・斯・普特南－休斯（Jo Ann S. Putnam-Scholes）的存在則使得這一切成爲可能。

最後，還有一些技術上的問題。所有未收入文獻附錄的著作，我均在正文首次提到時標明了完整的出處。在所有情況下，只要有平裝本，我均引證出來。譯自法文的部分──除非已另外註明──均係本人所譯，它們和本書中任何事實或評價方面的謬誤一樣，均由筆者負責。

羅伯特・休斯（Robert Scholes）

一九七三年九月

譯　序

　　羅伯特・休斯撰寫的《文學結構主義》一書於一九七四年由美國耶魯大學出版社出版。在該書出版之前和之後，也有許多有關結構主義的介紹性書籍相繼問世。但像休斯這本書這樣專門和系統地介紹文學各領域內的結構主義研究活動及其成果，實不多見。

　　在結構主義形成一種文學批評方法之前，人們總是習慣在文學以外尋找解釋和評價文學的標準和方法（例如，從作者生平傳記、心理學、社會學等角度出發）。因此，歷來的文學研究在某種意義上都可以說是非文學性的。當然，這並不意味著諸如此類的非文學性批評方法都是錯誤的。無論是心理學性質的文學研究（例如，對作品與作者和讀者的關係的研究），還是社會學性質的文學研究（例如馬克思主義的文學批評方法），都已經並將繼續在幫助我們理解文學作品、理解生活、理解人生方面起著重大的啓迪作用，但它們無一例外都忽略了這樣一個重要的事實，即眞正偉大的文學作品的創作，不僅僅是對社會、生活、人生以及作者和讀者的各種不同需要所作出的反應，而且是對整個文學傳統作出的反應。具體的文學作品只能在文學傳統提供的模式內得以產生，但眞正優秀的文學作品也反過來通過創新修改和豐富這種文學傳

統。作為一種純粹文學性質的批評方法，文學結構主義認為，要全面和正確地理解和評價文學作品，我們就必須細緻研究文學作品所特有的文學性，並深入瞭解具體文學作品和具體文學種類與整個文學傳統的關係。正如埃欽鮑姆（Boris Eikhenbaum）所說：「文學－歷史事實是一個複雜的思維產物，其中最重要的因素是**文學性**。它的這種特徵，使得對它的研究只能沿內在－進化的線索進行，才能產生任何成果。」（見麥杰卡（Matejka）和波莫斯卡（Pomorska）合編的《俄國詩學讀物》，第62頁）在《文學結構主義》中，休斯全面、系統地介紹了結構主義在詩歌、戲劇、尤其是小說領域內從事的研究工作及其已取得的成就。此外，他還探討了文學結構主義與十九世紀初英國浪漫主義詩人（尤其是柯立芝和雪萊）的連繫，以及結構主義世界觀在當代小說創作中的反映。

　　作為一名美國人，休斯熟悉英美文學傳統；作為一名結構主義者，他不僅深諳結構主義的詩學理論，而且通過自己的辛勤工作對之作出了積極貢獻（他與凱洛格合著的《敘事的性質》一書，是敘事文學研究方面的一部重要著作）作為一名翻譯家，他不僅將歐洲結構主義者的大批著述介紹給了英美讀者，而且由於語言上的方便，能夠直接瞭解當代重要的結構主義哲學家和理論家（大都是歐洲大陸學者）的思想。所有這些得天獨厚的有力條件，使休斯在撰寫《文學結構主義》時不僅能夠對文學結構主義作準確的介紹，而且能夠對之提出內行的批評。儘管我們在他對西方馬克思主義以及存在主義的激烈抨擊中看到了他的一些偏見，但總體來說，他對結構主義的忠實信仰，並未妨礙他看到和指出迄今為止仍然主要是一股歐洲大陸文學思潮的結構主義所具有的弱點和不足。顯而易見的是，他的這些評述對於力圖瞭解這個文學運

動和文學批評方法的中國文學工作者（包括中外文學研究者），將發揮重要的啓迪作用。

　　在翻譯《文學結構主義》的過程中，楊洋先生作了大量的輔助性工作，我的同事王寧先生也對一些名詞和人物姓名的翻譯提出了有益的建議，在此，我謹向他們致以謝意。由於本人的水平所限，譯文中難免存在著錯誤和不貼切的翻譯，因此，歡迎廣大讀者對之提出批評和改進性意見。

劉　豫

一九八七年八月十七日

於北京大學

目錄

第一章
什麼是結構主義

第一節　作爲一種思想運動
的結構主義

　　十九世紀下半葉和二十世紀上半葉的顯著特點，在於知識分解成了相互孤立的學科。這些學科的專門化十分嚴重，因而似乎難以綜合。甚至哲學——人文科學的女王——也走下她的王座，玩起孤零零的文字遊戲。維根斯坦（Wittgenstein）的語言哲學和歐洲大陸思想家的存在主義都是退卻的哲學。語言哲學家們堅持認爲，我們的語言與外部世界之間不可能有任何對應關係。存在主義者則談論孤獨的人，以及這些人如何與物體、甚至他人，格格不入這樣一種荒誕的境地。從羅素的邏輯原子論到沙特（Sartre）的嘔吐，分解的傾向統治了本世紀前五十年的知識界。唯有馬克思主義哲學家對這種狀態進行了協調一致的對抗：例如，喬治·盧卡奇（Georg Lukács）是一個傳統的人道主義者，他對「現代主義」哲學所作的馬克思主義批評，和存在主義者試圖使其哲學與馬克思主義相適應的各種努力有著衆多的聯繫。（關於沙特這個最靈巧的適應者，本書在後面將詳述。）在這些批評中，最

深刻有力的就是那個有著科學傾向的馬克思主義者——克里斯多夫‧考德威爾（Christopher Caudwell），他用辯證唯物主義這個「有機體系」與

> 一系列「發現」的混亂相對應，這些發現是相對論物理學、量子物理學、佛洛依德主義、人類學、遺傳學、心理－生理學。這些發現全都基於排他性的假想，並且相互矛盾或彼此不屑一顧。〔《現實：資產階級哲學研究》（*Reality: A Study in Bourgeois Philosophy*），紐約，1970年，第31頁〕

考德威爾認爲，人類需要一個「有機的體系」，去統一現代科學並使世界重新適合人的生存。我要指出的是，結構主義便是對考德威爾意義上的這種需求所作出的一種反應。當然，這是個具有宗教性質的需要。人的定義可以根據這樣一點得到描述，即他堅持要有一個可信的信仰，不管其可信標準是什麼。對考德威爾來說，馬克思主義填補了這樣一種需要。今天，在我們許多人看來，馬克思主義辯證法的隨意性太多了，太相信歷史，而對人和自然沒有足夠的瞭解。作爲一位社會科學家，馬克思如同佛洛伊德一樣，在我們對人類行爲的瞭解上作出了巨大貢獻。但作爲一位宗教思想家，他的信仰則既不十分全面，又不十分科學，所以尚不能使我們滿意。

馬克思主義是一種意識形態。而結構主義目前則僅僅是帶有意識形態內涵的一種方法論。但它是試圖將所有學科統一到一個全新的信仰系統之內的一種方法論。這就是爲什麼它的意識形態涵義給我們強烈的印象，儘管它們目前尚不完善。在第六章中，我將試圖闡述一些這樣的涵義，特別是與充滿當代小說的那些價值有關的一些涵義。但在這裡，追溯一下結構主義思想的先驅和

淵源是頗為有益的。在對認識論問題——特別是人類主體與其感知和語言系統，以及客觀世界的關係——所作出的反應上，我們可以非常清楚地看到，馬克思主義和結構主義擁有某些相同的價值。

　　未滿三十周歲就喪生於西班牙，至今仍是一位被低估了的思想家考德威爾本人對精神／物質二元性問題有一個恰如其分的辯證回答。對他來說，思維和物質都有「真實」的地位：

> 　　思維是一種關於物質的關係，但這種關係是真實的；它不僅僅真實，而且具有決定意義。它之所以真實，就是因為它具有決定意義。心智是我們身體中的物質和宇宙其他部分的物質之間的一系列具有決定意義的關係。（《現實》，第24頁）

我們發現，皮亞傑（Jean Piaget）以一種極其相似的方式從現代物理學和數學的角度考察了同一個問題。他指出，「物理的現實與用來描寫這種現實的數學理論之間，有著一種驚人和穩固的一致性」，他的結論是：

> 　　我們不能像實證主義那樣，簡單地把數學與物理現實之間的這種和諧看作為語言與其所指稱的物體之間的一致。語言並沒有預示它們所要描寫的事件的習慣；恰巧相反的，這是人的運算與客體－算子的運算之間的一種一致性；因此也就是有肉體有精神的人這個具體的算子和自然界中不同級別上的物理客體這些數不勝數的算子之間的一種和諧。（《結構主義》（Structuralism），第40～41頁）

從人類學的角度出發，克勞德·李維史陀（Claude Lévi-Strauss）

以另一種方式也向我們提出了這種看法：

> 無論是原始的還是文明的思維法則，都與表現在物理現實和社會現實之中的那些法則相同，這僅僅是它們的一個方面。〔《親屬關係的基礎結構》(*Structures élémentaires de la parenté*)，第591頁，轉引自奧茨阿斯 (Auzias)《打開結構主義大門的鑰匙》，第25頁〕

因此，從某個角度看，馬克思主義和結構主義都可被看作對「現代主義」的異化和絕望的反動。它們彼此在許多問題上針鋒相對——我們將在後面就其中一些問題加以考察，但它們都「科學地」看待世界，認爲它既是真實的，又是可被人所理解的。馬克思主義和結構主義都是觀察世界（包括人）的整合的和整體的方法。對這些方法的探索，是本世紀一個主要的理論潮流。儘管維根斯坦對知識的可能性持有多麼悲觀的態度，我們在他的著作中仍然可以發現一種基本上屬於結構的（即使不是結構主義的）世界觀。因爲從其最廣義上講，結構主義是在事物之間的關係中，而不是在單個事物內尋找實在的一種方法。正如維根斯坦所堅持認爲的那樣，「世界是事實的整體，而不是事物的整體。」「事實」就是「事態」：

2.03　在一種事態中，客體像鏈條的環節一樣地互相連結。

2.031　在一種事態中，客體以一定的方式結合起來。

2.032　將客體在一種事態中連結起來的一定方式就是這種事態的結構。

2.033　形式是結構的可能性。

2.034　事實的結構是由事態的結構構成的。

2.04　　現存事態的整體就是世界。

（《邏輯－哲學論叢》（*Tractatus Logico-Philosophicus*），

倫敦，1953年）

每一種事態都必須由一個句子，而不是一個詞來表達。位於現代語言學核心的句子研究使得諾姆·瓊斯基（Noam Chomsky）等語言學家得出結論：所有的人都具有以某種方式組織其語言可能性的內在天資。因此，所有的人都有某種「普遍語法」知識，這種知識使每個人都能創造性地學習自己的語言，並爲了交際的目的而造出新的、符合語法規範的句子。在語義學研究中，理查茲（I. A. Richards）超越其《意義之意義》（*The Meanings of Meaning*）中的原子主義，發展了一種相關的語言觀：

> 簡言之，事物是體現法則的具體實例。正如布萊德雷（Bradley）所說，聯想僅與普遍概念密切結合，而這些法則，這些在我們的頭腦和世界中反覆出現的類似行爲──不是單個已往印象的復現──則構成了我們的意義結構，即世界。
> （《修辭哲學》（*Philosophy of Rhetoric*），紐約，1965年，第36頁）

在認識論中，蘇珊·朗格（Susanne Langer）在總結康德－卡西勒（Kant-Cassirer）傳統時指出，它的成就在於肯定了「符號或符號表達在事物和事件的構成中，以及在我們作爲一個『世界』的環境的自然安排上所發揮的作用」（《哲學隨筆》（*Philosophical Sketches*），紐約，1964年，第59頁）。在心理學中，**完形**（gestalt）心理學家在我們對感知和思維的理解上領導了一場革命，它強調

了整體在我們的思維過程中與各個組成部分相比所佔有的主導地位。在他的《完形心理學的任務》（*The Task of Gestalt Psychology*，普林斯頓，1969年）一書中，沃夫岡・科勒（Wolfgang Köhler）引證了物理學家麥斯威韋爾（Maxwell）、普朗克（Max Planck）和愛丁頓（Eddington）的話來支持自己的論點，即自然科學在二十世紀中也學會了用整體方式進行思維的必要性：

> 我接著讀了一本普朗克一九〇九年在紐約市作的演講集。在一次演講中，普朗克討論了不可逆過程（inreversible process）這個概念，這是在物理學家稱為熱力學第二定律中起關鍵作用的一個概念。在這點上，作者作了如下描述：
>
> 「在物理學中，我們習慣於試圖通過把一個物理過程分解成要素去解釋它。我們把所有的複雜過程都看作簡單的初級過程的複合，……就是說，我們把面前的整體想像成了它們的組成部分的總和。但這樣一個程序預先假定，分解一個整體並不會影響這個整體的性質。……當我們以這種方式處理不可逆過程時，不可逆性便喪失了。假如有人假定，他可以通過考察一個整體的組成部分去研究它的全部屬性，那麼，他就不可能理解這些過程。」
>
> 普朗克接著講了這樣一句非同尋常的話：「在我看來，當我們考慮精神生活的大多數問題時，似乎就出現了同樣的困境。」（第61～62頁）

科勒告訴我們，我們的大腦生理過程，「在馬克斯韋爾、普蘭克和我個人看來」必然是「有結構的功能整體」（第93頁）。

在人類學中，李維史陀堅持認為，「一個神話的真正構成單位並非孤立的關係，而是**成捆的這種關係**（bundles of such rela-

tion)。僅僅以成捆的形式這些關係才能被組合，以產生意義」
（《結構人類學》（*Structural Anthropology*），紐約州，1967年，
第207頁）。他把人類學本身看成「研究關係的一個一般理論」（第
95頁）。他認為，人的所有思維過程都受制於普遍法則，這些法則
最清楚地體現在人類的符號功能中。李維史陀宣稱，甚至精神分
析學意義上的無意識現在也

> 不再是個別獨特性的最後避風港，不再是獨特歷史的一
> 個貯藏所，即使我們每個人都成為不可替代的、存在的、獨
> 特歷史的貯藏所。它可還原為一個功能──符號功能。它毫
> 無疑問是人類所特有的，它的運轉法則在所有人中間都是相
> 同的，它實際上與這些法則的總和相一致。（第198頁）

在文學批評中，俄國形式主義者和他們的結構主義繼承人一
直努力揭示這樣一些普遍原則，它們控制著從小說句法到詩歌範
例的文學語言運用。因此，結構主義的思維使得諸如弗賴伊
（Northrop Frye）的「詞語秩序」（order of words）和克勞迪
歐・居萊恩（Claudio Guillén）的「文學系統」成為可能。但結
構主義活動的中心在語言學研究領域，它的許多動力來自索緒爾
（Saussure）、雅各布森（Jakobson）和諸如俄國音韻學家圖波
茨考爾（N. S. Trubetzkoy）這樣一些其他學者的成就。圖波茨
考爾在一九三三年以這樣的方式總結了他的學科所取得的成就：

> 今天的音韻學之最主要特點，是它的結構主義和系統普
> 遍性……我們這個時代的特點是這樣一種傾向，即所有的科
> 學學科都在用結構主義取代原子主義，用普遍主義取代個體
> 主義(當然是在這些術語的哲學意義上講)。在物理學、化學、

生物學、心理學、經濟學等學科中都可看到這個傾向。今天的音韻學因此並不是孤立的。它在一場更加龐大的科學運動中佔有一席之地。〔轉引自埃米爾·班旺尼斯特 (Emile Benveniste) 的《普通語言學問題》(*Problems in General Linguistics*)，第82頁〕

圖波茨考爾所提及的這場運動並沒有局限於科學，它也影響到了藝術，因為它是一場普遍的思想運動——那些不時席捲一種文化，並使它彼此毫無聯繫的成分向同一方向移動的思想潮流之一。這場運動對文學和文學研究的影響便是本書的議題。

第二節　作為一種方法的結構主義

讓我們考慮下面兩段批評性陳述：

　　與大家一樣，我相信，文學批評的目的在於細緻瞭解批評現實。然而，在我看來，似乎只有在批評思想變成了被批評的思想時才有可能獲得這種瞭解。要成功地達到這一境地，只有通過從內部再感受、再思考、再想像這個思想。任何東西都可能比這個思想活動更為客觀。與人們所期待的恰巧相反，文學批評必須避免看到某種客體（不管是把作者看成另一個人，還是把他的作品看成一件物體）；因為所要得到的東西是一個主體，也就是說，這是一種精神活動，人們只能設身處地去想像它，並使它在我們心中重演其主體角色才能夠理解它。〔喬治·普萊(Georges Poulet)：《新文學》(*Les*

Lettres Nouvelles)，1959年6月24日；轉引自吉哈德・熱奈特
(Gérard Genette)：《修辭格》(Figures)，第158頁〕

　　喬治・普萊的著作明確地說明了這種主觀間性批評
(intersubjective criticism)，這就是保羅・呂格爾 (Paul
Ricoeur) 步狄爾泰 (Dilthey) 和其他一些人〔包括斯比策
(Spitzer)〕之後稱為詮釋學 (hermeneutics) 的那種解釋。
一部作品的涵義不是通過一系列理性活動被想像出來的，而
是作為一個既陳舊又全新的信息被接收下來，「被重新追尋
回來的」。另一方面，結構主義批評顯然求助於普萊所批評的
客觀主義，因為創造的或批評的意識都沒有親身體驗到結
構。(《修辭格》，第158頁)

在這兩個陳述的第二個中，熱奈特 (Gérard Genette) 首先討論
了引自普萊的那段話所提出的觀點。他接著指出，普萊會指責結
構主義簡化文學文本，用X射線透視它們的骨骼結構而忽視了它
們的實質。按照普萊、呂格爾以及一般詮釋學批評的觀點，「在能
夠通過兩個意識的直覺一致而以詮釋學的方法重新發現意義的所
有地方，結構主義分析都 (至少部分地) 是不合法的或無關涉的」
(第159頁)。沿循這條思路，人們可以把文學研究劃為兩個區域，
兩種文學批評都有其合法性的兩套作品。詮釋學批評家將負責「活
生生的」文學，結構主義批評家則考察：

　　在時間或空間上相處遙遠的文學、早期的和通俗的文
學，包括諸如情節劇和連載小說這類近代形式。文學批評一
直忽視了這些文學，不僅僅因為文學批評家的學究式偏見，
還因為主體間性的參與既不能活躍又不能指導這種研究；而

> 結構主義批評則能夠追隨諸如普羅普 (Propp) 或斯卡夫提莫
> 夫 (Skaftymov) 這樣的民間文學研究者，從人類學的角度去
> 考察這種材料，研究它的龐大體積和重複出現的功能。（第
> 159～160頁）

熱奈特暫時接受了這種妥協，但他接著指出，許多偉大的「文學」作品比批評家們有時所承認的要距離我們遙遠得多。因此，結構主義方法或許比使人錯誤地細緻瞭解作品的那種方法更能滿意地處理這些作品。他指出，我們在此所真正面臨的任務，並不是根據具體作品的性質去選擇某種方法的問題，而是根據我們與一部具體作品的關係以及我們希望瞭解這部作品的那一方面去選擇合適的方法。為了說明這一點，他引述了梅洛-龐蒂 (Merleau-Ponty) 就作為一個單獨學科的民族學所說過的一段話。他認為，梅洛-龐蒂的話也適用於結構主義方法：

> 這不是以其研究對象——各「原始」社會——所界定的
> 一個研究專業；這是一種思維方法，每當研究對象是「其他」
> (other) 並需要我們改變自己時，它就開始工作。因此，假
> 如我們與自己的社會保持一定距離，那我們就成了研究它的
> 民族學者。〔《符號》(Signes)，第151頁；轉引自《修辭格》，
> 第161頁〕

由此可見，結構主義和詮釋學並非相互對立，一定要把對象區分成井水不犯河水的兩組研究對象，而是相互補充，能夠有益地處理同一作品並從中獲取互為補充的意蘊。結構主義通過與作品拉開距離並對之進行客觀的功能分析，甚至能夠向我們剖析那些似乎距我們最近的一些作品。因此，文學批評不應該拒絕傾聽

結構主義所能講述的東西。熱奈特在結束這部分討論（即我在此歸納的東西）時提醒我們：假如我們不能把握作爲一種一般歷史和超歷史實體的小說想像，我們就不能欣賞諸如斯湯達（Stendhal）小說的具體特點。他沒有像我所會做的那樣補充道，詮釋學文學批評的「主觀性」永遠不可能完全是主觀的。要從任何特定作品中「重新找回」其意義，文學批評家必須在作品和作品之外的某個思想體系之間建立一種聯繫。這可以說是關於人的一種理論，或普萊所說的那種「人的時間」理論，但必須有那麼一種理論爲批評家的釋析之合理性辯護。如同茨維坦·托多洛夫（Tzvetan Todorov）在關於詩學的那篇文章（〈什麼是結構主義？〉）中所指出的那樣，僅僅重新創作一部作品，不過是按照原來的順序重複它自己的詞句。解釋，不管多麼主觀，都必須將某種外在於作品的東西帶進作品以證明自己的合理性，哪怕這外在的東西僅僅是與藝術家的主觀性有所不同的文學批評家的主觀性。這就是爲什麼藝術家很少嘗試解釋自己的作品，以及這樣一種解釋爲什麼很少有價值的原因所在。以詮釋學的方法「重新找回」意義的過程，往往只錄載了批評家奮力找回這意義的經歷。這種活動是有趣的、聰敏的、敏感的、給人以啓迪的，甚至於本身就是種次一等的文學。但它不應在批評思想的可能活動中佔有獨尊的地位。

　　另一方面，結構主義則可以在文學研究中要求得到一個得天獨厚的位置，因爲它試圖建立一個關於文學系統自身的模式，以此作爲它考察單部作品的外部參照。通過從語言研究過渡到文學研究，通過力圖界說那些不僅僅在單部作品中，而且在整個文學領域內的作品之間的關係中發揮作用的結構原則，結構主義已經努力——並正在努力——爲文學研究建立一個盡可能科學的基

礎。這並不意味著，個人的和主觀的因素不應在文學研究中佔有任何位置。甚至自然科學也能給我們提供許多主觀天才工作的事例。但要使這種工作最大限度地卓有成效，就必須建立起一個能夠爲它提供基礎的理論框架。結構主義的核心就是系統概念：一個通過改變自己的特點，但同時保持其系統結構來適應新條件的完整的、自我調節的實體。所有的文學單位，從單個句子到整個語序，都可被看作與系統概念有關。具體說來，我們可把單部作品、文學種類、乃至整個文學都看成相互關聯的系統，並且可以把文學看成人類文化這個更大系統中的一個子系統。我們可以研究這些系統單位之間的任何聯繫，這種研究在某種意義上就必然是結構主義性質的。隱藏於這一切中間的危險性——諸如熱奈特這樣的結構主義者都清楚地意識到了它——就是在系統的充分性並不存在的地方假定它的存在。對於文學結構主義來說，一個重大的挑戰，就是如何精確地區別系統化傾向——特別是在單部作品這個層次上——和在努力實現它的過程中所遭受的失敗。熱奈特尤其令人信服地指出了在系統考察文學作品的過程中，把它們看成「封閉的」和「完成了的」對象的危險。

對結構主義來說，另一個危險就是我們可稱爲**形式主義謬誤**（formalistic fallacy）的東西——因爲它與人們指向形式主義的一種批評有關，並且俄國形式主義者在其早期的熱忱中有時尤其應該受到這種批評。形式主義謬誤就是缺乏對文學作品「意義」或「內容」的關注。這就是人們對於拒不承認文學作品之外的文化世界以及文學系統之外的文化系統的那種文學批評所經常提出的指責。必須承認，純形式的文學作品和文學系統描寫，是結構主義方法論的一個重要組成部分。但這個謬誤之所以是謬誤，並不是因爲它要對所研究的材料的某些方面作出必要的隔離，而是

因為它拒不承認這些並非僅有的方面，或者因為它堅持認為，這些方面是在一個完全封閉的、沒有受到文學之外的世界的任何影響的系統內運轉。被正確理解了的結構主義遠不是被囚禁在與世隔絕的一個形式監牢之中，而是在幾個不同的研究層次上直接接觸外部世界的。

應當特別指出的是，結構主義力圖探討文學系統與它身為其一個組成部分的文化之間的關係。在把「文學性」與「非文學性」相對立之前，我們根本無法解釋文學性。我們必須認識到，這兩種功能處於一種不穩定的關係之中，這種關係隨著一種文化的其他功能一起變化。熱奈特指出，一種文化「在它所閱讀和寫作的東西中同樣多地表現自己」（第169頁）。他引述伯格斯（Borges）的話說，「假如讓我在二〇〇〇年讀到它時那樣去讀任何一頁今天寫下來的東西——哪怕是這一頁——我就會知道二〇〇〇年的文學是什麼樣子」〔《研究》（*Enguêtes*），第224頁；《修辭格》，第169頁〕。像往常一樣，伯格斯總是在興致勃勃地誇大其詞。但隱含於這個誇張之後的概念正是結構主義的系統概念，在這個系統之中，所有的成分都相互連結，因此可以從任何有意義的樣本中被交互推導出來。單單一頁並不是一個有意義的樣本，這一事實僅僅是一個伯格斯式的玩笑，一種概念的誇張。人們無需與結構主義分道揚鑣便可以進一步誇張說，通過閱讀一個具體文本就可推導出比一個特定文化的文學要多得多的東西。

每當結構主義在單個文本這個層次上，考察任何文本特點的語義方面時，它就又一次接觸到了世界。在一些研究中，單個的文學批評家盡可以為了孤立其他特點而忽視這個方面。依我看來，一些形式主義和結構主義批評家有時自欺欺人地認為，他們能在比實際做到的更大程度上忽略文學的語義方面——其結果

是，語義意思和價值經常在未被察覺或未被申明的情況下，重新回到分析之中。但既然語言學——結構主義文論的母親——至今仍然不能確定語義學在語言描寫中的地位，結構主義在處理它時也顯出了某些含糊性是不足為怪的。儘管如此，這仍然是結構主義批評的一個薄弱點，忽視它將是一個錯誤，因為，這正是文學批評可以就語言功能啟迪語言學的地方。我們將在後面的章節，尤其是第五章中再討論這一點。但現在我們必須更系統地分析結構主義文論的淵源及其發展，讓我們就從它的語言研究之遺產談起。

第二章
從語言學到詩學

　　我們在本書中所關注的是結構主義與文學和文學批評的關聯。因此，我們必須正視下列事實，即結構主義的方法論並不是文學研究的專有財產——遠非如此——它的根源要追溯到社會科學（語言學和人類學），它在文學中的運用要取決於文學語言與整個語言之間的關係。結構主義的長處和局限性都與其語言學根底有關。在本章中，我們將從兩個方面考察語言學與文學理論之間的關係。首先，有必要介紹在文學研究中起著極大影響的那些現代語言學概念，然後就可分析，為了建立文學理論而在從語言學向詩學的邁進中所作出的最重要努力。當考察結構主義的這兩個方面時，我們將不可避免地把注意力集中在對文學研究發生了極大影響的兩位語言學家身上：索緒爾（Ferdinand de Saussure）和雅各布森（Roman Jakobson）。

第一節　語言學背景：從索緒爾
　　　　到雅各布森

　　結構主義分析的基本概念是瑞士語言學家索緒爾於本世紀初創立的。他的《普通語言學教程》（*Cours de linguistique génér-*

ale）一書——根據他的忠實學生的筆記整理而成——首次發行出版於一九一五年，並迅疾成爲現代語言學研究中的主要影響。（此書被譯成英文的時間是一九五九年。這一很遲的翻譯出版時間證明，索緒爾的觀點仍在繼續發揮著影響。它還證明，英語世界對語言問題的興趣在日漸增長。）在這本書中，索緒爾闡述了一些影響了所有後來結構主義思想的概念。

在《教程》中，索緒爾首先給語言下了定義。他的定義異乎尋常，因爲它區別出三個層次的語言活動：langage、langue和parole。langage的範圍最廣大，它囊括了人類在體力和智力兩方面的全部語言潛力。因爲這個領域太廣闊，而且其界限也不分明，所以我們還不能系統地研究它。langue的定義則正是根據它的系統化特點確立起來的。langue就是「語言」——我們使用這個詞談論英語「語言」或法語「語言」。langue就是語言系統，爲了使別人聽懂我們的話，我們大家都使用它。我們的具體言語就是索緒爾稱之爲parole的東西。這樣，langage指的是語言潛力，langue是語言系統，parole則是具體言語。對索緒爾來說，語言學研究的中心對象必須是語言系統。因爲語言系統是社會的產物，所以它們是約定俗成的。在講英語時，我們能夠使用無限的潛在言語，但這些言語卻是建立在有限的一些語詞和語法關係的基礎之上的。這些語詞和語法關係構成了一個單一系統的不同側面。

必須強調，語言系統沒有可感知的存在。英語語言並不存在**於**這個世界之中，就像運動定律不存在**於**這個世界之中一樣。爲了使語言成爲我們的研究對象，我們必須在具體言語的基礎上**建構**該語言及其模式。對於其他結構研究來說，這個原則的意義是不可估量的。要成爲一門科學，任何人文學科都必須從研究它所認識的現象，轉到研究制約這些現象的系統上，即從**言語**（parole）

到**語言**（langue）。假如一個講話人沒有掌握到制約言語意義的語言系統，他當然就不能聽懂任何話。這一點對文學研究有著明顯的啓迪。任何文學言語、任何文學「作品」都不可能有任何意義，假如我們不知道它所使用的文學系統。這就是雅各布森堅持把「文學性」看成文學研究對象的原因所在；這也是爲什麼弗賴伊（Northrop Frye）強調必須把文學當作「文學系統」，而不是湊集在一起的獨立「作品」來教授的原因所在；這同時也是爲什麼著意肯定索緒爾對其影響的居萊恩（Claudio Guillén）堅持講下面這番話的原因所在：

> 我們應該在實質上把每個具體歷史時期的詩學理論看成思維代碼（mental codes）──作家（一個有血有肉的作家）必須在寫作中與之達成妥協。這個理論的結構與他創作的詩歌並不對立，就像語言系統與實際話語並不對立一樣。（《作爲系統的文學》（*Literature as System*），第390頁）

在強調了語言系統的重要地位之後，索緒爾接著便創立了用於描寫這個系統及其成分的概念。首先，他重新解釋了語言結構的基本成分：**符號**（sign）。他宣稱，符號並不簡單地是一件物體的名稱，而是聯繫音響意象和概念的一個複雜整體。（他的「音響意象」不僅指我們聽人講話時所聽到的東西，而且還指我們閱讀或用語言思維時在大腦中所想像聽到的東西。）符號的這個雙重特徵，使我們得以談論英語的tree（樹）與拉丁文的arbor（樹）之間的相同和相異之處。在這個例子中所牽扯到的概念基本上是一樣的，但音響意象不同。在重新解釋了他的術語之後，索緒爾把符號的這兩個方面分別稱爲「能指」（signifiant，通常的英語拼法爲signifier）和「所指」（signifié，英文爲signified）。他堅持

認為，能指的音響與所指的概念之間的聯繫是任意的（arbi-trary）。

　　由於許多問題都是由這個任意性引伸而來，所以我們應該停下來，從而能夠仔細地研究一下這種任意性。符號的任意性意味著，所有（或幾乎所有）符號的音響意象都不為概念所決定。「樹」這個概念可在不同的語言中以數十種不同的音響意象來表達。事實上，假如符號不是任意性質的話，我們就都講同一種語言了，因為其他表達方式都是不可能的。針對自然而言，音響與概念之間的聯繫當然是任意的，但針對文化而言，情況則不是這樣。在英語環境中長大的我們，必須把一棵樹稱做樹，否則我們就不能被人理解。這種事態，即符號在存在意義上的荒謬性，可能會使我們感到不安，但這將是一個非索緒爾式的和非結構主義的反應。符號的任意性，並不自然而然地意味著概念的任意性或它作為現實之意象的缺陷。事實上，對符號和符號系統的研究，將有助於我們更深入地瞭解人類和人類生活中的系統。索緒爾本人正是這樣設想這項研究的：

　　　　語言是一種表達觀念的符號系統，因此可以比之於書寫系統、聾啞人的字母、象徵儀式、禮儀規則、軍事信號等等。但它是所有這些系統中最重要的一個。

　　　　因此，建立一門研究符號在社會中之生命的科學是可以設想的，它將是社會心理學，因而也是普通心理學的一部分；我給它取名為「符號學」（semiology），源出希臘文「符號」（sēmeîon）。符號學將揭示，什麼構成了符號，以及什麼規律制約了它們。因為這門科學尚不存在，所以我們還不能說出它會是什麼樣子；但它有存在的權利，有權利獲得一個預

先劃出的領域。語言學僅是符號學這門總科學的一個部分。
符號學所發現的規律將能運用於語言學，而後者則將研究人
類學事實內的一個界限分明的領域。(《普通語言學教程》，第
16頁)

符號學正在如期地成為結構主義思想的一個方面。但李維史陀和
巴特 (Roland Barthes) 這些研究者的結論是：語言是人類交際
的關鍵，任何其他意義系統因而不可能在沒有語言的幫助下存
在。

索緒爾有關符號性質的另一個重要觀點是，「以聽覺形式出
現的能指，是在時間中展現出來的……；它是一條線。」當然，
不僅每個符號都是線性的，每句言語顯然更是如此。一句話的成
分並不像可以同時展現許多不同的重要成分的圖畫那樣，它必須
按照一個自身有意義的順序先後出現。這樣，符號、句子以及話
語的所有更大的單位都首先是敘事性質的。因此，更大結構的敘
事將受到首先受索緒爾語言學影響的文學研究工作者的密切關
注。我們將繼續分析言語的線性特點，但首先有必要停下來觀察
語言的一個更大的方面。在索緒爾的所有觀點中，具有最廣泛影
響的，大概是他在研究語言的方法上所劃出的**共時** (synchronic)
和**歷時** (diachronic) 區別，以及他對共時研究而不是歷時研究的
強調。

我們能夠以兩種不同的方法研究語言中的 (以及許多其他研
究中的) 任何具體現象。我們可以把它看成與其同時存在的一個
完整系統的一部分，或由歷史紐帶連接起來的相關連現象的一部
分。因此，我們可以把一個具體語詞或一個具體聲音的使用，看
成與使用同一語言講話的人所同時使用的其他語詞或聲音有關

連，並因此對其作共時研究；或把同一語詞或聲音看成與它在詞源學上和音韻學上的先驅和後繼有關連，並因此對其作歷時研究。這樣一來，**共時語言學**（synchronic linguistics）研究一種語言在某一具體時刻上的整體狀態，而**歷時語言學**（diachronic linguistics）則研究一定時間跨度內的一個具體語言成分。由是，唯有共時語言學可能在整體的意義上充分地解釋任何語言系統。由於十九世紀語言學的巨大成就都是在歷時研究方面取得的〔例如格里姆（Grimm）和韋納（Werner）所發現的支配印歐語系內語音變化的規律〕，所以索緒爾的觀點是對傳統觀念的根本衝擊。它也使索緒爾的信徒——即結構主義者——反覆與受到黑格爾影響的思想家——特別是馬克思主義者——發生衝突。這些衝突有兩個方面，而造成這兩方面衝突的原因都可追溯到索緒爾的強調上。首先，由於他強調語言的任意性，索緒爾因此使得非語言因素對語言的影響顯得無甚相關。由於馬克思主義者把一種文化的經濟方面看成所有其他文化因素的一個首要決定物，所以，把諸如語言這樣有影響的東西看成是自我決定的這個觀點，就給馬克思主義者提出了一個重大問題。但比語言的任意性還要重大的挑戰，是把歷史因素降到了一個次要的位置。對於馬克思主義者來說，歷史當然是有目的性的，而唯一能夠使人認識其目的的方法是歷時研究（同時還要實際參與它的過程）。但對索緒爾派的語言學家來說，任何一種語言在它的每一個歷史發展階段都是完整的和完備的。語言史上沒有進步，只有變化。語言學研究的目的性或秩序原則並不存在於語言的歷史之中，而存在於某一具體時刻上任何一個特定語言系統的符號之間的關係和對立的邏輯關係中。雅各布森、圖伯茨考爾（Trubetzkoy）以及索緒爾之後的許多其他語言學家已經深入研究了這個邏輯，但它非常複雜——即

使我有能力把它總結出來，我也不能在這裡這樣做。但班旺尼斯特的下列總結性陳述可以代表結構主義語言學的觀點：

> 假定語言是系統，那麼，這就是一個分析其結構的問題。由交互影響的單位構成的每個系統與其他系統的區別，在於這些單位的內部排列──這種排列組成了它的結構。某些組合形式頻繁出現，其他形式則偶爾才出現，還有一些雖然從理論上講是可能的，但卻從未實現過。把一種語言（或一種語言的一個部分，如它的語音學、形態學等等）看成由一個待發現和待描寫的結構所組成的一個系統，那麼，你實際上就接受了「結構主義」的觀點。（《普通語言學問題》，第82頁）

對後來的語言研究者來說，索緒爾還指出了另外一個至關重要，並已應用於文學研究中的區別。這就是符號之間的**橫向組合**（syntagmatic）和**縱向聚合**（paradigmatic）關係的區別。語言的橫向組合因素，與確定一個語詞在任何一句話中的位置有關。例如，在一個特定的句子中，一個單詞的意義，部分地是由它在這個句子中所佔據的位置以及它與同句中的其他單詞和語法單位的關係所決定的。這就是這個詞的橫向組合（線性、歷時）方面。人們經常把它設想成一個水平軸，句子沿軸線依照它的必要順序伸展開來。一個單詞在句中的意義，也是由它與一些詞彙種類的關係所決定的。這些不同種類的詞實際上並不出現在句中，但卻存在於與這個詞的縱向聚合（或「垂直的」、共時）關係中。由此可見，一個詞的意義，部分地是由所有可能佔有它的位置，但卻被它替代的詞所決定的。我們可以把這些被替代的詞設想為分屬幾個縱向聚合類：有著同樣語法功能的其他單詞、有著相關意義的其他單詞（同義詞和反義詞）、有著相似音響模式的其他詞

──這些就是三種明顯的縱向聚合類。當我們實際選擇一個句子中的一個詞時，我們需要快速地掃掠各種縱向聚合可能性，直到找到一個能在我們正在建造的句子中起恰當作用的詞。每當我們注意縱向聚合的意義時，我們就意識到了這個詞在共時意義上與它的語言系統的關係。

語言學還饋贈給文學分析另外一個概念，即雅各布森對索緒爾思想的補充和發展。雅各布森在研究兒童的語言學習和失語症的語言損失方面接受過嚴格的訓練。他的有關語言行爲中的**兩極性**（polarity）概念，對結構主義詩學至關重要。他認爲，所有失語情況下的語言混亂都是「在兩個極端種類之間擺動的」。由此延伸到詩學，他指出，傳統詩學可以被描繪成「一個被肢解了的單極系統。令人驚異的是，這個單極系統與兩種失語模式中的一種──即**毗鄰失序**（contiguity disorder）──巧合」。他到底是怎樣得出這個結論來的呢？這很值得我們研究。

雅各布森所描述的語言行爲的兩極，與索緒爾意義上的符號之橫向組合和縱向聚合的關係是相關聯的。雅各布森的部分貢獻在於，他在實踐中爲索緒爾的邏輯和理論術語找到了根據。但除此之外，他還將索緒爾的這一區別與傳統的修辭理論和詩學聯繫了起來。雅各布森指出，他在研究失語現象時發現的兩種混亂〔**相似失序**（similarity disorder）和毗鄰失序〕，驚人地與兩種基本的修辭手法──隱喻和轉喻相連。

因爲我們通常對文學批評中的理論術語不夠注意，所以也許應該停下來分析一下這兩種修辭手法的傳統意義，以及雅各布森對這些意義的用法。在我們的習慣用法中，「隱喻」經常被用來表示在任何一個上下文中可取代一個**字面詞**（literal word）的所有修辭性替代物。隱喻的習慣用法之所以是這樣，其原因與雅各布

森關於詩學的不平衡性的主要觀點有關。我將在後面重新討論這些原因，但暫時只需要記住：隱喻替換是建立在一個字面詞與其修辭替代詞〔例如我們用「窩」(den) 或「穴」(burrow) 代替「小屋」(hut) 之間的相像性或相似性的基礎之上的，而轉喻替換則是建立在字面詞與其替代詞之間的**聯想** (association) 基礎之上的。在邏輯意義上，以原因與效果〔貧窮 (poverty) 和小屋 (hut) 或整體與部分〔小屋 (hut)〕與茅草頂 (thatch)〕相聯繫的東西，以及在眾所周知的上下文中習慣地出現在一起的東西〔小屋 (hut) 與農民 (peasant)〕之間，都存在有轉喻關係。〔轉喻可細分為諸如**舉隅法** (synecdoche) 等修辭格，就像隱喻可細分為**明喻** (simile) 和其它類似修辭格一樣。雅各布森在這裡把這兩種修辭法看成了所有其他修辭格的普通模式。〕雅各布森發現，語言中隱喻和轉喻過程的區別不僅在語言的個別表達層次上，而且在更大的話語模式上都可看到。因此，在任何一部文學作品中，話語都是根據相似或毗鄰關係——也就是根據隱喻或轉喻思維過程——來轉換主題的。雅各布森補充說，不同的文學風格可根據它們對哪一種過程的偏好而加以區別。在舉例解釋這個區別時，他寫道：

　　隱喻過程在文學的浪漫主義和象徵主義流派中所佔的主導地位已不斷得到公認了，但人們還沒有充分地認識到，正是轉喻的主導地位支撐和實際上預定了居於浪漫主義的衰落與象徵主義的崛起之間、同時又與這兩者對立的所謂「現實主義」流派的出現。使用毗鄰關係的現實主義作家，以轉喻的方法從故事情節轉到環境，從人物轉到存在於時空中的背景。(《語言的基礎》(*Fundamentals of Language*)，第91～92

頁）

雅各布森強有力地提出了在隱喻和轉喻之間確立一個基本區別的
要求，並指出了它在所有人類努力中的「首要意義和後果」。隱喻
和轉喻過程的地位交替上升這一現象，也出現在語言之外的其他
符號系統中：雅各布森指出，在繪畫中，**立體主義**˙（cubism）顯
然是轉喻性的，因爲物體被變成了一套舉隅；在**超現實主義**（sur-
realism）中，畫家的態度則「明顯是隱喻性的」。這些過程之間的
競爭

> 在任何符號過程中──不管是個人內部的，還是社會的
> ──都有所表現。因此，在對夢的結構的研究中，關鍵的問
> 題在於所使用的象徵和時間順序是建立在毗鄰（佛洛依德的
> 轉喻「替代」和舉隅「壓縮」）的基礎之上的，還是建立在相
> 似（佛洛依德的「識別和象徵主義」）的基礎之上的。弗雷澤
> （Frazer）已把構成巫術儀式的原則分成兩種類型：建立在
> 相似規律基礎上的咒符和通過毗鄰關係建立在聯想基礎上的
> 咒符。能夠引起共鳴的這兩大類巫術中的第一類已被稱爲「模
> 擬式的」，第二類則被稱爲「感染性的」。（第95頁）

雅各布森問道：既然這個區別這麼重要，它在對符號行爲的
研究中爲什麼還一直受到忽略呢？他認爲原因有兩個。第一、隱
喻在概念上比轉喻容易被理解。第二、數百年來修辭學研究的主
要對象是詩歌，而隱喻又在詩歌中佔據主導地位。「在詩歌中研究
隱喻和在散文中研究轉喻是最大程度地避免異議的策略，因此，
對詩歌比喻的研究主要是針對隱喻」（第96頁）。雅各布森強有力
地指出，我們需要一個既能解釋詩歌又能解釋散文的詩學，它將

把注意力集中在所有層次上和所有種類的話語中的隱喻和轉喻功能。在第五章中,我們將看到熱奈特正是這樣做的;他認爲,普魯斯特 (Marcel Proust) 的「隱喻」實際上是隱喻和轉喻策略的結合,轉喻又在其中佔主導地位。但我們暫且有必要回過頭來考慮一些更基本的東西。在下一節中,我們將探討語言學與詩學之間的一些可能關係,特別是雅各布森本人在試圖將這些學科聯合起來的過程中所作的一些衆所周知的努力,以及人們對它們的一些反應。

第二節　詩歌理論：雅各布森和李維史陀與里法泰爾的超級讀者之間的對立

　　本節標題中的「詩歌理論」指的是強調詩歌的詩學。戲劇和小說詩學將在後面的章節中加以討論,戲劇部分較爲簡略,小說部分則較爲詳細,但我們在這裡所主要關注的是詩歌詩學本身。我們之所以要這樣做,是有充分理由的。詩歌的定義幾乎從來都與其使用語言的特殊方式有關,通常取決於它與「普通語言」的「不同之處」。顯然,這種定義是語言學性質的,它因此向那些首先是語言學家,然後(有時是相當久之後)才是文學批評家的理論家們敞開了詩歌研究的大門。僅僅想想語言學家在擺弄詩歌並強迫它交出秘密,或強迫它假坦白,就已經使文學界的相當一大批人驚慌不安了。語言學家所從事的那種文學批評的實際結果,也往往確實可怕。對於許多在大學本科時期從自然科學溜進人文學科的氣質溫和的人們來說,讓語言學科學像格蘭代爾 (Grendel）的母親那樣，嘴裡滴著詩歌碎片把他們追到避難地，這確實是一場惡夢。本書的目的就是要冷靜和理智地面對這場惡夢。我本人同意雅各布森對這件事的看法。他的看法也可以作為本章剩餘部分的格言：

> 假如一些批評家仍然懷疑語言學家進入詩學領域的能力，那麼，我個人認為，這是因為一些偏執的語言學家的拙劣詩歌分析能力被錯當成了語言學科學本身的不足。然而，我們在這裡都明確地認識到：一個對語言的詩歌功能充耳不聞的語言學家，和一個對語言學問題毫無興趣、對其方法也知之甚微的文學學者都同樣是全然不合時宜的人。〔〈語言學與詩學〉，收入塞比奧克（Sebeok）編輯的《語言中的文體》（*Style in Language*），麻州，劍橋，1960年，第377頁〕

詩學的第一個問題是我們將反覆回過來加以討論的：什麼是詩歌？這個問題和它的兄長（什麼是文學？）在繼續纏擾我們，試圖使文學研究規範化的所有努力。在一九七二年十二月現代語言協會召集的結構主義專題討論會的一個分組會上，與會者因為爭論詩歌語言的性質而長時間地偏離議題，儘管當天早些時候全體會議的主要文章就是關於「詩學和文學理論」，並令人信服地抨擊了那種把詩歌語言解釋成偏離所謂「普通語言」的觀點。同樣，當一九七二年夏季與此十分不同的另一個會議試圖制定規則，指導對十三歲前到青壯年的幾個年齡層次上的文學能力所進行的一次全國性調查時，同一個問題使得所有的分組會議難以進展。什麼是文學？我個人堅信，我們必須在這個問題上求得語言學家的幫助，儘管我們仍然必須自己去解決它。雅各布森在此能給我們以很大幫助，因為他為我們提供了一種方法，使我們能夠清楚和

系統地討論語言的「詩歌功能」與它的其他功能之間的關係。儘管雅各布森在剛才援引的那篇著名文章中所闡述的方法肯定是不完善的，但它是我所知道的一個最有益的出發點。在下面幾頁中，我將勾劃這種方法的大致輪廓（附帶幾處術語變動），並介紹使其超出雅各布森的使用範圍的幾種方法。

雅各布森的**交際理論**（communication theory）爲我們提供了分析任何言語事件的六種構成成分的一種便利方法。不管我們是考察普通會話，還是一次公共演說、一封信或一首詩，我們總會發現從一個**送話人**傳遞到一個**收話人**的一個**信息**。這些便是最引人注目的交際活動方面。但成功的交際還取決於該言語事件的另外三個方面：信息必須通過身體的和（或）心理的**接觸**才能得以傳遞；它必須用一種**代碼**講出來；它還必須涉及一個**語境**（context）。只是在語境中，我們才能瞭解到信息的內容。但要知道信息的內容，我們還必須理解傳遞信息的代碼——例如，在現在這個情景中，我的信息是通過英語的學術／文學分代碼傳遞給你的。但即使我們有了代碼，在我們接觸話語之前，我們還是不能理解任何東西；在當前這個情景中，在你看到這一頁上的印刷符號（或讓人大聲讀給你聽）之前，它們對你來說並不作爲一個信息而存在。將送話人和收話人在典型的人類交際行爲中統一起來的信息本身僅僅是一種語言形式，它有賴於言語事件的所有其他成分來傳遞它的意義。**信息並不是意義**。意義位於整個言語事件的終端，它賦予信息的語言形式以活力和丰采。（當然，某些種類的意義可以不通過語言信息，而通過眼神、觸摸、圖畫來傳遞——但這些並不是我們在此所關注的對象。） 一次言語事件中的這六個成分可以下列圖式表達出來：

語境

信息

送話人————————————————收話人

接觸

代碼

　　當然，信息是整個言語事件的核心。我們可以把所有的信息都粗略地設想成具有關聯意義，它們都是針對某一語境，針對其自身以外的某一物體或概念的。事實上，情況通常正是這樣。但並不是所有的信息都是針對一個外在語境的。請看下列實例：

　　　聽著！我用簡單的英語講，媽的！你聽見我說的話了嗎？好吧！很久以前有一個人……

這個信息的不同部分與這次言語事件內的不同成分有非常直接的聯繫。一個外在的語境僅僅在說到最後幾個字時才開始進入這次言談。在此之前，我們有「聽著！」──一個針對收話人的指令；我們有關於代碼本身的一個句子（「簡單英語」）；我們有僅表達送話人態度的兩個感嘆句（「媽的」，「好吧」）；我們有「很久以前有一個人」──它把一個「人」作為語境介紹出來──所有其他東西都是為此鋪平道路──但它還做了值得考慮的一些其他事情。通過選用一個分代碼（它可被稱為「童話英語」）中的一個規範短語，這個信息成功地將注意力吸引到它自身及其構成上。最後一句話中突然出現的發音節奏（抑揚格的重複）有著異曲同工的效果。這種節奏將注意力從語境吸引到信息本身，這樣，當「人」出現的時候，他已有了一種模糊的本體地位。

　　由此可見，言語事件的不同成分在信息內部以「功能」的成

分重新出現了，是它們決定了話語的性質和結構。雅各布森用一個圖式將這些功能描繪出來，它與前面的言語事件成分圖解十分近似：

關聯功能

詩歌功能

情感功能————————————意動功能

交際功能

元語言功能

所有的信息都是由這六種功能構成的。在一些信息（或信息的某些部分，如前面的例子所示）中，一種或另一種功能佔主導地位。大多數信息都具有**關聯功能**（referential function），它們都是指向某一個語境的。有一些信息具有**情感功能**（emotive function），它們是指向送話人的，如同送話人在我們的例句中為表達自己的態度而使用的感嘆句。有一些信息具有**意動功能**（conative function），它們主要指向收話人，比如命令句。還有一些信息具有**交際功能**（phatic function），它們僅關心接觸自身。雅各布森從多羅西・帕克（Dorothy Parker）那裡引述了一段趣文，裡面的對話幾乎純粹是交際性的：「『好啦！』青年男子說道。『好啦！』她說道。『好啦，我們到了，』他說道。『我們到了，』她說道，『是嗎？』『我想是的，』他說道，『是的！我們到了！』『好吧！』她說道。『好吧！』他說道，『好吧』。」指向代碼自身的話語——例如尋求詞語意義的問題等——具有**元語言功能**（metalingual function）。自然而然，幼年兒童的話語，以及其他正在學習語言的人們的話語都具有高度的元語言功能。

就我們的目的而言，言談中最重要的強調，是當信息強調自

身,把注意力吸引到它自己的發音模式、措詞和句法時,我們所發現的東西。這就是出現在所有語言中的**詩歌功能** (poetic function)。它並不局限於「藝術」。文學藝術的語言也從未完全和僅僅是詩歌性質的。如同雅各布森所述:

> 詩歌功能並不是語言藝術的唯一功能,但卻是它的主要和具決定意義的功能;在所有其他種類的語言活動中,它都只是一個輔助的和次要的成分。通過促進符號的感知性 (palpability),這種功能加深了符號與物體的根本區別。
> (見塞比奧克:《語言中的文體》,第356頁)

詩歌功能在詩歌中表現自己的主要方法,是將語言的縱向聚合和隱喻方面投射到語言的橫向組合方面上。通過強調聲音、韻律、意象的相似處,詩歌強調了語言,使得人們將注意力從它的關聯意義轉到它的形式特點上。

在我看來,雅各布森的公式既卓有成效,又存在著嚴重的缺陷。它卓有成效,因為它給人以眾多的啓示,同時又在很大程度上解釋清楚了詩歌語言的性質。它在任何意義上都不是「錯誤的」,所以可以作為更深一步詩學研究的一個極好出發點。但它在一些方面仍然存在著缺陷,在使用它之前,人們必須注意到它的這些不足之處。有一些不足之處與術語和術語的使用有關。「信息」這個詞在雅各布森的用法中有兩個不同的涵義。有時,「信息」似乎與「意義」等同,另外一些時候它又與「語言形式」相仿。在我所作的總結中,我力圖保留「意義」這個詞來表達整個交際的涵義,而僅僅使用「信息」去指語言形式本身。問題在於,在任何一句話中都有一整套指意系統在發揮作用。信息可被描述成一個符號,既包括它的能指語言公式又包括它的所指內容。這個

小小的信息／符號又可被看成一個更大符號的一部分，這個大符號便是整個一句話——這整個一句話也同樣可以分成能指和所指兩個方面。

另外還存在著其他一些問題。在試圖爲交際行動提供一個單一的和具有普遍意義的描寫時，雅各布森不可避免地忽略了筆桿和口頭父際之間的區別。在口頭行爲中，雅各布森意義上的所有交際成分都可能在場：當信息通過口頭接觸，以諸如英語代碼給出時，語境、送話人和收話人都可以實際在場。例如，送話人可以遞給收話人一杯與上下文有關聯的毒汁，同時發出信息：「喝掉它！」但在一個筆桿行爲中，信息本身經常是我們所擁有的唯一東西。送話人尤其不可能在場。十分經常出現的情況是，即使你或我讀了信息，它也並不一定就是寫給我們的。

詩歌事實上被約翰・斯圖亞特・彌勒（John Stuart Mill）巧妙地解釋成偷聽來的，而不是聽來的一種話語。這個解釋意味著，我們必須填補交際行爲中的失蹤成分這一事實是詩歌定義的關鍵成分。包括詩歌在內的文學中的「虛構」成分，可被解釋成一個缺席的語境，或一個遙遠的語境。僅就文學作品是模擬性質的這一點而言，它是通過在讀者與現實之間插進一個「想像」世界去指向「眞實」世界的。它實際上給了我們一個雙重語境，而且經常是一個多重語境，例如在寓言中。同樣的，在詩歌或小說中，我們幾乎總要考慮送話人和收話人的雙重性。在某種意義上，一首詩就是詩人———一個和我們一樣的人———發給讀者——也許是你或我——的一個信息。但信息被給出的形式幾乎總是某人——不是詩人——寫給某人——不是我們的。例如，在〈給他的嬌情婦〉（To His Coy Mistress）這首詩中，不是馬維爾（Andrew Marvell）而是某人，在對著某人而不是你或我，講述一些

事情，這些情況使得我們的參與顯然具有偷聽下流話的性質。

我想要指出的是，人們既可在信息本身的語法和句法特徵中，亦可在複雜的非語言交際成分中找到文學的可見符號。我還要指出的是，這個雙重性經常以反諷、反論和其他方式在信息中出現，要分析這些方式，就必須深入細緻地考察詩歌話語的整個語義範圍。這種雙重性實際上是一種遊戲性，文學所給予我們的任何純美學經驗都源出於此。即使它給我們帶來了十分不純的、十分豐富的和由於其混雜特徵而更加有價值的經驗，仍然只有藝術性或文學性才能將文學與其他形式的話語區別開來，而這些特徵又總是與語言的雙重性相聯繫的。當一個作家使其話語成分變成了明白無疑的單位，當他用自己的聲音對我們講述那些可以看得見和摸得著的東西時，他就接近了語言文學的下限。當詩人本人顯出是詩中的說話人時，詩就近似小品文了。當說話人顯出與作者不同時，小品文就接近了小說。詩歌的所有特殊語言策略都不僅將它與言語和散文區別開來，而且還把使用這種詩歌語言的人與詩人自己的散文式生存區別開來。

結構主義還使我們能夠輕而易舉地描寫詩歌語言的另一個方面，但結構主義者從未急於考察它。雅各布森把詩歌解釋為將其語言從隱喻或縱向聚合軸線投射到轉喻或橫向組合軸線上。這樣，詩歌就故意用空間的、起阻礙作用的共時特點，與言語之線性的、不斷前進的、歷時特徵相對立。我認為，這個觀點在實質上是站得住腳的，但它也需要一些擴充和斟酌。在這樣做時，我們又必須回到雅各布森的交際模式中的語境問題上。在那個模式中，雅各布森使用「語境」(context) 去表示諸如「關聯物」(referent) 之類的東西，即與話語「有關」的事態。我已經指出，語境的雙重性是虛構話語定義的關鍵，因為它們描述了一個想像

世界，這個想像世界與我們的經驗世界有著某種可潛在發現的關係。但語境雙重性的另外一個方面，更加明確地與詩歌語言和作為一次話語活動的詩相關聯；這個詩歌話語活動並不一定是模仿性的或虛構性的，但它還是與大多數其他種類的言語行為不同。

我想指出的是，詩人所使用的縱向聚合系統與普通講話人所使用的那個系統不同。我的意思是這樣的：當一個詩人挑選要在一首詩中使用的一個詞時，他實際上啓動了一整套與我們的普通話語非常不同的潛在可能性。讓我講得更精確些。我所說的「詩人」指的是一個正在創作的人，他在這個意義上與同姓名的那個人，那個交付詩人的帳單，與他妻子睡覺，以許多普通的方式使用語言，創作了被公認是真正的詩歌，但也寫下了一些被稱為詩而實際上平庸和缺乏詩意的東西的那個人不同。就好像詩人在創作一首真正詩的過程中，開動了某個附加的神經循環系統，它使得詩人能夠創作這些被稱為詩的具有特殊強大力量的語言客體。用索緒爾的術語描述這種結果，我們可以說，詩人的言語（parole）來自一個符號系統（langue），它與普通人所使用的那個系統不同。

形式主義者通常把**詩歌措詞**（poetic diction）看作詩歌的最顯著特徵。我在此所講述的東西，必須與形式主義的這種觀點區別開來。詩歌措詞或許確實是許多詩作——也許是所有詩歌——的一個方面，它起著一種篩選或檢查的作用，負責將「無詩意的」語言從詩歌中清理出去。但衆所周知，這是作品質量參差不齊的詩人所共有的一個方面。十八世紀湧現出了大批平庸的詩人，他們能夠避免使用亞歷山大·波普（Alexander Pope）所避免使用的所有無詩意的措詞，但卻不能寫出值得放入《鬈髮遇劫記》（*The Rape of Lock*）中的一個對偶句。我希望在此討論的

詩歌語言是用一種截然相反的方法解釋的：它不是專有的，而是兼有的；它並非某個單一詩歌流派所獨有的財產，而是所有時代的所有嚴肅詩人所共有的一個特徵。

當一位詩人的所有神經循環系統都正常運轉時，他所掌握的縱向聚合詞語庫，在結構和範圍方面都與普通人所掌握的縱向聚合詞語庫不同。我們知道，這是能夠邊背誦，邊利用有韻律的某些固定搭配短語進行組織的口述－公式化詩人的一個顯著特徵，但我想指出的是，它經過修改也是所有詩人的一個特點。別的不說，詩人的縱向聚合系統在反論的意義上是歷時性的。暫且繼續使用波普的例子。他的詞語資源不僅包括對他個人所處時代的英語語言的掌握，還包括對某些過去的詩歌語言的嫻熟掌握。例如，他非常熟悉屈萊頓（Dryden）、彌爾頓（Milton）和莎士比亞的作品，他的腦子裡不僅裝有他們的詞語，還有他們使用這些詞語時的無數語境。所以，他能夠在自己的語境中創作自己的詞語，但這些詞語卻能夠四處折射，並因此從波普的偉大先驅者的早先話語使用實例中獲取涵義。正是這個歷時性語境，使得詩歌話語能夠避免單純的詩歌措詞在時間中的自然衰敗，並能夠超越其時代，繼續保持同時代的氣息。因為詩人的縱向聚合關係延伸進了詩歌的過去，所以它們顯然是歷時性的。它們所提供的詞語，也都因此與那個詩歌過去有著千絲萬縷的聯繫。但在一個不甚顯眼的意義上，這些縱向聚合關係也是歷時的：通過自由地跨越過去，而不局限於距其最近的共時語言，它們也為未來打開了更為寬闊的大門。在詩歌語言中就好像存在著這樣一個層次，由於其自身的歷時意識，它能夠獲得真正的共時意義，並因此使得過去和現在的所有詩人都能相互交談。在教授詩歌時，我們正是希望把語言能力的這個更高層次傳給我們的學生。

　　我們現在必須考察這種具有強大力量的語言的內容問題。如同我已指出的那樣，雅各布森主要使用「語境」這個詞去指諸如話語的主題或關聯物之類的東西。但就詩歌而言，我們在這裡也遇到雙重性。我想，《利西達斯》（*Lycidas*）的語境在關聯的意義上指的是彌爾頓的朋友愛德華・金恩（Edward King）的亡訊。但正如人們常常指出的那樣，詩中的另外一些語境壓倒了這個語境。首先存在著一個文學語境，它使得我們能夠將這首詩的整體涵義說成是：「這就是寫作田園輓歌的方法」。人們可以爭辯說，這個文學語境是該詩的主要語境，但它也依次被一個道德語境所壓倒，或至少被打斷；這個道德語境相當明確地涉及米爾頓本人所處時代神職人員的牧師行為。詩歌中的語境（我又要堅持指出，這是一個真實的詩歌描述，但並不完全適用於其他語言形式）是多重的，這種多重性使得詩中某些時候的背景在另外一些時候成為前景。我們經常在詩歌中發現這種完形的透視遊戲，它使得背景與前景能夠調換感知角色。

　　在這裡，我們當然又在「語境」這個詞的用法上遇到了麻煩。僅就一首詩的語境是用言語表達出來的這一點而言，我們可以說，代碼本身就是這首詩的語境。當代碼變成了語境，雅各布森所描述的那種信息感知性不斷增長的情況就成了我們所面臨的情景。我們可以把這種情景稱為對詩歌的一種強調。在把注意力吸引到它自身的語言結構時，詩歌不可避免地把注意力吸引到了表達它的代碼上。由此可見，它與語言學自身共有某種**元語言視角**（metalinguistic perspective）。在或高或低的程度上，詩歌都是關於詩歌自身的信息；它們不僅僅是關於愛情、死亡及其他人類生存所關注的事情，它們也是關於語言的。詩歌和語言學都饒有興趣地將代碼看作它們的主題材料，但各自又以完全不同的代

碼去處理這一主題材料。這一事實解釋了為什麼它們之間存在著一些對立。同時，它也解釋了為什麼某些語言詩人能夠在詩歌語言的批評中取得非凡的成就。

在擴大了雅各布森的公式之後，我現在必須回到它的核心及其在文學實踐中的發展上。雅各布森把出現在詩歌句法中的語言公式看作詩歌的精華。就如何在這一層次上進行詩歌分析，他和李維史陀一道為我們做了一次示範：《查理・波特萊爾的〈貓〉》——對一首十四行詩所作的描述和解析。在《描寫詩歌結構：處理波特萊爾（Baudelaire）的〈貓〉的兩種方法》一文中，里法泰爾（Michael Riffaterre）對雅各布森和李維史陀進行了嚴厲的批評。這兩篇文章在一起表明，結構主義批評家之間在理論上的論戰，很大程度上是關於前提和方法的。它們或許還可以說明，在運用結構主義方法對單個文學文本所進行的實際批評中存在著問題和局限性。

在我和與我討論過此事的大多數批評家看來，我們在這兩篇批評文章中所看到的與其說是一場爭論，倒不如說是第二篇文章如何在很大程度上取代了第一篇文章。里法泰爾保留了雅各布森和李維史陀文章中大多數富有成果的內容，同時又補充了許多所需要的東西。此外，我要指出，雅各布森和李維史陀的文章在很大程度上反映了形式主義和早期結構主義所特有的旺盛精力和過度簡單化傾向。儘管里法泰爾與雅各布森和李維史陀一樣傲慢，儘管他的文章僅僅寫於幾年之後，他對於實際文學批評中所容易犯的錯誤確實表現出了更大的謹慎。這場對抗的一個明顯後果是，它使人們認識到，任何解析詩歌的機械公式都不可能作為結構主義活動的產物出現。作為一個解析人，里法泰爾擁有許多優越之處，這既因為他對法國文學傳統擁有博大精深的了解，也因

為他能夠在閱讀中敏銳地運用「新批評」的方法。但我把話說早了。

雅各布森和李維史陀希望辨明「是什麼東西構成了一首波特萊爾十四行詩」。由此對〈貓〉這首詩所作的分析力圖找到這樣一些規則，它們決定了韻律模式、句法模式，以及在詞語的選擇和放置中所需使用的許多其他模式。這個分析尋找，並引人注目地發現了一組量大類多的「對應關係」。不容否認，所有這些關係都「在那裡」。對這首詩所進行的這個分析，還產生了這樣一種讀法或解釋，它並不特別地依賴詳細的語法分析。它沒有能夠很好地將十四行詩作為一種詩歌體裁所特有的那些成分，與這首具體的詩所獨有的或屬於某個中間類型的那些成分區別開來。（要作出這些區別，顯然需要對更多的文本進行比較分析。）里法泰爾就這個程序所提出的不同意見既豐富又中肯。他首先提出了如何「從描寫過渡到評價」這個棘手問題。隨後，他又提出了一個更加尖銳的問題：

> 然而，更為重要的問題在於，未加改造的結構主義語言學是否與詩歌分析有任何關聯。這些作者所使用的方法是基於這樣一種假設，即他們在詩中所能說明的所有結構都必然是詩歌結構。與此背道而馳，難道我們不能假設，這首詩的某些結構，在其作為一部文學藝術作品所具有的功能和效果上並不起任何作用，結構主義語言學也許根本無法將這些未標明的結構，和在文學意義上十分活躍的那些結構區別開來？反過來講，也許存在著嚴格意義上的詩歌結構，它們本身是不可能被那種不適合詩歌語言的特殊性的分析方法辨識出來的。（見埃爾曼編輯的《結構主義》，紐約州，1970年，

第191頁）

里法泰爾對這個設問的回答是不言而喻的。結構主義語言學必須經過改造才能勝任分析詩歌的工作。他希望舉例說明必須進行這種改造的理由，以及它應該朝著哪個方向進行。他首先承認，雅各布森和李維史陀「完全令人信服地顯示了」在詩中「將詞類攏在一起的超常對應聯繫」。但他接著指出，「不好說，這些對應系統中的哪一個對這個文本的詩意作出了貢獻」。我要進一步補充，雅各布森和李維史陀沒有為我們提供這樣一種有效的方法，它能夠將僅僅表明「這是一首詩」的那些系統──諸如韻律模式及其他相當機械的過程──，與能夠使我們確信這不僅是一首詩（a poem）而且是整個**詩歌**（poetry）的那些系統──諸如體現在韻律的具體**使用**之中的那些系統──區別開來。而我們必須作出這個區別，才能夠從描寫走向評價。

里法泰爾的評述太長，所以不便引錄；它又太嚴謹，因此難以概括，但從收入埃爾曼（Ehrmann）編《結構主義》的他那篇文章中引出的下面幾段關鍵話，能夠使我們抓住它的要點：

> （文學批評家所發現的某些結構劃分）使用了一些根本不可能被讀者觀察到的構成成分；這些成分因此必然始終與詩歌結構相異。這種情況據認為是強調了信息的形式，使得它更「易見」，更引人注目。（第195頁）

> ……收集對等物並不是一個可靠的方法。在一個層次上的廣泛相似並不是對應的證據。……。（第196頁）

> 任何漫不經心地給出屬於詩歌結構的單位和不屬於詩歌結構的中性單位的切分方法，都不可能是恰當的。這種方法

的弱點就在於所使用的概念。(第197頁)

　　……這種元語言推理證明,即使最小心謹慎的分析家,也會多麼輕易地相信純描寫術語的內在解說價值。(第198頁)

　　……所使用的分析概念,能夠將詩歌結構中事實上完全不同的現象匯集在一個標籤之下。(第199頁)

　　經這兩位批評家重新組織的這首十四行詩,成了普通讀者所不能理解的一首「超級詩」,然而,所描寫的結構卻不能解釋是什麼東西在讀者和詩歌之間建立了聯繫。對一首詩所作的語法分析僅能告訴這首詩的語法。(第201～202頁)

里法泰爾發現,雅各布森／李維史陀的閱讀不僅存在著嚴重的缺陷,而且製造了一首騙人的「超級詩」。為了取代這種閱讀,里法泰爾介紹了他自己的讀法。在這種閱讀中,他用「超級讀者」與「超級詩」抗衡。他製造這個怪物的方法,是首先轉回來討論雅各布森的言語行為模式。在考察交際的這六個方面時,他對雅各布森的詩歌定義作了重大修改。雅各布森曾說過,把注意力集中在信息本身是詩歌的最顯著特徵。我在前面嘗試性地指出了這個公式的不足之處。我認為,詩歌定義的關鍵在於言語成分的雙重性。里法泰爾也感到這個公式不令人滿意,但他的改革方案不是整體性質的。他認為,只需將著重點從信息移到收話人身上就足矣。他不認為,所有六種交際成分的地位都應發生變化。他指出,僅僅信息和收話人是「交際過程中必須在場的兩個因素」。因此,他把所有其他因素都歸納成這種信息／收話人關係的不同側面:

　　　　至於其他因素——語言（代碼）、非語言性的語境、保證
通道敞開的方法——，恰當的關聯語言是從信息中選出的，
語境是根據信息拼組成的，接觸則不僅與信息對讀者注意力
的控制有關，而且取決於這種控制的程度。這些特殊職責，
以及詩歌所特有的審美重心都要求，信息應該具有某些與這
些功能相匹配的特點。這些方法的共同特點必然是，它們都
是為了引發讀者的反應而設計的……。（第202～203頁）

　　在我看來，里法泰爾文章中的所有銳氣似乎在此全都放棄
了。誠然，所有東西都必須根據信息推測出來。但按照定義，代
碼和語境是超越信息本身的實體；只是當它們被理解之後，信息
才能有意義。在這裡存在著將所有東西都化簡成一個簡單的刺
激／反應模式的危險。我們都知道這個模式有問題，因為它忽略
了為產生詩歌反應而改變詩歌刺激的那些過程。里法泰爾就這首
詩中的**反諷**（irony）作了一些評述，我們可以把他的評述看成這
種化簡錯誤的一個例子。（讓我順便指出，他對詩中反諷的理解，
遠比雅各布森和李維史陀的理解要高明，但這恰恰是因為他並沒
有恪守自己理論中的局限性。）他對反諷所作的關鍵性概括是這
樣的：「文學中的反諷必定是一個語言結構，否則，到底什麼是
被誇張了的內容或什麼『不是真正的涵義』就會因讀者而異。」
（第211頁）

　　　　假如事情果真如此簡單，語言學家早就應該解決了反諷問題
了。它當然並非這麼簡單。文學中的反諷有許多形式，但人們經
常不能單單在語言結構中發現它。舉一個小例子。懷特（E. B.
White）在一篇文學隨筆中向我們講述了紐約城裡銀杏樹的「高大
雄偉」。假如我們對這番話的語境稍稍有些瞭解，我們就知道他講

這話時帶有嘲諷的口吻。這就是說，只要我們對銀杏樹的一般情況有所瞭解——有趣但絕少高聳入雲，只要我們對紐約城裡的銀杏樹有一些具體的瞭解——體積僅比花盆略大，那麼我們就能體會到「高大雄偉」這個詞中的文雅嘲弄。儘管刺激物就是這個詞，但僅僅當我們將這個詞與我們思維的語境吻合之後，我們才能作出反應。在這個例子中，反諷的能量可以說與我們對這些樹的實際體積的瞭解成反比。描述紅杉高大雄偉的一個相同結構將不帶有任何反諷的味道。反諷經常是代碼與語境之間微妙關係的一個產物。它可以利用一個關係密切的群體的行話或特殊經歷。它的一個主要特徵，就是能夠將聽眾分成一組可以「理解和欣賞」反諷的精美群體和一組不能理解和欣賞它的下等群體。（我們可以指出，寓言具有相似的區分能力。）對兒童或外國人來說，反諷式的語言運用是最難理解的一樣東西。正是這種東西因讀者而異，並常常將「聰敏的」讀者與「愚笨的」讀者區別開來。但里法泰爾不允許這種情況存在。根據他的刺激／反應模式，信息控制反應，儘管信息所能做的僅僅是誘發恰當的反應。

里法泰爾的這種行為主義取向給他帶來了另一個困難，這對於他的批評立場是具有核心意義的。他創立了「超級讀者」這個概念，但它既不系統，里法泰爾又很隨便地將它拋棄了，以致人們幾乎可以把這個概念看作一種反諷——只是它並沒有出現在一個反諷結構之中。里法泰爾的超級讀者不〔像斯坦利·菲什（Stanley Fish）的讀者〕僅僅是他本人的一種有節制的擴張。不，這是一種將反應定量化的嘗試，以藉此從實際上被這首詩所刺激出來的那些反應，轉回到導致這些反應的那些語言結構上去。超級讀者有兩個側面。它是多重的，又是空虛的。就像李維史陀環視一個神話的不同翻版那樣，里法泰爾四下察看人們對一個特定文本

——在這個例子中是〈貓〉——所作出的不同反應。「在這個文本中吸引超級讀者的注意力的每一點,都可試探性地被看作詩歌結構的一個組成部分。」至於超級讀者是怎樣理解每一個要點的,這並不重要。他的反應中的「內容(必須被)清除掉」,這樣,他的個人的解釋就不會干擾正在進行的科學工作。里法泰爾將留意這首具體的十四行詩中吸引學生、朋友、批評家、翻譯家、其他詩人,及百科全書撰稿人注意力的那些東西,並根據這個觀察,發掘出這首詩的真實和有效的詩歌結構。然後,他再根據自己對這首詩的解釋去說明這個結構。他的解釋確實非常出色這一事實,在某種程度上掩蓋了他的方法論中的問題。假如雅各布森和李維史陀不能講出哪個結構成分是具有詩歌性質的,那麼,超級讀者也不能講出哪一個反應是具有詩歌性質的。

他也不能——這至少同樣重要——評述未上升到意識層次上的那些反應。對〈貓〉這首詩所作的前一份分析報告假定,我們對詩中的**所有**結構都作出反應;它因而力圖查明這些結構。里法泰爾則假定,反應**總是**到達意識層;他因此拒不承認未能在超級讀者身上刺激出反應的那些結構的詩歌地位。顯然,這兩種方法都不完全令人滿意。一個完全令人滿意的方法也不可能存在,除非它能以某種方式判明詩中**所有**結構之間的關係,以及讀者身上**所有**有意識和無意識反應之間的關係。由於不可能發現和評價這些反應,所以企圖確定一首詩的價值或意義的任何方法都不可避免地有其不足之處。一些文學批評家——不管屬於哪個流派——之所以講了許多廢話,正是因為他們佯裝不知道這些不足之處。

事實上,里法泰爾僅僅是解析了〈貓〉這首詩,以被超級讀者發掘出來的一些選得漂亮的細節為他的討論提供支持。主要從

文學批評家和翻譯家那裡獲取的這些細節，加上對波特萊爾本人的詩歌代碼所作的出色討論，使得里法泰爾至少成了這首詩的一位優秀讀者，儘管它們並沒有使他成為一位超級讀者。但這些細節並**不**存在於詩歌結構之中，批評家必須通過注意代碼和語境而將它們從詩歌結構外帶進來。甚至里法泰爾以及雅各布森和李維史陀在描述這個文本的結構時所嫻熟運用的語法知識，也是批評家帶入這個文本的東西；它並不是僅能在信息本身找到的東西，而是來自批評家對作為一個系統的代碼的理解。例如，里法泰爾認為，「最後兩行詩深刻有力，其原因在於它們的懸念敘事結構（跨行，以及將動詞étoilent與它的主語斷開）」。他的這番話既取決於他對這首詩所作出的反應，又取決於他的法語知識和文學知識。而他本人對這首詩的反應又是這個評述中的主要因素。他斷言，最後兩行詩深刻有力，但他並沒有將這一看法歸於他的「資料提供人」。這裡引述的唯一超級讀者就是里法泰爾本人。

我剛才描述的這場對抗表明，在理解結構主義文學批評的可能用途及其局限性時，有必要考慮一系列重要的問題。結構主義者非常正確地指出，文學批評家應該從語言學那裡借用描寫術語，因為這是我們所能得到的最好術語。但語言描寫並不能解決文學反應這個問題。任何乾淨利落的操作或定量方式也不可能解決這一問題。假如詩歌僅僅給了我們用特殊詩歌結構表達出來的信息，這個問題就容易解決了；將注意力集中到詩歌信息內的具體語法和句法上，便能使我們真正理解詩歌成就。但正如里法泰爾所指出的那樣，因為詩歌不過是一個反應問題，因為（儘管里法泰爾忽略了這點）這個反應經常有賴於我們意識到存在於送話人和收話人所處情景中，或所使用的代碼中，或所涉及的語境中的詩歌雙重性，所以對一首具體詩所作的任何評述都**必須**注意語

言結構內外的東西。在數量上判明詩歌反應的方法也不能幫助我們，因為並不是所有的反應都具有同樣的價值。在語言學中，依賴當地人的「語言能力」來提供語法資料的方法是完全有道理的，因為「語言能力」是一個極小的功能。任何人，或幾乎任何人都擁有這種能力。在詩學中，我們不能使用這種方法，因為詩歌的出發點正是純「語言能力」止步的地方。有人不懂音樂但希望知道蕭邦的某首前奏曲。他可以請隨意挑來的一百個人為他演奏，然後根據演奏效果重新拼組出這首「真正的前奏曲」。但假如他請一位內行的鋼琴家為他演奏一遍這支曲子，他便可以更好地理解它。最理想的是，他能請幾位專家演奏幾遍。但即使在這種情況下，假如他對蕭邦的音樂代碼沒有更多的了解，他也將永遠不可能真正恰當地「聽到」這支曲子。

　　我要指出的是，文學批評家個人所專有的某些知識能力在對具體詩歌文本的批評中，就像在它們的創作中一樣，是必不可少的。赫施（E. D. Hirsch）以強有力的論據表明，詩歌理論永遠不能使我們得到可以解釋所有詩歌的一個方法論。雅各布森／李維史陀和里法泰爾的例子似乎證實了這一點。那麼，在有助於詩歌文本的實際批評方面，結構主義能給予我們什麼東西呢？我相信，它能夠提供很多東西，但只能以一種間接的方式給我們。當我們為閱讀一首詩做準備時，結構主義能起一種強大的啟迪作用。經過充分的發展之後，它能幫助我們正確地理解詩歌話語以及其與其他話語形式的關係。它能改進我們的描寫術語，並使我們更好地理解語言過程。因為它力圖描寫所有的詩歌可能性，所以它能為我們提供一個極好的理論框架，並因此幫助我們認識實際的詩歌文本。在教學中，它能夠幫助創立一門新的語文學和一部新的文學史，並因此賦予我們這個學科的最古老方面以新的活

力。在討論具體文學文本時，它能使我們敏銳地意識到整個詩歌過程的不同交際側面。但它不能爲我們閱讀詩歌。我們將只好永遠自己去做這件工作。

第三章
形式的簡化

　　結構主義思想的最顯著特點，是在過去似乎僅存在著未加區別的現象之處看到了秩序或結構。在這種思維活動中，我們放棄了對所有可觀察到的現象的籠統看法，但因而獲得了對一些具體物體的深刻瞭解。儘管我們所看到的物體在數量上減少了，但因爲我們現在知道它們不僅是相互關聯的，而且組成了一個系統或結構，所以我們還是對所要研究的材料有了更加強大的概念力。從某個角度看，所有諸如此類的活動都是還原性質的。但從這個角度看，所有理性思維都是還原性質的：我們放棄對某個「整體」的看法，以求看到其各個「組成部分」之間的某種形式關係。但我們也可以從另外一個角度看待這種活動：數量上的失在這裡成了能量上的得。實上，每當我們發現結構時，我們就在過去僅存在著「組成部分」的地方發現了「整體」。對原子結構的瞭解，使我們對整團的物質都有了一定的控制能力。結構主義文學研究所希望達到的一個主要目標，就是獲得一種類似的數量和能量的交換。但在此所要實現的燃燒都僅僅是思維性質的：由於對基本文學結構的徹底瞭解而閃爍出的文學理解之光。

　　人們渴望在複雜的文學現象背後或中間發現簡單的結構。這種希望促使與形式主義或結構主義「流派」毫無牽連的一些學者，

在文學批評中從事了一些有趣的實驗。在本章中,我們將論及兩個這樣的實驗。雖然它們彼此毫無瓜葛,雖然它們都幾近於古怪,但業已證實它們啓發了後來的作家。因爲它們能夠幫助我們深刻瞭解文學結構,以及在系統的文學研究中所可能出現的機遇和問題,所以它們至今仍然具有強烈的吸引力。

文學批評家安德烈‧喬勒斯 (André Jolles) 和艾瓊‧蘇里奧 (Étienne Souriau) 著手做了兩件截然不同的事情,但這兩個研究項目在本質上都顯然是結構主義的,或原始結構主義的。蘇里奧的工作與體積很大,但相對來講已固定下來的一批文學材料有關:從埃斯庫勒斯 (Aeschylus) 到阿努依爾 (Anouilh) 的戲劇。蘇里奧致力於理解戲劇的普遍結構特徵,以及如何將戲劇形式簡化成一個功能和組合系統,憑藉這個功能和組合系統將能夠解釋任何一齣戲劇的結構,並甚至於能爲新的戲劇提供線索。雖然這已是野心勃勃,但喬勒斯仍嘗試了更加斗膽的工作。他妄圖列舉和描寫位於人類已創作出來的實際作品之下的所有文學簡單形式。人們自然而然會說,如此宏大的事業無疑註定失敗。儘管如此,它們依然使人神迷心醉,也許因爲它們體現了隱於所有極端理論背後的那種簡單形式,即使得所有學者都禁不住對之作出反應的浮士德原型。

第一節　喬勒斯的簡單形式

安德烈‧喬勒斯 (André Jolles) 於一八七四年生於荷蘭,一九四六年死於德國。死前,他在德國教授藝術史和文學。他的《簡單形式》(*Einfache Formen*) 一書首次出版於一九三〇年,

戰爭之後在兩個德國重新發行，一九五六年在哈勒（Halle），一九五八、一九六五和一九六八年在圖賓根（Tübingen）。其法譯本（我所使用的這個版本）出版於一九七二年。其英譯本可能不久將在美國問世。

在第一次出版幾十年以後仍顯示出如此強大生機的這部著作究竟是什麼樣一本書呢？簡單形式到底是什麼東西呢？

對喬勒斯來說，簡單形式就是以語言形式出現的一種人類思維的結構原則。他指出，這種形式相對來講數量很少，它們像語言一樣具有普遍性，並與人類用語言組織世界的過程密切相關。簡單形式與諸如名詞和動詞這樣的理想語言實體存在於同一世界。就像人學習語言時要使用這個語言的名詞和動詞一樣，人也要學習使簡單形式「成為現實」。一個「實現了的簡單形式」，就是諸如民間故事或其他具有一定美學水平的通俗或民間流傳的語言構造。這些簡單形式應與「文學」形式區別開來，後者是由單個人創作出來的審慎和獨特的語言產物。在人類歷史的最開始就存在著簡單形式，我們可以稱這種尚未被利用，但有著明確可能性的結構為「神話」或「笑話」或「謎語」等等。當一種文化創作了諸如一個具體的神話或笑話時，這些形式的可能性就變得具體化起來。作家們隨後就可以有意識地運用這些實現了的簡單形式去創作文學形式。其中的一些文學形式將組合許多簡單形式，並在這種組合過程中對它們進行相應的改造。

對先於實現了形式的形式實質感興趣的學者，必然要研究現存的形式，以求發現這些形式的實質特徵。就像語言學家必須從他所找到的具體話語中推導出一種語言的語法那樣，從事簡單形式研究的學者，必須從分析在自己周圍的世界中所發現的實際形式做起，才能接近位於這些實際事物之下理想的簡單形式。這個

過程中的柏拉圖傾向是不可避免的。但喬勒斯並沒有把簡單形式歸於任何理念的天國。這些形式存在於人，即使用語言的人心靈之中，並作爲其賦予世界以意義和價值的不同方式出現。它們是不可缺少的和無處不在的思維活動形式。每種形式都產生於喬勒斯稱爲「思維傾向」的一種東西。這是一種特別的精神狀態。當它被賦予具體的語言形式時，這種精神狀態的某些需求便導致了一個特殊形式結構的出現。

　　喬勒斯認爲，世界上存在著一些具有普遍意義的結構實體。神話、笑話和謎語這些形式所具有的普遍性，強有力地支持了這種假定。它表明，可能存在著某種簡單形式語法或邏輯，它能夠系統地解釋簡單形式的性質及其相互關係。喬勒斯並沒有給我們提供這種語法。他討論了九種形式，但從未正視這組形式是否齊全這一問題。爲什麼是這九種，而不是其他種類呢？這是他從未回答的一個問題。這是他的工作中的一個重大問題，另外還有與此有關的其他問題──所有這些都必須在此加以考慮。但我們應該很好地瞭解喬勒斯的實際成就，然後再去評述其局限性。讓我們首先按照他的介紹順序去考察他的九種形式。

1.傳　說 (legend)

　　人渴望行爲的理想；傳說便是對這種渴望所作出的一種反應。喬勒斯認爲，羅馬帝國中的某些歷史條件，使得遭受迫害的基督教徒感到需要有一個具有英勇獻身和超人忠誠精神的模範。根據與其名字相連的早期傳說來看，基督的鬥士聖・喬治，便是對這種需要所作出的一種反應。這個故事後來與波塞斯 (Perseus) 神話混爲一體。但在諸如此類的粉飾發生之前，這個傳說僅僅爲早期的基督教徒樹立了一個備受磨難但英勇忠誠的模範。這

個新的宗教之所以能夠神奇般地顯示其力量，與這個傳說不無關係。作爲這樣一個模範，它旣體現了一種超人的理想，又可被模仿、可接近，甚至可被其他凡人所做到。在傳說這個形式中，人類使自己的希望和價值具體化起來。這個形式也以其替代物、相反物、反傳說這個反形式的方式出現。在這種反形式中，我們看到令人恐懼的例子。當基督試圖放一下身上沈重的十字架時，那個高喊「繼續走」的人對基督教徒來說就成了一個反聖人、被詛咒永遠走動的那個流浪猶太人。浮士德（Faust）、唐璜（Don Juan，西班牙傳奇故事中放蕩的男子）及其他人都扮演了與流浪的猶太人相同的角色。在其英雄的邪惡中，他們是善與德的反面例子，但隨著時間的流逝，道德價值發生了變化，英雄的邪惡也開始具有一種浪漫主義的魅力。

2.英雄史詩（saga）

正如基於一種理想之上的傳說是爲一種現實需要而服務的，基於血緣關係這個現實之上的英雄史詩也有自己的理想藍本：由於血緣關係而聚合在一起的社團、血的報復、氏族仇殺、婚姻、親屬、遺產、繼承、遺傳。英雄史詩正是圍繞著這些概念而變幻的。冰島世家薩迦、聖經譜系、四處流傳的歌曲和故事，使這種形式成了具體存在的實體。它醉心於已往、家族史和遺產。像傳說的道德價值一樣，它的道德價值具有強大的力量，儘管其理想化程度要略低些。英雄史詩和傳說，都爲史詩這樣偉大和複雜的文學結構的產生作出了貢獻。

3.神 話（myth）

對喬勒斯來說，神話比英雄史詩或傳說都含有更高的嚴肅

性。它具有**尊嚴**（dignitas）和**權威**（auctoritas）。它揭示了事物之所以是如此這般的原因。在神話中，宇宙千古不變，世界無邊無沿，事物現在是這樣，也將永遠是這般。喬勒斯認為，神話回答了一個意義重大但一直未能言明的問題。世界是怎樣被創造出來的？人類為什麼對它不滿意？在神話中，所有的物都是被創造出來的，由於造物主的神性，世界具有意義和目的。神話告訴了我們，千古不變的事物是怎樣和為何演變成現在這般模樣的。神話意識與神諭或預言意識有關，但神諭可以與存在於時間之中的具體事件發生關聯，而神話則僅僅關注具有永恆意義的東西。作為神話而流傳到我們手中的故事是實現了的純神話形式，儘管它經常與英雄史詩、傳說，以及其他簡單形式相混合。

4.謎　語（riddle）

謎語意識與神話意識密切相關。謎語使用和檢驗神話知識。猜中了謎語，就可加入知道神話的那些人的行列。猜謎活動也使人集中注意出謎人遮擋其知識，以及破謎人清除這層語言遮擋物的能力。在**關於**謎語的故事中，破謎的失敗往往意味著死亡；成功則可保證生還。與前面已考察過的其他形式相比，謎語更多地將注意力指向語言本身、其潛在的語義雙重性，以及其既轉達又隱藏意義的能力。

5.諺　語（proverb）

像謎語一樣，諺語這種形式密切地關注其自身的語言結構，但不是為了遮擋意義，而是為了將其擠壓進一個容易記憶的公式。諺語、箴言、格言——所有這些形式都致力於將世俗智慧及已往的經驗，提煉和濃縮入可供現時參考的小標題內。對喬勒斯

來說，諺語是一種高度的經驗形式，因爲它的基礎在於對人類行爲的實際觀察。但在我看來，深不可測的神諭成分在諺語中遠比喬勒斯所似乎願意承認的要多。「三思而後行」和「優柔寡斷者必敗」在一起根本不可能作爲行動的指南。它們表明，僅僅經驗主義確實不能十分有益地指導我們的行動。行爲主義者能夠告訴我們任何事情，但唯獨不能告訴我們應該如何行動。

6.案　例 (case)

在喬勒斯稱之爲「封閉的簡單形式系統」中，這個形式是一個必不可少的組成部分，儘管文學研究通常對它不予承認。這樣一組簡單形式到底是多麼封閉和多麼系統化呢？這是我們將在後面考慮的一個問題。但「案例」肯定是這個單子上的一個有益增補。一個案例就是一個假定性敍事，其目的在於將某個可能的人類行動與某套標準和價值聯繫在一起。「假定這個案子是……」，當我們像狄更斯筆下的雅格斯（Jaggers）先生那樣用這句話做開場白時，我們就身臨案例的假設情景之中。喬勒斯指出，人傾向於把世界看成這樣一個物體，他可以根據某些標準對它進行評價和判斷。因此，一個案例就是可與這些標準相比較的一個具體實例——並不是爲了說明一個具體價值，而是爲了檢驗這些標準本身。作爲檢驗判斷的一個問題或論辯術中的一次練習，案例可能提出諸如法律條文與其精神之間的關係之類的問題。從歷史的角度來看，這個形式有著非常廣泛的表現，不僅在法律中，而且在神學上，在宮廷愛情中，甚至在趣味和情感領域。在一個完美的案例中，相衝突的標準錯落有致，使人不能輕而易舉地找到解決辦法。這個形式是短篇小說的一個重要先驅和組成部分，就像喬艾斯的《都柏林人》（*Dubliners*）中那些「痛苦案例」能夠輕易地

提醒我們的那樣。

7.回憶錄 (memoir)

回憶錄是文學研究通常不予承認的另一種簡單形式。一個多世紀以來，它一直是佔據主導地位的那種簡單形式，而我們竟然未能識別和承認它，這一事實反而部分地顯示了它所具有的強大力量。回憶錄形式力圖以翔實的具體資料，錄載一個典型事件的獨特特徵或一個獨特事件的典型特徵。這個形式源遠流長，色諾芬（Xenophon）這位年邁的科林斯（Corinth）人就是在其《回憶錄》（*Apomnemoneumata*）中記下了他印象中的蘇格拉底，福音書中的回憶錄成分也多於傳說成分。正如這兩個例子所顯示的那樣，回憶錄經常異軍突起，與描述同一事件和同一人物的其他說法相抗爭。它引導人們注意正確性和真實性問題，並以生動具體的細節證實自己的描述真實性。回憶錄興起與昌盛的時期，恰恰是歷史意識形成的時期和作為一種複雜的文學形式的小說崛起的時期。體現在這些發展中的這個思想運動，率先提出了歷史性問題，堅決主張用回憶錄的正確性標準檢驗其他形式，並因此有效地將神話、傳說和英雄史詩從其在人類意識中原先所佔有的中心位置驅趕開來。由此可見，在努力成為文學界中的一股主導勢力時，複雜的現實主義寫作形式採用了回憶錄的技巧和價值。但所有這些在某種程度上也掩蓋了下列事實，即回憶錄僅僅是為敘事藝術奠定了基礎的一種藝術，但不是**唯一的**形式。

8.故　事 (tale)

這是一個古老和通俗的簡單形式：民間故事或神話故事輕而易舉地在喬勒斯的形式系統中佔有了一席之地。但他對這個形式

的討論卻格外地內容豐富和觀點敏銳。與傳說或神話不同，故事往往發生在與我們自己的世界故意不同的另一個更好世界。故事穿越潛在的悲劇性障礙而向公正方向發展。它的倫理道德傾向性使它堅定地認爲，它所描述的世界不僅在時空上距我們的世界遙遠，而且在倫理道德上也比我們的世界優越，因爲它是一個主持公道的世界。喬勒斯認爲，故事與薄伽丘（Boccaccio）的中篇小說這種不僅形式複雜，而且內容博學高深的相關形式十分近似。相同的一些主題在這兩種形式中都有流露，但在故事中僅僅是籠統的、不明確的和理想化的東西，總是在中篇小說中變得更加具體、明確和眞實。只需想想神話中的公主與薄伽丘故事中的公主之間的差異，人們就可感覺出這個不同。一種**反故事**（anti-tale）也存在著。在這種反故事中，邪惡的宇宙使得生活充滿悲劇。皮拉莫斯（Pyramus）和梯斯比（Thisbe），或任何一對倒運的情侶，都可作爲反故事的例子。但這是比故事要少得多的一種形式——在故事中，儘管人們不時感到岌岌可危，但災難最後總被迴避。《李爾王》（*King Lear*）的新古典主義幸福結局，不能僅被看作對莎士比亞藝術的一種褻瀆。它也是故事這個個簡單形式對人的想像力重新施加影響的結果。

9.笑　話（joke）

最後一種簡單形式理所當然是笑話。笑話基本上是反形式的。它抨擊語言、邏輯、倫理中的一切不完備之處。它沒有爲我們展現聰敏的反論，而是致力於爲我們顯示愚笨的雙重意義，因爲它津津樂道於雙重性。笑話的構造與兩種參數有關：嘲笑和幽默。它們抨擊不完備的東西，不管是僅僅使人煩惱的，還是完全不能使人容忍的。通過這種卓有成效的抨擊，笑話能夠解除我們

的緊張，從而使得生活更加愉快。通過嘲笑使我們煩惱的那些東西，笑話為我們提供了非常富於人類特點一種安慰形式。

喬勒斯就這九種形式所作的討論，博學、高雅和卓有見識。他所羅列的，但我在這裡幾乎完全忽略的例子，都是經過聰敏的選擇的。這些例子為他的觀點作了很好的說明。他所談及的每一種形式，都因為他的闡述而顯得明瞭清楚。這些特點，無疑解釋了《簡單形式》(*Simple Forms*) 為什麼至今仍然生機盎然的原因。但作為一個「封閉的簡單形式系統」，這本書是失敗的──因為它既不是封閉的，也不是系統化的。它沒有使我們看到由這九種形式所構成的那個整體。它甚至沒有正視是否還有其他可能的簡單形式這一問題。為什麼沒有歌曲？祈禱？人物？等等。喬勒斯似乎沒有想到這些問題。但有跡象表明，他對這本書目前的狀態並不完全滿意。一九五六年在哈勒交印的那一版收入了阿爾福雷德·肖斯格 (Alfred Schossig) 的一個後記。在這個後記中，肖斯格說，他有耶那大學漢利克·貝克 (Henrik Becker) 教授的一封來信，聲稱喬勒斯在其晚年曾想增補第十種形式，並系統地組織這些形式。（他的遺孀否認他曾考慮過這第十種形式──寓言 (fable) ──或至少聲稱她從未聽他提及它。）在這個曾被提及的「系統」中，這十種形式將被分成五對，與五種話語方式相對應：「疑問式、陳述式、命令式、祈求式和沈默」。每一對又被區分成「現實主義的」和「理想主義的」兩種形式。一個包括沈默在內的話語方式清單就足以使人煩惱；人們只需加上諸如「臉上帶著神秘的微笑講述」等字眼就可將這整個「系統」變成一個伯格斯式的中國目錄。但現實主義的和理想主義的這個區別所帶來的問題不僅更大，而且在這個過程中破壞了喬勒斯本人的概念工具。在重印入法譯本的編者註中，貝克的表格看上去像

這樣：

	疑問式	陳 述 式	沈默	命令式	祈求式
現實主義的	案 例	英雄史詩	謎語	諺語	寓 言
理想主義的	神 話	回 憶 錄	笑語	傳 說	故 事

喬勒斯曾將回憶錄與現實主義的興起連在一起，但在這個表格中，卻將這個最具有經驗主義色彩的形式放進了「理想主義」的欄目中。另外，還存在著其他幾乎同樣嚴重的問題；假如值得下此功夫，我們完全可以發現它們。現實主義與理想主義這個區別和一種現代的世界觀有關。這正是與回憶錄的興起相連的那種觀點，但在討論簡單形式時，喬勒斯有意拒絕接受這種觀點。顯然，哪怕是沒有任何系統，也比有這種歪曲了的系統要好。這種歪曲了的系統，簡直是在開結構主義的玩笑，因爲貝克的圖表所揭示的正是狂熱的結構主義系統化觀點，尤其是認爲所有的文學形式都必然源於語言形式的那種結構主義觀念的一次失靈。這個觀念可能是正確的，也可能是錯誤的，但將基本的虛構體裁種類放入語法箱內，肯定不能證實這種觀念的正確性。怎樣才能使喬勒斯所收集的簡單形式完備和系統化呢？這仍然是一個懸而未決的問題。假如這個問題能夠得到解決，假如可用來解釋存在於話語世界中一切實現了的簡單形式，並可用來說明它們之間的關係的一個系統能夠被建立起來，那將是結構主義文學批評的一個重大成功。各種不同的話語形式是否可以系統地聚攏在一起，這就是在這裡所要回答的問題。假如對這個問題的回答是否定性的，那麼，整個結構主義事業就相當成問題了。

　　除了這些不足之處所提出的問題以外，我們還必須考察喬勒斯針對某些批評程序所特意提出的一些問題，因爲形式主義者和

結構主義者已經採用了這些程序。某些民間傳說研究者把故事看作收集在一起的一些主題。他們認爲,像一幅鑲嵌畫的片塊一樣,這些主題可以任何方式進行組合。當討論故事這種簡單形式時,喬勒斯有意簡略地離開主題去批評這些民間傳說研究者。他堅持認爲,以這種純形式的方法研究故事,就是將其化簡成「一個被剝奪了意義的骨架,使其不能給予」聽者或讀者「任何道德上的滿足」。將作爲一個結構的故事與產生了它的精神傾向分割開,就是錯將骨架看成了人,錯將骨頭看成了整個有知覺的有機體。對喬勒斯來說,簡單形式之所以得以產生,是因爲要對某些人類需要作出反應。因此,在研究它們時,我們必須看到它們與這些需要的關聯。例如,我們必須把故事看成一種體驗,一場超越悲劇性障礙而向著公正方面努力的鬥爭,儘管它的悲劇和公正概念都非常幼稚。不像語法形式,在文學中所產生的簡單形式是對某些倫理和解釋之需要所作出的反應。因此,當我們忽略了它們的語義方面,我們就忽略了它們之所以能夠存在的根本原因。當我們考察從與其同時代的普羅普到我們這個時代的結構主義思想發展史時,我們應該記住喬勒斯的這個警告。儘管他的簡單形式系統在結構上存在著種種不足之處,但它至今仍旺盛地生存著這一事實,表明著他的觀點還未被取代。

第二節　艾瓊‧蘇里奧的戲劇情景

一九五〇年,艾瓊‧蘇里奧 (Etienne Souriau) 這位在美學問題上已經筆耕了二十五年的巴黎大學教授,出版了一本題目古怪的小冊子:《二十萬個戲劇情景》(*Les deux cent mille situa-*

tions dramatiques）。近年來，經常被結構主義文學理論家引述的
這本書，已與普羅普的早期著作一起，成爲對結構主義發生了重
大影響的前結構主義著作。或許因爲結構主義者總體說來有些忽
略戲劇文學，所以，儘管蘇里奧的著作已經得到承認，它至今還
未得到它所應得的全部承認。它應該得到這種承認，因爲它成功
地做到了既具有眞正的系統性，又未破壞它所考察的材料所具有
的生命力。書名本身，也許應爲這本書相對被忽略這一點負責。
它聽起來稀奇古怪。蘇里奧使用從占星學得來的名稱和符號去談
論戲劇的各種功能，他的這一決定也流露了類似的古怪傾向。但
這本書本身淸楚、生動、令人稱道，其基礎在於對戲劇──尤其
是歐洲大陸戲劇──的廣泛和精深的了解。

　　蘇里奧是在用他的書名嘲笑文學批評家，在早些時試圖將戲
劇的可能性，簡化成幾個基本情景的努力。他沒有就戲劇的可能
性開列某個固定的淸單，而是提議建立一個功能系統。這些功能
通過各種數學組合，就可產生不同的戲劇情景。根據他的計算，
從一個簡單的六功能系統和五種組合方式中，可產生二十萬一千
零一百四十一個情景。很難說他對自己的數學到底是多麼認眞，
但是，我詳細檢查了一下，發現它完全不可靠。即使他的功能和
組合以及他所提及的變異都存在，也不可能得出接近他自己的總
數，或他所指出的許多份總數的一個數字。有時，我懷疑他混淆
了組合與替換，另一些時他則顯然是憑空亂造數字。這一點，再
加上他堅持使用占星學術語，無疑使得他的結構主義繼承人對他
不信任。但是，他的戲劇功能設想，像我所看到的任何類似公式
一樣，嚴謹且前後一致，並像人們所能期望的那樣充滿眞正的戲
劇舞台意識。

　　蘇里奧首先建議。我們把戲劇舞臺設想成一個小空間或箱

子，戲劇世界中被挑選出來的成分就在其中為我們表演。我們在任何戲劇舞臺上所看到的東西，都暗指著存在於布景之後的那個完整世界。它戲劇性地突出這個完整世界的某個側面，極嚴格地從那個更大的世界中挑選時間、空間和人物。我們可以假定，這個更大的戲劇世界，與觀眾在劇終時將回去的那個經驗世界有著某種可被理解的關係。但蘇里奧在其研究中所感興趣的並不是這些世界之間的相互聯繫——儘管他承認其重要性——，而是那個小箱子（即戲劇舞臺）內的各種力量所發揮的作用。由於戲劇形式的嚴重局限性，它十分理想地適合這種研究。自從古希臘人起，戲劇的長度就沒有發生過重大變化。戲劇的短暫性，一直是其結構的一個重要方面。僅僅有限的幾個人物可以在舞台上得到發展。而活生生的觀眾的存在，則使得情節成了戲劇的關鍵。所有這些及其他局限性，使得戲劇落入了一個成分簡單但造型豐富的模子。蘇里奧所著手研究的正是這個基本結構。他忽略了人物塑造中那些僅是劇作家的工具而不是情節的組成部分（諸如合唱評述人、信差、心腹等），以求找到戲劇「功能」的最小造型。當我們將這個最小功能造型賦予一組人物時，它就可扮演出一個戲劇情景。蘇里奧使用「功能」這個詞的方法，與普羅普的方法有些不同，就像我們將在下一章中所看到的那樣，但人們輕而易舉就可理解和運用它。一個功能就是一個戲劇角色，與任何具體體現它的人物塑造毫無關係。對這些功能所進行的一種具體排列，就構成了一個戲劇情景。一齣戲的工作，包括使這些功能變得有血有肉，以及使最初情景中的可能性通過所需要的一些中間情景而得到完全展開。

　　因為一齣戲需要情節和衝突才能存在，所以具有頭等重要意義的那個功能，便是全劇為之服務的那股力量或慾望。蘇里奧稱

這個功能為獅子，並用 ♌ 這個符號去表示它。正是獅子的慾望
或意志才促發了一齣戲的情節。這個情節需要有對立面才能富於
戲劇性。因此，戰神馬爾斯 （Mars） 或 ♂ ，這個競爭者或對手
也就必不可少。這兩種功能之間的對抗，便構成了一齣戲的主要
戲劇軸心。獅子的慾望或意志，還必須有一個對象和一個目的。
他是為了某人才意願做某事的。於是，也就有了 ☉ 或太陽或所
企求的益處，以及 ♂ ，或地球或益處的預期接收人。除了這些
功能以外，蘇里奧還加了另外兩個： ♎ ，天平或仲裁者；以
及 ☾ ，月亮或幫手。這後者，月亮或幫手，事實上可以是另外
五個功能中任何一個的幫手或盟友，因此，任何戲劇情景都可能
有十個角色—— ♌ ， ♂ ， ☉ ， ♂ ， ♎ ，☾(♌)，☾(♂)，
☾(☉)，☾(♂)，和☾(♎)，即五種基本功能及其可能的月亮或幫手。
但實際上，蘇里奧並沒有討論擁有一種以上月亮的，或總數超過
六種功能的情景，儘管從理論上講更大規模的組合是可能的。戲
劇焦點集中的一個具體體現是，我們很少在一齣戲中遇到六個以
上的重要人物；假如這種情況出現了，他們往往僅是功能在多重
情節中的重複。

　　當我們將這六種基本功能交予具體人物去扮演時，當這些人
物之間的關係建立起來之後，一個戲劇情景就成立了。但並不是
所有六種功能都必須交予人去扮演。特別是所企求得到的東西可
以僅僅是一個物體，一種身分或地位，它可以由諸如一個王座、
王杖，或王冠這樣的具體東西來體現，也可以由舞台上的一個人
物所代表。每一種功能，也並不都需要一個專門人物去體現。一
些功能甚至可以被壓制或不出現在舞台上。但在大多數戲劇中，
所有六種功能都起作用。讓我們考慮一個例子。假定在一齣簡單
的愛情劇中，我們的獅子彼得，希望贏得瑪麗的愛情，但遇到了

保羅的競爭。這就是一個三人情景。我們應該怎樣分配功能呢？假如彼得是爲自己尋求瑪麗的，那麼他所扮演的角色就包括地球功能和獅子功能：♌♂ 。這就使我們有了使用四種功能的三個人物：♌♂ ＋ ☉ ＋ ♂ 。但仲裁者功能在這個情景中將是必不可少的。這要由誰扮演呢？瑪麗能作出自己的選擇嗎？假如可以，天平便是她所扮演的角色中的一個方面，我們也因而有了這樣一個情景：♌♂＋☉♎＋ ♂ 。因爲這裡沒有月亮，所以這就是最簡單和最平常的一個情景。但我們只需將天平轉移到馬爾斯或獅子身上，就不僅可使它變得有趣起來，而且可因此產生兩個情景：♌♂ ＋ ☉ ＋ ♂♎ ，或 ♌♎ ＋ ☉ ＋ ♂ 。

假如獅子的競爭對手能夠在法律上或道義上（作爲父親或受信任的顧問）決定他的鍾愛人的命運，這就使戲劇潛力複雜和豐富起來。再假如獅子本人就是他所追求的那個女人的法律保護人或受信任的顧問，同樣的豐富性也將出現。正如我們所說，情節複雜了。再往這個三人情景中介紹進月亮或幫手，就會使戲劇所喜愛的東西進一步複雜化起來。讓我們仍然把情節侷限在三個人物上。瑪麗可能有某種許諾，使她與彼得或保羅結盟，並因而使我們有了諸如 ♌♂ ＋ ☉♎☾(♌) ＋ ♂ ，或 ♌♂ ＋ ☉♎ ☾(♂) ＋ ♂ 這樣的可能性（假定瑪麗在這兩種情況下都是仲裁者）。假如兩個競爭對手之一有義務幫助其情敵（如同特里斯坦（Tristan）、艾瑟爾特（Iseult）、和馬克（Mark）那個情景中的情況，或它的其他戲劇變種那樣）；這種情況就會導致 ♌♂ ☾(♂) ＋ ☉♎ ＋ ♂ ，或 ♌♂ ＋ ☉♎ ＋ ♂☾(♌) ，另一種有趣的複雜化也就因此而產生。蘇里奧使用這個模式，討論了三十六個獨特的三人愛情故事情景：在十二個中，獅子自己希望得到太陽；在十二個中，他希望看到她與他的明顯情敵結合；在十二個中，他僅希

望看到她擁有自制能力。在所有這些情景中，蘇里奧都力圖在一個持續不變的三功能基礎之上，通過簡單地羅列所有的可能變異，來爲由此而產生的抽象結構找到一個似乎合乎情理的語義內容。他能夠引述那些使用了他所討論的許多造型的實際戲劇。他知道，劇作家並不是坐下來按照符號公式寫出劇本的。儘管他十分清楚地指出了這點，但他還是非常令人信服地表明，這種速記符號揭示了戲劇藝術的許多基本東西，他所描述的生成語法也在實際的戲劇創作的某個層次上──有意識或無意識地──發揮一定作用。

　　除了他這套功能及其組合以外，蘇里奧還增補了在小說理論中已變得平平常常，但在戲劇批評中卻仍很少遇到的另一個重要概念：視點概念。讓我簡略地說明一下。最簡單的戲劇情景包括六個人物，每一個人物扮演單獨一種功能。因爲我們可能有不同的月亮，所以這個情景就有五種可能的變異：

1　$\Omega + \odot + \delta + \delta + \frown + \mathbb{C}(\Omega).$

2　$\Omega + \odot + \delta + \delta + \frown + \mathbb{C}(\odot).$

3　$\Omega + \odot + \delta + \delta + \frown + \mathbb{C}(\delta).$

4　$\Omega + \odot + \delta + \delta + \frown + \mathbb{C}(\delta).$

5　$\Omega + \odot + \delta + \delta + \frown + \mathbb{C}(\frown).$

但這五個情景中任何一個的完全展開，都會由於我們觀看它的角度而給我們以不同的印象。在任何一個情感混雜的場景中，我們都更完全地分享某一個具體人物或有關人物的情感，而不是其他人的情感。在這裡有一種情感規律在起作用。假如劇作家想讓我們參與這場戲，他就必須鼓勵我們集中注意力。在同一齣戲中，所關注的對象會隨著場景或情景的更換而變化。但偉大的劇作家都無一例外引導我們的注意力朝著他們所選擇的方向變化。因

此，假如我們假定，被我們的符號標記註明爲第一角色的那個角色，就是我們觀看這個情景的那個視點，那麼，前面的所有五種情景都是從獅子的視點進行觀看的情景。這當然是通常的情景。我們傾向於與劇中的主導力量聯合。我們將感情移至獅子身上。但諸如殺害麥克達夫（Macduff）全家或苔斯得蒙娜（Desdemona）。在祈禱這樣的場景，使得我們與獅子分離，並迫使我們從一個不同的視點去觀看他。至少從理論上講，這五個情景中的任何一個都可從任何視點展開，這使得我們總共有三十種可能性，儘管最初的五種是最可能被使用的，因爲它們是最容易的。

在這個三人愛情故事中，獅子也最可能是使我們移情於他的那個人物。在蘇里奧在討論中，這個情景的三十六種可能性全都啓用獅子的視點。儘管從諸如瑪麗、太陽或所企求的對象的視點去展現這些情景的可能性存在著，但這將完全改變這個情景。從獅子彼得轉到其競爭對手保羅的可能性似乎不大，因爲這很可能僅僅導致保羅自己變成獅子而彼得扮演馬爾斯的角色。但是，在愛情上競爭的這兩個人中顯出較小力量和較弱感情的那個人物，也是有可能得到與掌有我們的移情的。獅子並不一定必然是任何一場戲或全劇的「英雄」。以《達爾杜弗或僞君子》（*Tartuffe*）爲例，劇名人物顯然是劇中的獅子，但卻絲毫未被允許得到我們的半點同情。在這個劇中，莫里哀（Molière）甚至推後獅子的出場達兩幕之久，這使得我們可以觀看他的所作所爲，但不會被說動去從他的視點進行觀看。另一方面，在《恨世者》（*Misanthrope*）中，則存在著每個導演都必須自己去解決的視點控制問題。

在一齣戲的創作過程中，蘇里奧所設想的簡單情景當然要發生變化，並以許多其他方式得到充實和豐富。當我們想到賦予一個抽象的情景公式以諸如年齡、性別、地位、脾氣、美容、力量、

軟弱、醜陋等特點時，我們就可看到戲劇可能性在我們眼前變得
栩栩如生。當我們想到這些變化中的每一個在一個情景中所能造
成的所有可能變化時，我們就會相信，蘇里奧那令人可笑的確切
數字不是戲劇創作可能性的過高極限，而是過低極限。當他確立
這個數字時，這或許就是他所想讓我們想到的。無論如何，在他
的戲劇情景討論的全程中，他皆既注意戲劇的一般性，也注意它
的特殊性。在說明其觀點時，他引述了差不多兩百齣不同的戲，
有一些被引述過十次或更多次。因此，他的書是抽象的戲劇藝術
推論和實際的劇本與劇作家知識之間的一個令人驚奇和引人爭議
的混合物。然而，要最後評價這一獨特的成就，我們應該考慮兩
個相互關聯的問題——對任何類似的結構主義努力，我們都必須
提出這兩個難題：它到底有多真實？它到底有何益處？

　　它到底多真實？是對戲劇功能和情景的一個多麼精確的描
述？多全面？要回答這一點，我們必須知道蘇里奧在其程序中所
有意和無意造成的一些問題。首先，他有意迴避了劇場中的許多
重要東西。他在此所關心的是，可在共時靜態中以情景形式描寫
的戲劇情節精髓。他十分清楚地意識到，情景在一齣戲中導致情
節，情節又依次導致新的情景，但他在此所關心的僅僅是情景，
而且僅僅是基本的建築石料，並不是戲劇中所偶然用到的方式和
策略，而是以潛在的對象和力量的造型出現的戲劇精華。我認為，
就他所談及的內容而言，他所描寫的都是那裡實際存在東西。在
力所能及的程度內，他清楚、簡潔、合乎邏輯地給我們描寫了戲
劇情景的精髓。因此，真正的問題並不是它是否正確，而是它包
括了多少戲劇成分。顯然，更多的功能將意味著更多的可能性。
但我認為，他很清楚應該在何處止步。在這一點上，他的材料幫
助了他。例如，焦點在戲劇中比在小說中更為集中和更有局限性。

小說並不一定會以與戲劇相同的方式，對那個關鍵的主導人物、那個以其意志決定一齣戲的獅子提出同樣的要求。但應該公正地說，即使是在戲劇的範疇內，蘇里奧的公式也似乎更適合於諸如希臘和法國的古典悲劇，而不大適合於我們的在形式完美方面略差，但在某種程度上更為豐富的英國戲劇。莎士比亞比埃斯庫勒斯（Aeschylus）、索福克勒斯（Sophocles）、高乃依（Corneille），或拉辛（Racine）距這些基本結構更為遙遠。

這就使我們要問，它到底有什麼益處呢？在回答這個問題時，我要說，雖然它將永遠不能作為實際戲劇情景的一個完備描寫，但它肯定可以作為一個結構表格，幫助我們辨認任何戲劇藝術作品中的實際現實。假如現代劇作家所給予我們的是等待果陀，而不是去尋找果陀的膽小獅子，蘇里奧的模式在用於它們時便會顯得古怪，但這種古怪感應該能使我們的知覺力更加敏銳起來。假如莎士比亞已經使基本的造型變得豐富和複雜到了幾乎不可識別的地步，那麼，這是他的天才的一個顯著特點。最後，假如擺弄著這個舞台符號邏輯的任何劇作家，沒有感到自己受到了這個抽象世界的挑戰、激勵、乃至啟發的話，我將會感到吃驚。這個抽象世界宣稱抓住了一種文學藝術形式的精華，儘管在由有血有肉的真人扮演之前，這種文學藝術形式將是不完全的。就像比蘭德羅❶的六個人物那樣，只要戲劇生存一天，蘇里奧的六種功能就將繼續尋求和找到它們的作者。

---

❶比蘭德羅（Pirandello,1886～1936），義大利劇作家、短篇小說家。〈尋找作家的六個人物〉是作者發表於一九二一年的一個短篇小說。──譯註

第四章
走向結構主義的小說詩學

　　作爲一種文學研究方法，結構主義既有其長處又有其短處。所有這些在敍事文學的研究中，都比在文學理論或批評的任何其他方面暴露得更爲淋漓盡致。情況之所以是這樣，有許多原因，但歸根結柢，是在作爲一種課題材料的敍事文學與作爲一個學科的結構主義之間的「相適合性」。因爲敍事文學在保留某些結構特徵（人物、情景、情節、結局）的同時，一方面要包括神話（簡單的、短小的、通俗的、口述的、史前的），另一方面又要包括現代小說（複雜的、冗長的、書面的、歷史的），所以，它爲結構主義提供了一個極好的研究領域；這個領域業已得到很好的開發。儘管小說研究的傳統要追溯至亞里斯多德，但結構主義小說研究則幾乎可以說是從弗拉基米爾・普羅普（Vladimir Propp）的俄國神話故事研究開始的。普羅普爲小說研究提供了「簡單形式」（simplification of form），這種簡單形式對結構主義思想一直起著一種重大的推動作用。我們將在本章的下一節中探討普羅普與李維史陀在簡單敍事研究上的分歧。這種分歧表明，結構主義內的不同意見不僅很大，而且已近乎自成一個宗派。對文學理論研究來說，普羅普的工作迄今爲止已證實遠比李維史陀的工作要重要得多，儘管更爲簡單，在創新方面也更爲保守——或許**因爲**

更爲簡單，及在創新方面更爲保守。假如一個宗派存在著的話，普羅普便是正統派的第一個教皇。

當然，普羅普是一個形式主義者，因此可以說代表了文學結構主義內的形式主義觀點。這一直並仍然是至關重要的結構主義文學觀點。在過去的半個世紀中，形式主義在其精密度和豐富度上已有了長足的發展，它已放棄了一些極端觀點並修正了其他一些觀點，但在這整個時期中，它都證實具有驚人的盎然生機，並吸引了學識淵博和理解力強的大批學者。因此，它並非僅代表了在文學鑑賞史上曇花一現的一個時期，而是在取代了它的結構主義腹地繼續傲然怒放。由於這個原因，以及其自身所具有的強大吸引力，考察形式主義運動對小說詩學的貢獻，就成了本章必不可少的一個部分。

本章的最後兩節，將討論當代的微視結構主義和巨視結構主義。在第三節，我將分析試圖改進普羅普的功能主義，並將這些改進方法用於一些基本敍事形式的一些努力。在最後一節，我將考察力圖使整個小說序列系統化的一些嘗試，尤其是通過研究小說體裁和種類。儘管公認是不完善的，這些嘗試仍然撩人地近乎令人滿意。最重要的是，它們自身鼓勵改進和發展——甚至在它們當前的這種嘗試性的和不完善的狀態中，它們也可得到有益的利用。但假如它們不是如此，假如我們要拋棄在本章中所勾劃出的結構主義小說詩學——我們應轉向何處去尋得另一個呢？結構主義和形式主義爲我們提供了我們所擁有的幾乎全部的小說詩學。

第一節　神話研究者：
普羅普和李維史陀

結構主義的許多成就以及它的許多侷限性，都隱含於普羅普和李維史陀所採用的兩種民間敍事研究方法之中。情況之所以是這樣，既與這兩人所具有的超乎尋常的深遠見識和創新精神有關，也與他們所選擇研究的神話材料的性質有關。神話、民間故事、童話，這些便是所有敍事的原型及後來小說發展的先驅和模式。當我們研究敍事文學的歷史時，我們會發現，形式在現代階段中的巨大發展，已使原始小說的基本成分變得幾乎面目全非，但我們也將發現，現代小說的形式不僅從未完全失去與這些原始形式的連繫，而且經常回到自己的源頭，去汲取它們所擁有的那種近乎魔術般的神奇力量。神話的普遍性是這一傳統的一個重要特徵，李維史陀在他那段極有遠見卓識的話中強調了這一點：

> 可在此指出的下列情況，將有助於顯示神話與其他語言現象相比所具有的原初性。神話是「翻譯便是叛徒」這個公式達到其最低真實價值的那個語言部分。按照這種觀點，神話在語言表達的範疇中應被置於與詩歌相對的那一端，儘管人們曾試圖證實與此相反的情況。詩歌是這樣一種言語，僅僅在被嚴重歪曲的情況下，它才可被翻譯；而神話所具有的神話價值，則甚至在最差的翻譯中也能被保存下來。不管我們對神話所產生的那個民族的語言和文化是多麼的無知，一個神話仍會被世界上任何地方的任何一個讀者認作一個神話。它的實質並不在於它的文體、它的原始音樂或它的句法，

而在於它所講述的故事。神話是在一個特別高的層次上活動
的語言，在這個層次上，意義成功地從它持續滑行的語言場
地上實際「起飛」。(《結構人類學》(*Structural Anthropolo-
gy*)，第206頁)

因爲他們在思想和態度上有極少的共同之處，所以值得指出，路
易斯 (C. S Lewis) 就神話形式講了幾乎與這個法國人類學家完
全相同的話。他說，「確實，這樣一個故事除了通過詞語很難到達
我們。但這在邏輯上僅是一個巧合。假如某種完善了的啞劇藝術
或無聲電影，或系列圖片能夠在無詞語的情況下清楚地表達它，
它將仍然以同樣的方式影響我們」。〔《文學批評中的試驗》
(*Experiment in Criticism*)，英國，劍橋，1965年，第41頁〕

　　讓我們停下來，分析一下這些陳述的涵義。我們應邀去考察
一個文學可能性的**連續統一體** (continuum)，神話和詩歌在其中
代表了兩極對立。在詩歌中佔主導位的是語言的詞彙和縱向聚合
方面──一個特定詞語在自己的語言傳統中的反響。自然而然，
如同羅伯特・福羅斯特 (Robert Frost) 所說，這就是「在翻譯
中受損失的東西」。詩歌頌揚一種文化、一種語言、一個人使用其
語言的方法中的獨特東西。但是，在神話中，語言的結構和橫向
組合方面佔主導地位，不同的語言在這個層次上擁有許多共同之
處。語言結構和神話因此擁有一種普遍性，而語言單位則由於其
任意性而沒有。

　　這就是爲什麼普羅普和李維史陀將注意力集中於神話結構之
上的原因所在，以及爲什麼神話材料在結構主義活動中佔有這樣
一種「特權」地位。但普羅普和李維史陀所選擇的方法和所從事
的工作都十分不同。這些不同表明，結構主義內部存在著一個根

本的分歧。諸如此類的一系列分歧，使得我們幾乎不可能給「結構主義」下定義，但同時也部分地解釋了結構主義文學批評爲什麼會具有如此蓬勃生機和多面性。在一九二〇年代從事研究工作的普羅普，可被看作俄國形式主義學派的一個成員。他的工作，肯定影響了其他的形式主義者以及一組重要的法國結構主義者。

普羅普首先著手處理民間故事的分類和組織這個問題。菲斯羅夫斯基（Veselóvsky）和貝迪爾（Bédier）已作過的研究工作使得他能夠注意到，根據「主題」（motifs）或「成分」（elements）給故事分類的大多數努力，都以非系統化的和任意的分組而告終。當試圖在所收集到的一百個俄國童話故事中區別永恆和易變的成分時，普羅普得出這樣一條規律，即雖然一個故事中的人物可以變動，但他們在故事中所發揮的功能卻是永恆和有限的。普羅普把功能描述成「根據其在行動過程中所具有的意義而界定的一個人物的行動」，並以其逐步歸納的四條規律，使得民間文學和小説研究有了一個新的基礎。規律三和四措詞直截了當，宣稱具有普遍意義，聽起來像某些科學發現那樣具有驚人的效力：

> 1.人物的功能在故事中起著穩定、恆常的成分的作用，不管它們是由誰和怎樣具體體現的。它們構成一個故事的基本成分。
>
> 2.童話故事所使用的功能的數量是有限的。
>
> 3.功能的順序永遠是相同的。
>
> 4.就其結構而言，所有的童話故事都屬於一個種類。
>
> （《童話故事形態學》（*Morphology of the Folktale*），第 21,22,23頁）

當逐個對故事的功能進行比較時，普羅普發現，他的功能總

數從未超過三十一種，此外，不管一個故事擁有這三十一種功能
中的多少種（沒有一個故事擁有全部功能），它所擁有的那些功能
總是以同樣的順序出現。（爲了使讀者對這個公式能有一些具體
的體驗，我將羅列這些功能，但必須請感興趣的那些讀者在尋求
說明和解釋時參閱普羅普本人的原著。）　在最初的那個情景中，
一個家庭的成員得到羅列或未來的英雄得到介紹。在此之後，故
事就開始對以下列順序依次排出的下列功能進行某種挑選：

1. 一個家庭的一個成員不在家。

2. 英雄聽到了一個禁令。

3. 這個禁令被違反了。

4. 惡棍進行了一次試探性偵察。

5. 惡棍得到了有關他的受害人的情報。

6. 惡棍試圖欺騙他的受害人，以圖佔有他或他的財產。

7. 受害人上當受騙，並因而無意中幫助了他的敵人。

8. 惡棍對一個家庭的某個成員造成了危害或傷害。

8a. 一個家庭的某個成員，或缺少某種東西或希望擁有某
　　種東西。

9. 不幸或不足的情況被公之於世：英雄接到一個請求或
　　命令；他得到前往的許可或受到派遣。

10. 追求者同意或決定採取對應行動。

11. 英雄離家。

12. 英雄受到考驗、檢查、攻擊等等，所有這些為他得到
　　一種神奇的力量或一個幫手鋪平了道路。

13. 英雄對未來的施主（供養人）的行動作出反應。

14. 英雄得到了一種神奇的力量。

15.英雄被轉移、得到解救或被帶至他所尋求的對象周
  圍。

16.英雄與惡棍直接交戰。

17.英雄被打上烙印。

18.惡棍被擊敗。

19.最初的不幸或不足狀況得以解除。

20.英雄返回。

21.英雄遭追逐。

22.將英雄從追逐中解救出來。

23.未被認出的英雄回到家或另一個國家。

24.一個假英雄提出了無理要求。

25.英雄接到建議去完成一項艱難的任務。

26.任務完成了。

27.英雄被認出。

28.假英雄或惡棍被揭露。

29.假英雄被賦予一張新的面孔。

30.惡棍受到懲罰。

31.英雄完婚並登上王座。

普羅普把前七種功能看作一個單位，稱其為「準備」（preparation）。按照這樣的籠統名稱，我們也可以區別出其他主題組。這樣，我們就有了到第十種功能為止的情節複雜化，緊接著是轉移、格鬥、返回和辨認。正如後來的評論者所迅即指出的那樣，儘管所有這些並不完全符合邏輯，但普羅普在這裡所概括出來的結構，顯然是我們大家在從故事到小說的敘事文學閱讀中所遇到的東西。

　　除了這三十一種功能外，普羅普還標出了七個「行動範圍」
(spheres of action)。這些行動範圍涉及到童話故事的七個人
物角色：

　　1.惡棍

　　2.施主（供養人）

　　3.幫手

　　4.公主（一個被尋求的人）和她的父親

　　5.派遣人

　　6.英雄（尋求人或受害人）

　　7.假英雄

在任何一個特定的故事中，一個人物可扮演一個以上這樣的角色
（例如，惡棍也可以是假英雄，施主也可以是派遣人），一個角色
也可由幾個人物扮演（例如，多個惡棍）；但這些便是這種敍事體
裁所需要的全部角色。即使對在其他方面與童話故事相距甚遠的
許多敍事體裁來說，它們也是最基本的一些人物角色。

　　我們也許應順便指出，普羅普的公式在某些方面與拉格蘭勳
爵（Lord Raglan）所獨立從事的一項研究相似。在這項研究中，
拉格蘭開列了典型的神話英雄在其一生中所經歷的事件〔《英雄》
(The Hero)，倫敦，1936年〕。拉格蘭所研究的英雄故事與普羅
普所考察的童話故事相當不同，他的研究方法在系統化方面也差
之甚遠。他僅僅希望指明，神話形式如何具有將神話英雄的生平
與歷史人物的生平區別開來的某些持續的和反覆出現的特點。像
弗雷澤（Frazer）、康福德（Cornford）、韋斯頓（Weston）、加
斯特（Gaster）和其他人一樣，拉格蘭屬於一個主要由英國人組成
的原始結構主義流派，他們是弗賴伊（Northrop Frye）在理論

上的重要先驅者。他們令人信服地指出了神話敍事結構對某些原始宗教儀式的依賴。針對神話與儀式之間的因果關係而進行的爭論，可能還要繼續一些時候，但這兩者之間存在著緊密的連繫，它們都是對近似的和基本的人類需要所作出的反應——這些已是目前人文研究中普遍被接受的前提。拉格蘭的英雄模式有二十二個特點。並不是所有這些特點都是普羅普意義上的功能——也許因爲這些英雄神話並不是純粹的敍事結構，而是依然含有重要的儀式因素。但下面就是這個模式：

　　1.英雄的母親出身皇族；

　　2.他的父親是一個國王，還

　　3.往往是他母親的一個近親，但

　　4.他受孕的環境不同尋常，此外

　　5.他也據傳說是一個神的兒子。

　　6.在出生時，他父親或他的外祖父通常試圖殺死他，但

　　7.他被秘密偷走，並

　　8.被養父母在一個遙遠的國度撫養成人。

　　9.我們未被告知有關他的童年的任何事情，但

　　10.在成人時他回到或走向他未來的王國。

　　11.在戰勝了國王和（或）一個巨人、龍或野獸之後，

　　12.他娶了一位公主，經常是他的前任國王的女兒，並

　　13.成為國王。

　　14.在一段時間內，他平靜地執政，並

　　15.制定法律，但

　　16.後來他失去了神和（或）他的臣民的好感，並

　　17.被趕下王位和逐出城邦，在此之後

18.他神秘地死去，

19.經常是在一座山頂。

20.假如他有子女，他們沒有繼承他的王位。

21.他的屍體沒有被埋葬，但

22.他有一個或更多的聖墓。

　　拉格蘭然後使用這個模式給一些著名的英雄「評分」。例如，忒修斯 (Theseus) 得了二十分，赫拉克里斯 (Heracles) 十七分。被相當引人注目地遺漏了的耶穌顯然會得高分。據認為，相距遙遠的世界各地的文化英雄，都有十分近似這個模式的生平。拉格蘭希望用**儀式** (ritual) 解釋所有這些近似之處。不管它們是否與儀式有關，這些近似之處都表明，在一個廣泛的人類範圍內存在著某種基本的敍事語法。拉格蘭和普羅普都對產生這種情況的原因不感興趣。普羅普本人滿足於描寫他所看到的東西。他偶爾也推測，童話故事必然起源於神話，某些騎士故事，則依次類推必然從童話演變發展而來。他樂於指出，任何特定故事的美學興趣都很可能與它的易變特徵，而不是與它的永恆結構有關：「我們用特徵去指人物的所有外在特點的總和：他們的年齡、性別、地位、外觀、這個外觀的特點等等。這些特徵使得故事有了色彩、魅力和美。」（87頁）由此可見，普羅普顯然意識到了美學上所應該考慮的東西（色彩、魅力、美），但卻不真正關注它們。假如一個故事的結構本身有什麼美學特點的話，那麼他滿足於對之視而不見，儘管他似乎顯然會將美學效果歸於一個故事在其實現過程中所具有的某個特點，而不會將它歸於這個故事的結構。對民間流傳的文本所進行的這種結構分析有許多侷限之處。從這個有侷限性的文本觀，轉到運用真正的結構主義方法對真正的文學文本

所進行的分析上——這是結構主義文學理論家仍在試圖解決的一個重大問題。但普羅普就敘事文學的性質，教給了我們大家一些基本的東西。他教我們在分析情節功能和人物角色時，注意它們之間精確的和細緻的相互連繫。因此，他的研究已成為後來一批理論家—— 尤其是格雷瑪斯（Greimas）、柏萊蒙德（Bremond）和托多洛夫（Todorov）——的一個出發點。我們將在下面第三節討論這些人的工作。

　　對普羅普來說，結構分析的單位是作為一個獨特構造的單個故事。從一組擁有近似造型的一百個故事中，他努力抽取一個原始故事的結構。這個原始故事所具有的三十一個功能，包括了在這整組故事中所發現的全部結構可能性。正如我已指出的那樣，儘管他的興趣並不主要是美學性質的，但他仍然關注故事的形式特點，它的基本單位以及制約這些基本單位組合的那些規則。他實際上是在為某種敘事體裁制定一部語法和句法。為了將其用於其他種類的敘事形式，後來的理論家們已修改了這部語法和句法。另一方面，對李維史陀來說，單個敘事的形式並不是一個要考慮的重要單位。對他來說，這個要考慮的單位不是故事而是神話，故事——完成了的或片斷的——都僅表達了神話。這個意義上的神話是一批材料，主要是敘事性質的，它們涉及一種特定文化的一個具體方面。更精確地講，神話位於這些材料的後面，並總是以某種修改後的形式抵達我們，因此，我們必須從這些材料中重新組合神話。

　　普羅普所研究的是童話故事這種美學形式。這種形式是出於美學原因，而對神話材料進行的一種修改。當在一組這樣的故事中尋找它們的原始形式時，普羅普可以說尋找了人類敘事反應的原動力基礎。在這場尋找中，他從未詢問一個特定功能可能在一

個故事的讀者中產生了什麼反應。但他分離出了這樣一個結構，它之所以能夠形成，就是因為人類普遍渴望某些敘事形式的愉悅。另一方面，李維史陀所研究的不是一種美學形式，而是一種邏輯形式，即體現在原始神話中的那個概念系統，不管這種體現方式是多麼的模糊。對他來說，以美學方法重新組織一個神話，並將其寫成一個民間故事或童話故事，就是使神話的原有邏輯模糊起來的一種轉換。但這幾乎是不可避免的：神話之所以採用了一種給人愉悅感的敘事形式，正是因為它具有幫助理解人類處境中的某些真理的使命。人們一直感到很難思考和想像這些真理。假如說，普羅普是在尋找一隻建造珍珠的牡蠣時所使用的那個過程，李維史陀則企圖解釋在最初的那粒沙子中，所發現的結構的意義。

在程序上，李維史陀的方法表面上與普羅普和拉格蘭的方法相似。首先，他將所考察的神話敘事分割成單位，每一個單位都可用一個簡短的句子總結出來。這些單位與普羅普的「功能」（functions）和拉格蘭的「得分」（points）近似，但與它們並不完全相同。每一個神話敘事單位都表達一種「關係」（relation）。實際上，這意味著某種與普羅普的功能相似的東西：例如，「伊底帕斯（Eedipus）殺死斯芬克斯（Sphinx）」便是李維史陀分析底比斯神話組時，所分割出的一個單位，它與普羅普的第十八種功能相同，即英雄在直接的格鬥中戰勝了惡棍。但李維史陀的單位並不全都是敘事功能。有一些單位僅僅是名字解釋，例如，「伊底帕斯＝腫脹的腳」與其說是這個敘事所描述的一種關係，不如說是一個解釋性細節。使用諸如「關係」這樣一個術語，使李維史陀能夠以一種非科學的熱情，將他的種類與他的材料相適應起來。他的這種非科學的熱情，使他的同事感到沮喪。但隱於這種

努力背後的衝動，與促使拉格蘭將英雄的死「往往」發生「在一座山頂上」的條目，列為他的第十九個得分的那股衝動是相同的。在許多神話和故事中，都存在著具有重要意義，但又不是敘事功能的一些成分，它們所發揮的作用是語義性質的，而不是橫向組合性質的。然而，它們又不僅僅是修飾性成分，而是在敘事中起著某種關鍵作用。在前面提到的例子中，山顯然與儀式有關，因而是神話的一個部分，但當神話由於審美的原因變成童話時，它可能不會得到保留。

　　然而，將一個神話敘事歸納成稱為「神話素」(mythic narrative) 的關係單位，僅僅是這個分析過程中最不引人爭議的部分。整個研究工作的關鍵在於下一個步驟──即排列。在李維史陀看來，一個神話就是整個一種文化用代碼傳送給它的單個成員的一種信息。只要一種文化保持著單一性質，一個具體神話就將繼續為它作證，這個神話的各種新說法，也將僅僅是同一信息的不同表達方式。只要我們能適當地排列神話素，即不簡單地按照流傳至今的敘事順序，我們就能破開代碼和解出信息。下面就是李維史陀在他那篇題為〈神話結構研究〉(The Structural Study of Myth) 的著名文章中提供的例子，這篇文章已被收入《結構人類學》(209～210頁)：

　　　　假如我們無意將神話看成一個單線系列，那麼我們可以將它看成一支管弦樂隊的總譜；我們的任務是重新確立正確的排列。比方說，我們遇到這樣一個系列：1，2，4，7，8，2，3，4，6，8，1，4，5，7，8，1，2，5，7，3，4，5，6，8……，假如我們的任務是將所有的1和所有的2、3等等放在一起，其結果便是這樣一個圖表：

1	2		4			7	8
	2	3	4		6		8
1			4	5		7	8
1	2			5		7	
		3	4	5	6		8

　　我們可以試著對伊底帕斯神話作同樣類型的工作。我們可以嘗試神話素的幾種排列，直到發現與上面列舉的原則一致的一種排列時為止。為了論證的緣故，讓我們假定，最佳的排列是下面這個（儘管在一位希臘神話專家的幫助下，它肯定可得到進一步的改進）。

　　讓我們首先察看那個數字模式。當從左到右閱讀這個敘事系列時，我們很快就會注意，8是所達到的最高數字，此外，這個系列自我重複（雖然總是部分，而從未全部）了五次。這樣，我們就得出了一個八欄又五行的排列。以這種方法處理數字，十分容易，因為數字能夠自動為我們排列。甚至當我們寫第一行時，我們就知道應該在何處留下空檔。這樣，當我們最後在第三行到達一個5時，我們精確地知道應該在何處安置它。但若要將這一方法用於一個神話的構成單位，事情就不那麼簡單了（雖然普羅普的功能會給我們提供一個更為牢靠的基礎）。有關伊底帕斯神話的那個圖表，使這種方法及其使用中的問題都暴露得淋漓盡致。公正地說，我們應該承認，李維史陀也認為，在這個例子中使用他的方法「或許不恰當」，因為「我們所知道的伊底帕斯神話是後來流傳下來的形式，它們已經歷了與美學和倫理有關但與宗教或儀式無關的許多文學變化」（第209頁）。但在幾頁之後，他又宣稱，一個神話是由「它的所有版本」構成的。因此，他甚至樂意將佛

卡德莫斯尋找他的妹妹歐羅巴，她已被宙斯劫走			
		卡德莫斯殺死龍	
	斯巴達人自相戮殺		
	伊底帕斯殺死父親，拉伊厄斯		拉布達科斯（拉伊厄斯的父親）＝跛腳（？）
		伊底帕斯殺死斯芬克斯	
伊底帕斯娶了他的母親，尤卡斯塔			伊底帕斯＝腫脹的腳（？）
	伊托克利斯殺死他的弟弟，波呂尼塞斯		
安提貢不顧禁令埋葬了她的哥哥，波呂尼塞斯			

洛伊德的伊底帕斯故事與其他說法放在一起。李維史陀的這種既要吃糕點又要佔有它的習氣，以及隨後又堅持說它實際上是餡餅，或糕點和餡餅是一回事──正是這種情況，使得除了他的最忠誠崇拜者以外的所有人都感到困窘。讓我們看看他是怎樣處理伊底帕斯神話系列的。

首先，他遺漏了許多東西，但讓我們至少暫時給予他這樣做的權力。正如他自己所說，我們不應把這個示範設想成科學家意義上的示範，而應將其看作街頭小販意義上的示範。小販之所以要做這個示範，僅僅是爲了說明「他試圖賣給旁觀者的那個機械玩具的性能」。那麼，這個機械玩具是怎樣工作的呢？李維史陀的第一個策略，便是排列欄目中的成分。他在這點上故意含糊其詞。這個排列「與上面列舉的原則一致」，但他從未列舉過所提及的這些原則，而僅僅以隱喻或勉強的類比暗示過。他後來指出，「屬於同一欄目的所有關係都顯示了一個共同的特點，這就是我們所要發現的對象」（第211頁）。但當然正是這個共同特點使得它們被安置在同一欄中。由於某種原因，李維史陀在此煞費苦心地指出，他的程序是歸納式的，儘管它從一開始就十分清楚是演繹式的。他曾在所有原始人所信奉的信仰中發現過一些重要的共同特點。按照這些共同特點，他在此將神話素排列成欄目。第一欄強調了過於緊密的那種親屬關係──在伊底帕斯和尤卡斯塔（Jocasta）的例子中，這種關係實際上是亂倫；在不顧神和人的意願強調他們的關係的另外兩對兄弟姊妹的例子中，這種關係近乎一種亂倫。第二欄強調了由於兄弟間的自相殘殺或殺父而被破壞了的那種親屬關係。這樣，這兩個欄目在一起便表達了一個邏輯意義上的兩極對立：對血緣關係的過高評價和對血緣關係的過低評價。第三和第四欄之間的關係略爲模糊一些。因爲在第三欄中被殺死

的怪物在一些說法中被描述成土生土長的（自生的、從土中跳出的），所以這一欄據說「否認了人類是土生土長的這樣一種說法」。我們在第四欄所看到的跛足，或「在直行和直立中有困難」，在許多神話中被認爲是土生土長的那些人們的一個特點。因此，第四欄可以說又證實了人類的土生土長起源。在此之後，李維史陀在一個段落中總結了這個神話的意思。假如我們能夠理解它的話，那麼，它就將把我們帶至這個方法的核心：

> 回到伊底帕斯神話上，我們現在可以看出它的意思了。對於相信人類是土生土長的一種文化（參見，如《波薩尼斯》(*Pausanias*)，第八卷，第二十九章，第四段：植物爲人提供了一個模式）來說，這個神話與這種文化不能夠在這個理論和人產生於男女結合這種知識之間找到一個令人滿意的過渡有關。儘管這個問題顯然不可能得到解決，但伊底帕斯神話提供了一種邏輯工具，使最初的那個問題——產生於一人還是兩人？——與那個派生的問題——產生於同族還是異族？——得以連繫起來。通過這種關聯，過高評價血緣關係與過低評價血緣關係之間的關係，就如同試圖避開土生土長論與根本不可能成功地做到這一點之間的關係一樣。雖然經驗與理論相矛盾，但社會生活還是根據自己結構的相似性確認了宇宙論。因此，宇宙論是真的。（第212頁）

這很難使人理解，也許更難讓人信服。沒有人會否認，這個傳說與亂倫性質的社會關係有某種連繫；許多人會同意，土生土長的問題也存在於這個神話之中，但僅僅很少的信徒才會樂意接受李維史陀對這個神話背後的邏輯結構所作的解釋。然而，他肯定抓住了神話中某種重要東西。專家們發現，他對南美洲印第安

人的神話所作的解釋更加令人滿意；愛德蒙・里奇（Edmund Leach）［在一篇題爲〈伊甸園中的李維史陀〉（Lévi-Strauss in the Garden of Eden）的著名文章中］也已將這一方法運用於《創世記》（Genesis），並因而就聖經神話給了我們一個十分令人信服的解釋。因此，這裡存在著某種重要東西，某種有價值的和有興趣的東西，確實是對神話創作的思維過程所作的一次富有成果的討論。但它引人離開文學走上了一條還遠未被完全標明的羊腸小道。目前，很少有人能夠追隨李維史特斯穿越他的神話森林，許多已走了部分路程的人則擔心，他們在這條小道的盡頭發現的將不是人類的心靈，而僅僅是李維史陀那充滿想像力的心靈。當然，他會說——已經說了——這是一回事。

第二節　俄國形式主義者

　　俄國形式主義的成就，只是現在才開始在英語世界中得到欣賞。儘管形式主義者興盛於一九一五～一九三〇這個時期，但他們的思想僅僅在最近才間接地爲我們所知。對形式主義重新燃起的這種興趣，與當前結構主義的盛行有很大關係，因爲結構主義的一些組成部分，顯然是形式主義的思想和方法的直接的和歷史的發展。但我認爲，這種興趣不僅僅是歷史性的。形式主義之所以終於開始在英國，特別是在美國得到欣賞，是因爲——特別是因爲——形式主義的小說詩學已證實具有持久的正確性和可用性。摩頓出版社於一九五五年出版了維克多・厄里奇（Victor Erlich）所著的《俄國形式主義：歷史—學說》（Russian formalism：History-Doctrire）一書。這部出色的專著的出版標誌著這種

興趣的開端,但直到萊蒙 (Lemon) 和雷斯 (Reis) 於一九六五年出版了他們那給人以很大幫助的《俄國形式主義文學批評:四篇論文》((*Russian Formalist Criticism : Four Essays*) 在本章餘下部分簡稱《四篇論文》) 一書之前,形式主義者自己撰寫的第一手文學批評著作沒有在英語中出現。就在萊蒙和雷斯編譯的著作得以出版的同年,保加利亞結構主義者托多洛夫用法文翻譯出版了題爲《文學理論》(*Théorie de la littérature*) 的一批形式主義批評文章,並在後來論述形式主義的方法論傳統的一篇文章中,明確地將形式主義和結構主義思想連繫起來。一九六八年,米蓋爾‧巴赫汀 (Mikhail Bakhtin) 出版了《拉伯雷和他的世界》(*Rabelais and His World,*)。巴赫汀這個形式主義和結構主義之間的過渡性人物,是一位極其敏銳和極有學識的文學批評家。他於一九二九年出版了一本書,專門評述杜斯妥也夫斯基的詩學中所存在的一些問題,而後又於一九四〇年出版了有關拉伯雷的那部著作。這兩本書均於一九六〇年代在蘇聯重新發行——形式主義甚至拒絕在社會主義共和國滅亡——,有關拉伯雷那本書的英譯本則在此幾年之後問世。阿迪斯出版社現已將他那部關於杜斯妥也夫斯基的著作安排在一九七三年下半年出版。一九七一年,麻州理工學院出版社推出了經麥杰卡 (Matejka) 和波莫斯卡 (Pomorska) 編輯,題爲《俄國詩學讀物》(*Readings in Russian Poetics,* 在此簡稱爲《讀物》) 的一部重要文學批評論文集。一九七二年,阿迪斯出版社出版了埃欽鮑姆 (Eichenbaum) 撰寫的《青年托爾斯泰》(*The Young Tolstoi*),這部首次發行於一九二一年的著作,極好地顯示了可在許多早期形式主義文學批評思想中發現的那種武斷的,然而又是敏銳的特點。耶魯大學出版社於一九七五年出版了維克托‧厄里奇的《二十世紀俄國文學批評》

（*Twentieth-Century Russian Literary Criticism*）。

　　衆所周知，文學批評著作屬於曇花一現式的東西，但這些文學批評著作竟然在出版五十年之後還被譯成英文，此事足以證明形式主義文學批評的蓬勃生機及所能給予我們的持續興趣。諸如什克羅夫斯基（Shklovsky）的《散文理論》（*Theory of Prose*）這樣的一些重要著作還有待出版，但從目前看，我們似乎可望在幾年之內，在英語中看到具有代表性的和令人感興趣的一批俄國形式主義文學批評著作。在下面一些篇幅裡，我希望能爲這批著作作一個介紹。我將儘量追溯對小說理論具有特別重大意義的一些概念在形式主義者的早期著作中的發展，以及在形式主義朝結構主義的方向轉變的過程中得到修改。同時，我將評述對形式主義者和結構主義者的一些批評，例如，弗雷德里克・詹明信（Fredric Jameson）最近在《語言的牢籠》（*The Prison House of Language*）一書中所提出的批評。詹明信是用黑格爾／馬克思主義的觀點對形式主義和結構主義進行批評的。他的批評可以說資料翔實、論證有力。對於這個專題感興趣的任何人都應該閱讀它。但我認爲，即使它不是「錯誤的」，它對形式主義成就的評價至少也是不公平的。在分析形式主義文學批評思想時，我將努力解釋爲什麼我會有這種看法。

　　在下面引述的一段話，總結了詹明信的觀點，這段話出自他就同一專題所寫的〈元評論〉（Metacommentary）那篇文章，該文於一九七一年元月發表於《美國現代語言協會期刊》（*PMLA*）：

　　　　因此，正如我們所指出的那樣，形式主義是拒絕解釋的那些人的基本解釋方法。同時，還有必要強調下列事實，即

這個方法的最佳研究對象是篇幅短小的那些文學形式，諸如短篇小說或民間故事、詩歌、軼事以及篇幅冗長的那些作品中的一些修飾性細節。出於在此不能加以論證的一些原因，我們可以認為，形式主義的方法基本上是共時的，因而不能很好地處理文學史或單部作品中的歷時方面。這就是說，作為一種方法，形式主義所能發揮的作用恰恰在作為一個問題的小說開始時結束了。

這個觀點與這樣一個假設有一定的連繫，即形式主義主要試圖用對形式的關注取代對內容的關注。在我看來，這種觀點在許多方面都是錯誤的。更加符合事實的情況是，形式主義所更多關注的不是解釋，或對單部作品的新奇讀法，而是詩學或有關「文學性」的有益概括。還應該指出，當解釋是他們的工作目的時，許多形式主義者都給了我們出色的作品分析。詹明信認為，形式主義和結構主義文學批評，已證實不願意或不能夠處理單部作品或一般文學中的歷時方面。他所講的這種情況顯然是不真實的。雖然索緒爾的語言學模式迫使人們朝著共時方向努力，但這種壓力很快就被雅各布森的語言學思想，以及黑格爾和馬克思主義的批評模式（例如，盧卡奇所使用的批評方法）所抵銷了。最後還應指出，在作為一種文學形式的小說面前，形式主義的方法遠不是無能為力，它已為我們提供了我們所擁有的幾乎全部的小說詩學。儘管我們的某些理論似乎是在英語中自生自滅的，但是，在小說形式這個問題上，目前英美批評界所關心的幾乎所有議題，都已被形式主義者和他們的結構主義繼承人討論過。即便是小說中的視角問題，雖然我們歷來以為，這是從亨利・詹姆斯（Henry James）到韋因・布思（Wayne Booth）的一系列英美文學批評

家所特別關心的一個問題，但甚至這個問題也已被形式主義聰敏地考察過。在我們的批評思想中，與小說有關的其他重要概念，則是通過諸如雷內・韋勒克（René Wellek）——他是從布拉格學派（Prague Circle）來到這個國家的——這樣的文學批評家直接從形式主義傳給我們的。

當我們閱讀形式主義者的著述時，這樣一個事實肯定會給一個美國人留下深刻的印象，即他們眞正是屬於一個文學批評「流派」。除了幾位著名的文學批評家以外，美國文學批評家都是孤軍奮戰者。而形式主義者則不然。他們相互交談，互閱對方的著作，相互改進和發展對方的觀點。他們能夠相互利用對方的工作這一事實表明，他們實際上已在某種程度上實現了他們所希望建立的那門「文學科學」——我們這個學科是一門科學，因爲它的成果是累積性的；我們這個學科同時又是一門藝術，因爲每一部批評著作都是獨特的。形式主義者之間的這種交互影響，使我們很難講清哪些具體的概念是由哪些具體的個人發展的，但在小說問題上著述最豐的兩位文學批評家是什克羅夫斯基和埃欽鮑姆。就這兩人而言，埃欽鮑姆具有更強的系統性，也更加謹愼，什克羅夫斯基則更具有創新性，也更加極端和誇張。例如，當有人否認《商第傳》（*Tristram Shandy*）是一部小說時，什克羅夫斯基針鋒相對，堅持認爲它應被看作「世界文學中最典型的小說」（《四篇論文》，第57頁）。

我在此將主要察看埃欽鮑姆和什克羅夫斯基的成就。但在此之前，我要簡略地談及一位第三者：鮑利斯・托馬謝夫斯基（Boris Tomashevsky）。他的題爲〈主題學〉（（Thematics）重印在《四篇論文》中）的文章，總結和系統化了整個形式主義的小說詩學。

托馬謝夫斯基首先宣稱，小說結構的統一原則是一個總體思想，或一個主題。在一部小說作品中，主題材料反映了兩種相當不同的力量，一種來自作家所處的環境，另一種則來自他進行創作的文學傳統。它們也反映了作者和讀者的不同關注對象。「作者力圖解決藝術傳統問題」，而讀者則可能僅僅想得到愉悅——或「文學趣味和一般性文化修養這樣一種組合」，這後一類讀者要求得到「現實，即在當代文化思想這個上下文中是『真實的』主題」。托馬謝夫斯基將主題材料假設成了這樣一個統一連續體，從最富有本地色彩和最招人議論、但不能使人長久感興趣的主題，到諸如愛情和死亡這樣一些反映一般人類興趣的主題。「主題越有意義和越能長久存在，作品的壽命也就越有保證。」但即便不朽的主題，也必須以「某種具體材料」的形式出現；假如主題不是要「證實『不令人感興趣』」，這種材料就必須與現實有關聯。（在本段及下段中引述的話都出自《四篇論文》。）

在任何一部特定的小說作品中，我們可將最重要的主題看成規模小些的一些主題單位的總和。小說中不可進一步化簡的單位是**主旨**（motif）。這樣，故事就可被解釋成根據因果—時間順序排列起來的所有主旨的總和，**情節**（plot）則可被看作為了吸引情感和展開主題，而排列開來的所有這些相同的主旨：「情節的美學功能，正是在於使讀者注意到這種主旨排列。」托馬謝夫斯基將這個排列原則稱作**動機**（motivation）。他指出，動機總是「客觀現實和文學傳統之間的一個妥協」。因為讀者需要近似生活的那種幻覺，所以小說必須提供它。但，因為「現實材料自身並不具有藝術結構」，所以，「為了建造一個藝術結構，作者必須根據美學規律重新組織現實。與現實在一起考慮的這些規律，總是傳統性質的」。

　　當談及動機時,托馬謝夫斯基還討論了各種不同的主旨（黏附式和自由式,靜止式和變動式）、主旨在與情節和故事發生關聯時所具有的不同價值、不同類型的敍述人（無所不知型、侷限型和混合型）、時間和地點的處理、不同種類的人物(靜止的和變動的,積極的和消極的)、各種不同的情節手法（傳統的和自由的,顯而易見的或不易觀察的）,以及這些手法與兩種主要小說風格（自然的和非自然的）的關係。因為托馬謝夫斯基所使用的幾乎是最極端的概括性和濃縮性語言,所以這個材料極其豐富、具體,但僅能在此簡略提及。儘管它已出版了近五十年,它仍然是小說詩學的一本入門必讀書。還沒有人能取代托馬謝夫斯基,後來的作家也僅修正和改進了他的觀點。

　　在我們考察這些改進之前,有必要看看形式主義與文學史之間的關係這樣一個一般性問題。在發表於一九二九年的一篇關於「文學環境」的文章中,埃欽鮑姆討論了這個問題。

　　埃欽鮑姆首先指出,「沒有理論,任何歷史系統都將是不可能的,因為我們將沒有選擇事實和使事實概念化的那些原則」。對埃欽鮑姆來說,歷史本身**存在於歷史之中**,因此必須不斷得到修訂:

　　　　歷史實際上是由複雜的類比構成的一門科學、一門具有雙重觀念的科學。對我們來說,過去的事實僅在將它們區別開來,而且還毫無例外和不可避免地將它們置於當代問題招牌下的一個系統之中時才會對於我們具有意義。這樣,一組問題便取代了另一組問題,一組事實便使得另一組事實黯淡起來。在這個意義上,歷史是一種特別的方法,它在過去事實的幫助下研究現在。

　　　　問題及概念符號的相繼變化,使得傳統的材料重新得以

分類，以及使被一個有內在侷限性的系統拒之門外的新事實
得以包括進來。這樣一組新事實（在某個具體關聯的招牌下）
的混合，使我們覺得發現了那些事實，因為從科學的角度上
看，它們在一個系統之外的存在（它們的「非邏輯上必然的」
身分）等於它們不存在。（《讀物》，第56頁）

讓我們對這段話作一些分析。它是典型的形式主義／結構主義思
想，因為它堅持認為，真理是相對的，以及它是被創造出來的而
不是被發現的。我們應該注意，這種觀點並不否認事實的現實性，
它僅僅堅持說，所要理解的東西太多而無法理解，除非它們被一
個概念系統限制和組織起來。內容和形式不可分割，因為它們都
不可獨立存在。這種觀點並沒有否認生活的歷時方面，而是明確
地承認它。它與形式主義的小說構造理論的一個重要方面緊密相
關。在關於小說的著述中，形式主義者區別了敘事的兩個方面：
故事（fable）和**情節**（sujet）。**故事**是敘事的原材料，即按照時
間順序串起來的事件。**情節**則是實際出現的敘事。我們可將故事
看成與歷史自身的事實近似，這些事實總是以同樣速度朝著同一
方向前進。在**情節**中，速度可以任意改變，方向可以任意逆轉。
實際上，故事所陳述的東西，已經是根據某種基本敘事邏輯選擇
出來的東西。這種基本敘事邏輯將一切無關之物排除在外。因此，
情節是一次進一步的精選，它根據最大情感效果和主題利益組織
這些東西。但應該公正地說，生活的事實與歷史的關係就如同故
事與情節的關係一樣。歷史選擇和排列實存的事件，情節則選擇
和排列故事的事件。因此，小說藝術在時間順序的人為再排列中
暴露得最為淋漓盡致，它將故事變成了情節。對於小說來說，時
間確實是關鍵。形式主義者不僅意識到了它是多麼的關鍵，而且

還意識到了它得以成爲關鍵的方式。

　　在確立了理論對一般歷史的必要性之後，埃欽鮑姆轉向了文學史的具體問題。他首先提出了數據性質這個問題。他問道，一個「文學史事實」是什麼東西呢？他認爲，要回答它，必須先解決一個理論問題：「文學進化事實與文學環境事實之間的關係」的性質。

> 　　傳統的文學－歷史系統，是在不注意創世和進化之間在概念意義上的根本區別的情況下製成的，這些概念被看成了同義詞。同樣，它應付了事，沒有嘗試確立一個文學－歷史事實的意義。其後果是產生了一個有關「直系後裔」和「影響」的幼稚理論，以及一個同樣幼稚的心理傳記主義。（《讀物》，第59頁）

在指出「不僅僅文學進化，文學學識也隨著文學進化」之後，埃欽鮑姆接著說，幼稚的影響研究和幼稚的心理學，已讓位於一個同樣幼稚的文學社會學：

> 　　我們的文學「社會學家」，非但不在一個新的概念符號之下利用早些時對文學進化，具體特點的觀察（這些觀察畢竟不僅不與一種真正的社會學觀點矛盾，而且實際上還支持這種觀點），而且還在形而上學的意義上開始尋找文學進化和文學形式的主要原則。他們手中所握著的兩種可能性，都已被用過並證實不能夠產生任何文學－歷史系統：(1)從作者的階級意識角度出發進行的文學作品分析（一種純心理學的研究方法，對它來說，藝術是最不合適、最不典型的材料），和(2)文學形式和風格與其所處時代的一般社會經濟和農業－工

業形式之間的因果演變關係。(《讀物》，第60頁)

埃欽鮑姆以下列理由拒絕接受這些觀點：

> 任何遺傳研究都不可能使我們獲得那個首要原則（假定所希望達到的目標是科學的，而不是宗教的），不管它可以深入到何種地步。從長遠的角度上看，科學並不解釋現象，而僅僅確立它們的特徵和關係。歷史並不能夠回答「為什麼」這樣一個單獨問題，它僅能回答「這是什麼意思」這樣一個問題。

> 　像事物的任何其他特殊秩序一樣，文學並不是從隸屬於其他秩序的事實中產生出來的，因此不能被還原為這種事實。文學秩序的事實與位於它之外的事實之間的關係，根本不可能是因果關係，而只能是對應、相關、依賴或條件關係。
> (《讀物》，第61頁)

在簡略解釋了他剛才所使用的關係術語之後，埃欽鮑姆提出了下列關鍵的論點：

> 　因為文學不能被還原為事物的任何其他秩序以及不可能是簡單地從任何其他秩序派生而來的，所以沒有理由相信，它的所有組織成分都可在遺傳的意義上受到制約。文學－歷史事實是一個複雜的思維產物，其中最基本的因素是文學性。它的這種特徵，使得對它的研究只能沿內在－進化的線索進行，才能產生任何成果。(《讀物》，第62頁)

這段話十分關鍵，因為它總結了形式主義的觀點，並頂住了馬克思主義者迫使人們放棄這種觀點的壓力。它接受了有關文學

以外的事實制約了文學作品之起源的那種觀點，從而以一種健康的方式（它可以被恰當地稱爲辯證的）作了妥協。但它堅持認爲，任何文學作品的最重要的外在制約物是文學傳統本身。當然，這並沒有結束馬克思主義者與形式主義者之間的論戰，但它澄淸了進一步發展的可能性。它要求馬克思主義或社會學文學批評家具有相應的敏銳性，諸如我們在當代的馬克思主義／結構主義者盧西恩・戈德曼（Lucien Goldmann）的著作中所能看到的那種，他的《小說社會學》（*Pour une sociologie du roman*，一九六四）一書與盧卡奇和形式主義都有相似之處。至少，現在應該淸楚，形式主義者遠沒有忽略歷史，而是對它持有一種恰當的形式看法。當我們分析形式主義對小說種類的研究時，這種觀點將再次變得顯而易見起來。但在考慮種類問題之前，我們應該考察形式主義小說詩學的一些基本概念術語。

從亞里斯多德到奧巴赫（Auerbach）的小說理論研究中的重大問題之一，是小說藝術與生活之間的關係：**模仿**問題。形式主義對這個問題的研究並沒有陷入純粹的唯美主義，或否認小說中的模仿成分，而是力圖精確地揭示語言藝術對生活以及爲生活做了些什麼。這種努力在什克羅夫斯基（Shklovsky）的**反熟悉化**（defamiliarization）概念中表現得最爲淋漓盡致。什克羅夫斯基的這一概念，來自實質上是完形的一個認識理論。（在完形心理學家背後便是浪漫主義詩人和哲學家。在英國傳統中，柯立芝（Coleridge）的《文學傳記》（*Biographia Literaria*）和雪萊（Shelley）的《詩辯》（*Defense of Poetry*）中都有段落，明顯地預見到什克羅夫斯基的這個公式，就像我們在下面第六章中將看到的那樣。）「隨著知覺變成了習慣，」什克羅夫斯基指出，「它就變成自動的了」。他還說：「我們看待物體，就彷彿它被包在一

個麻袋裡。根據它的形狀，我們知道它是什麼，但我們僅能看到它的輪廓。」在考察托爾斯泰的（*Diary*）《日記》中的一個段落時，什克羅夫斯基得出了下列結論：

> 習慣化吞沒了物體、衣物、家具、一個人的妻子和對戰爭的恐懼。「假如許多人的複雜生活都是在無意識中度過的，那麼，這些生活就彷彿從未存在過。」
>
> 藝術之所以存在，就是為了幫助我們重新感受到生活；它之所以存在，就是為了使我們體會到物體，使石頭具有石頭性。藝術的目的在於使我們真正感到是看到了物體，而不僅僅是承認了它。為了增加知覺的困難和延長知覺的過程，藝術技巧努力使事物變得「陌生起來」，使形式模糊起來。在藝術中，知覺行為本身就是一個目的，因此必須加以延長。在藝術中具有重大意義的不是最後產生出來的產品，而是我們對創作過程的體驗。

什克羅夫斯基接著從托爾斯泰的作品中廣泛舉例說明反熟悉化技巧，讓我們看到托爾斯泰是如何從一個農民、甚至一隻動物的角度描述事物，從而使眾所周知的東西顯得奇怪起來，使得我們再次去看它。反熟悉化不僅僅是模仿藝術的一個基本技巧，而且是它之所以存在的主要原因所在。在小說中，反熟悉化當然是通過視角度和文體實施的，但通過情節本身，它也可得以實現。通過重新排列故事的事件，情節使得它們陌生起來，並因此使得人們看到了它們。因為藝術本身存在於時間之中，所以，反熟悉化的具體手法本身也會就範於習慣化和變成常規。雖然作家原想使所描述的事物清晰醒目，但習慣化了之後的這些技巧只能使物體和事件模糊起來。因此，永久型的「現實主義」技巧絕不可能

存在。最終，藝術家對小說或描述常規的反應只能是嘲弄式的模仿。如同什克羅夫斯基所說，他將通過誇張它們來「揭露」這些常規技巧。因此，當什克羅夫斯基分析《商第傳》時，他把它主要看成一部**關於**小說技巧的小說。因為它集中精力於小說技巧，所以它也是關於知覺方式——關於藝術和生活之間的相互滲透的一部小說。通過揭露文學手法，作家使**它們**顯得既古怪又陌生，從而使我們能夠特別敏銳地意識到它們。由於反熟悉技術在藝術中的運用，各種文學手法得到了揭露。因此，一般藝術，特別是小說可被看成一種反熟悉辯證法，在其中，新的描述技巧最終產生了揭露和嘲笑它們自己的對應技巧。這種辯證法就處於小說歷史的核心。

對形式主義詩學的改進工作，是由形式主義者自己開始的。什克羅夫斯基曾在一篇重要的文章中，談及形式主義者及其結構主義繼承人對形式主義詩學所作的一些修改。在題為〈論短篇小說與長篇小說的構造〉（On the Construction of the Short Story and the Novel）的文章中，什克羅夫斯基使用這兩種小說形式去研討所有小說體裁中的一些共同特點，同時區別這兩個獨特種類的一些特殊特點。他首先提出了是什麼使一個故事成為了一個故事這個問題：「僅僅向我們展示一個簡單的意象，或一個簡單的類似事件，甚至一個簡單的事件描述，都不足以使我們感到我們面對的是一個故事。」他的結論是，與小說相比，故事具有更強的目的性；即經過仔細構思的故事，都希望在結尾時使我們有一個結束的感覺，而長篇小說則常常在結尾之前就結束了它的主要情節，或似乎可以無限期地延續下去。因此，某些種類的長篇小說使用後記，來改變時間標準，以便能很快結束正在描

述的事情。(這實際上是埃欽鮑姆在研究什克羅夫斯基的思想時所創立的一個概念。) 但在短篇小說中,情節功能的作用在於如何乾脆俐落地引至一個真正的收場。什克羅夫斯基然後問道,是什麼種類的動機給了我們這種重要的結束感覺呢?他區別了兩個基本種類:所解決了的對立和所揭示了的相似性。在一種情況下,我們的結束感更多地與情節有關;在另一種情況下,我們的結束感則更多地與主題有關。在這兩個情景中,都有一個共同的原則在起作用,都有通過比較或對照將開頭與結尾連繫起來的一個循環運動在運轉。

什克羅夫斯基還注意到,早在長篇小說成為一種形式之前,相互之間有連繫的故事集就存在著。他很謹慎地避免強調,長篇小說必然是這些早些時的形式所「造成的」(就像埃欽鮑姆所指出的那樣,長篇小說是從歷史、旅行札記和其他邊緣文學形式中發展出來的),但他暗示,在古老的故事集中所發現的構思原則,預示了在長篇小說中所發現的那些原則。他區別了兩種構造:**連繫**(linking)和**搭架**(framing)。搭架方法的使用導致了諸如《一千零一夜》、《十日談》和《坎特伯利故事集》之類的作品。連繫方法的使用,則更常在描述單獨一個主人翁的所作所為的那些作品中出現。什克羅夫斯基指出,通過使用情節之外的一些東西,這兩種方法都使得這些形式在一定程度上朝著長篇小說的方向豐富起來。例如,在使用搭架方法的故事集中,講故事的人和故事中的人物都沒有得到真正的發展:「我們將注意力全集中到了情節上,人物只是使得情節得以展開的一張牌。」這種傾向持續了很長時間。甚至在十八世紀,我們所看到的諸如吉爾·布拉斯(Gil Blas)這樣的人物角色,仍然「不是一個真人,而僅是將這部長篇小說的事件連繫起來的一條線索——這條線索是灰色的。」另

一方面,我們可在更早一些時的文學作品中看到人物的發展:「在《坎特伯利故事集》中,情節與人物之間的連繫十分強大。」作家可以將所有的故事圍繞單獨一個人物串起來。當這是旅行尋找工作的一個人時,像《托米斯的拉扎利羅》(*Lazarillo de Tormes*) 或《吉爾‧布拉斯》(*Gil Blas*) 中的情況那樣,這種方法就能以社會學性質的材料使小說豐富起來,像塞萬提斯 (Cervantes) 的典範故事〈玻璃證書〉(Glass Licentiate),當然還有《唐吉訶德》(*Don Quixote*) 中出現的情況那樣。正是這種豐富,最後產生了長篇小說和短篇小說。

在一些文學批評文章中,埃欽鮑姆討論了這些形式的進化。他的這些文章片段,後來被托多洛夫攏在一起,並被冠以〈論散文理論〉(On the Theory of Prose) 的標題(《理論》,197～211頁)。(這批材料的第二部分可在《讀物》英譯本的第231～238頁上、埃欽鮑姆討論〈亨利與短篇小說理論〉(O. Henry and the Theory of the Short Story) 的文章中找到。)埃欽鮑姆從考察口頭故事與書面故事之間的關係入手。他首先指出了與詩歌不同的散文種類如何與口頭表演斷絕了連繫,以及如何發展了書面語言所特有的技巧。這樣,書面小說朝著書信、回憶錄、筆記、描述性論文、新聞隨筆等方向發展。然而,口頭語言又以對話的形式重新進入小說。埃欽鮑姆認為,諸如《十日談》中的那些故事與口頭語言有著重大連繫,就是說,它們與口頭故事和閒話軼事有關,在這種故事中,敍述人的聲音囊括了所有其他聲音。從這類故事集中演變而來的早期長篇小說,保留了這種基本的口語特點。但到了十八世紀,從書面文化中衍生出來的一種新的長篇小說,確立了自己的地位。口語成分在諸如史考特 (Scott) 的演說敍事聲音,和雨果 (Hugo) 的抒情聲音中,依然頑強地存在,但

即便這些成分，也更與修辭陳述而不是簡單的口語故事接近。從總體上講，在十八世紀，特別是十九世紀的歐洲長篇小說中，佔主導地位的是描述、心理肖像，和自然景色描寫。埃欽鮑姆說：「長篇小說以這種形式與敘事形式分了手，並成了對話、場面特寫，以及裝飾、手勢和語調的細緻描寫之間的一種組合。」由此可見，對埃欽鮑姆來說，長篇小說是一種「組合」形式，是由其他「初級」形式組成的。在此，他讚許地指出，在早些時的俄國文學批評中，這個概念就存在著。他所引述的謝菲萊夫（Shevi-rev）早在一八四三年就認為，長篇小說是所有種類的一種新混合，可下分為諸如史詩小說（《唐吉訶德》）、抒情小說（《少年維特的煩惱》）和戲劇小說（〈史考特〉）。

在轉向作為一種形式的小說的歷史時，埃欽鮑姆自然而然討論了**樣式**（genre）這個問題：

> 在每個樣式的進化中都會出現這種情況，即儘管作者使用它的目的完全是嚴肅的或高尚的，但這種形式依然退化和產生了一種喜劇或嘲弄模仿形式。同樣的現象發生在史詩、歷險小說、傳記小說等等之中。自然的，地域和歷史條件製造了不同的情況，但這個過程本身，卻顯示了可以作為一條進化規律的這樣一個相同模式：對一種構造的小心和細緻的嚴肅解釋，讓位於諷刺、嘲笑、大雜燴；導致一個場景出現的連繫，變得更為軟弱無力和更為顯而易見；作者本人走上舞臺，並經常破壞了真實性和嚴肅性的幻覺；情節組織變成了戲弄故事，故事因此變成了一個謎語或一件軼事。這樣就完成了這個樣式的復興，因為它找到了新的可能性和新的形式。(譯自《理論》，208～209頁；另一個英譯文可在《讀物》

236頁上找到。)

這肯定是歷時思想，而且是十分令人信服的思想。就彷彿埃欽鮑姆早在一九二五年就能夠設想出伯格斯和巴特以及一大批當代的作家。〔納博可夫（Nabokov）當然來自與形式主義緊密相連的一個理論環境。〕埃欽鮑姆的類屬思想，反映了形式主義內一種不斷增長的複雜化，這種複雜化直接導致了結構主義的產生。這種複雜化在雅各布森的著作中表現得尤爲明顯，比如，在他於一九三五年在馬沙利克大學所作的一個關於俄國形式主義者的講座中。

在這個講座中，雅各布森強調了**主導**（dominance）這個概念作爲形式主義詩學的一個核心概念所具有的重要意義（〈主導〉，見《讀物》82～87頁）。他把主導解釋成「在一部藝術作品中使焦距集中的那個成分：它統治、決定、改變其餘的成分。是主導物保證了結構的統一」（《讀物》，第82頁）。在單部作品之外，「我們不僅可以在單個藝術家的詩歌作品中，不僅在詩歌標準中，以及在某個特定詩歌流派的規範標準中，而且可以在被看作一個整體的一個特定時代的藝術中尋找主導物」（第83頁）。造型藝術在文藝復興時期佔據主導地位，音樂在浪漫主義時期佔主導地位，語言藝術則在現實主義美學中佔主導地位。通過使用主導這個概念，雅各布森能夠對形式主義堅持藝術語言純潔性的早期傾向提出批評。他認爲，一首詩不僅僅有一個美學功能：「實際上，一部詩歌作品的意圖經常與哲學、社會辯證法等等緊密相關。」他指出，相反的情況也是真實的──「一部詩歌作品並不能被它的美學功能所完全概括，同樣，美學功能也並不完全侷限於這部詩歌作品。」在演說、新聞、甚至科學論文中，我們都可以期望看

到僅僅爲其自身目的，而不是爲了一種純粹關聯目的而使用的詞語。由此可見，單元唯美主義將使詩歌的一些方面模糊起來。但把藝術作品僅僅看成文化歷史文件、社會關係或傳記的機械多元論，同樣具有侷限性。因此，

> 我們必須把一部詩歌作品看作一個話語信息，它的美學功能在其中佔據主導地位。當然，揭示美學功能實施情況的標記並不是不可變更的或總是一樣的。但是，每個具體詩歌標準、每套歷時詩歌規範都構成了不可缺少的、獨特的成分；假如沒有這些成分，我們就不能把這部作品看成具有詩歌性質的。（《讀物》，第84頁）

按照這種觀點，詩歌進化就可被看作一個系統內的成分變化，這些變化與一個「移動中的主導物」的功能有關：

> 在一個特定的一般詩歌規範複雜體內，特別是在對一個特定的詩歌種類來說起作用的一套詩歌規範內，起初是次要的成分變得關鍵和主要起來。另一方面，起初佔主導地位的那些成分變成了從屬的和可選擇的成分。在什克羅夫斯基的早期著作中，一部詩歌作品僅被解釋成它的藝術手法的總和，而詩歌進化則顯得僅僅是某些手法的替代。隨著形式主義的進一步發展，一部詩歌作品開始被精確地看成一個有結構的系統，一套有規律地按等級排列的藝術手法。詩歌進化就是這個等級制度中的一種轉移。藝術手法的等級制度在一個特定的詩歌種類的構架之內發生變化；此外，這種變化還影響詩歌種類的等級制度，同時還波及藝術手法在單個種類之間的分配。最初是次要的或從屬變異的樣式，現在佔據了

前臺的顯著位置，而規範化樣式則被推到了後面。(《讀物》，
第85頁)

因為主導概念改進了他們的意識，所以，形式主義者能夠以一種
更為豐富和更加系統的方式重新書寫了俄國文學史。這種意識也
將注意力引向了一個富有成果的研究領域：文學與其他話語信息
種類之間的界限：

> 令研究人員特別感興趣的，是過渡性質的那些樣式。在
> 某些時期中，這些樣式被看作非文學的和非詩歌的，但在另
> 外一些時期內，它們則能夠發揮一種重要的文學功能，因為
> 它們構成了將被文學所強調的那些成分，而規範形式則被剝
> 奪了那些成分。(《讀物》，第86頁)

在結尾的那個段落中，雅各布森指出了形式主義是如何最終鼓勵
了對轉移和變化的語言學研究，從而以某種東西回報了它從語言
學中所借到的全部東西：

> 對一般的語言學研究來說，形式主義分析在詩歌領域內
> 的這個方面具有一種先驅者的意義，因為它為克服和銜接歷
> 時歷史方法和共時時間橫斷面方法之間的裂痕，提供了重要
> 的動力。正是形式主義研究才清楚地說明，轉移和變化不僅
> 僅是歷史的陳述（首先有A，然後A₁起而代替了A），轉移也是
> 一個被直接經歷了的共時現象，一種有關聯的藝術價值。一
> 首詩的讀者或一幅畫的觀者深刻地意識到了兩個系統：傳統
> 規範和由於偏離那個規範而產生的藝術新奇性。正是在與那
> 個傳統背景發生對照的情況之下，創新才能被設想出來。形
> 式主義研究清楚地說明，這種同時保留傳統又與傳統決裂的

情況，構成了每一部新的藝術作品的實質。(《讀物》，第87頁)

這樣，通過拒絕放棄詩學的歷時方面，形式主義幫助結構語言學完成了轉變。

第三節　語義學、邏輯和語法：普羅普的繼承人

在本節中，我們將考察三個人在目前流行的四本書中所體現的工作：格雷瑪斯 (A. J. Greimas) 的《結構語義學》(*Sémantique Structurale*,1966年) 和《意義》(*Du Sens*,1970年)，柏萊蒙德 (Claude Bremond) 的《敘事邏輯》(*Logique du récit*,1973年)，和托多洛夫 (Tzvetan Todorov) 的《〈十日談〉的語法》(*Grammaire du Décaméron*,1969年)。由於這三人之間的巨大交互作用和交互批評，對他們的任何討論都不可避免地必須要跳前躍後。但這裡所討論的他們的工作，將基本上全都是關於一個專題：小說的基本單位和結構。假如我發現有一些問題沒有得到這些作家的滿意處理，我希望強調，這是由於這個專題的困難，而不是由於討論這個專題的這些批評家身上的不足。我希望，我的評述包括了我對所有這三位作家的感激之情，他們使得所討論的問題和困難變得明確和清晰起來。

結構主義敘事研究的特點，在於對這個課題的兩個極端方面的強烈興趣。結構主義者既試圖尋找一種小說微視詩學，也試圖尋找一種小說巨視詩學。這種巨視詩學將是我們在本章的下一節中關注的對象，本節則討論微視詩學。在微視詩學中，結構主義者的目標歷來是分離基本的小說結構：基本的小說成分和它們的

組合規律。他們所著手處理的第一個問題，歷來是如何判明成分的最小造型，因爲正是這些成分使一個有能力的觀察家認出一個具體的物體是敘事。當然，這是一個定義問題，但這並不是一次命名的簡單練習。敘事存在著，凡是人存在的地方都有它們的蹤影。對什麼是敘事和什麼不是敘事，觀察家們也有著廣泛的一致意見。對照一系列實際例子，任何理論描述著作都可迅速得到檢驗。這就提出了我們究竟爲什麼需要這些理論描述這個問題。假如敘事是在沒有理論的情況下被創作出來、辨認出來和理解了的話，理論究竟能發揮什麼功能呢？

對於這個問題，結構主義者有兩個回答。其他人可能會覺得這兩個回答令人滿意，但也可能會覺得它們不令人滿意。在試圖分離敘事的基本結構時，他們的一個目標就是將它們與其他基本結構（比如，邏輯的和語法的）連繫起來，從而理解人類思維本身的定型。這最終很可能是徒勞的，因爲我們這個時代的最優秀邏輯家已經清楚地指出，我們不能指望通過自己的思維過程的活動，去掌握作爲主題材料的這些相同的思維過程。但是，在到達研究工作的死胡同之前，我們或許能爲人類理解開闢一些新的領地。我們或許能做到這一點。但在我看來，迄今爲止在這個方向內所取得的成果確實是微乎其微。

對於人們爲什麼應該去尋找小說的微視結構這個問題，結構主義者所給予的第二個回答要更加令人信服得多。假如我們知道敘事的普遍成分是什麼，並能就描述這些成分的術語取得一致意見，那麼，就有可能進行構成文學理解基礎的那些比較和區別，並使它們比我們目前所能做到的要更加清楚、更加令人信服和更加有系統性。假如理解文學史以及在這個歷史中起作用的過程是一件好事的話，那麼，盡可能嚴謹地和系統地做一點肯定是一件

好事。在這裡，結構主義者既取得了一些具體的成就，也爲我們提供了一些虔誠的希望。

最早試圖描述基本的敍事結構的努力，應追溯到亞里斯多德。人們經常說，自他之後，很少有任何進步。但普羅普在這個領域中作了一個重要的突破。儘管他的系統擁有各種不足之處（在有些情況下則因爲它們），它還是爲後來的理論家提供了一個重要的出發點。蘇里奧（Souriau）關於戲劇的假設也被小說理論家們接收過來，甚至李維史陀的一些概念（他自己寫過一篇普羅普評論）也被「敍事學家們」檢驗了一番。但普羅普的工作最富有成果。我們將在本節中考察的理論家們，都可被恰當地稱爲普羅普的繼承人。雖然其他人已在各種不同的方向內擴展了普羅普的思想（例如，阿蘭·但迪斯（Alan Dundes）在《北美印第安故事的形態學》（*The Morphology of North American Indian Tales*），赫爾辛基，一九六四年，以及〈遊戲的形態學〉（On Game Morphology），《紐約民間傳說季刊》（*N. Y. Folklore Quarterly*）二十，第四期，1964年），但我們在此將集中精力於這三位理論家，他們在將普羅普的系統改編成一般的敍事理論——包括神話和民間故事以及最終「文學」文本——上作了最多的工作。但在考察他們的成就之前，我們必須更細緻地分析他們所遇到的困難。

基本敍事結構研究中的一個問題是由於敍事的雙重性實質所造成的。這種雙重性可用許多方法表達出來。假如我們使用雅各布森的話語行動圖式，我們可把敍事看成強調它與上下文的連繫或它與收話人的連繫。敍事的主要目的，可以是轉達一個上下文概念或在讀者中引發一個反應。在任何一個特定的故事中，所選擇出來的成分可能主要因爲它們轉達思想或引發反應的能力而被

選中。這與形式和內容之間的區別並不完全一樣。一些「內容」可在一個故事中主要起著引發反應的作用（比如，一個幽靈或怪物的出現），而一些結構特點則可能主要起著建立一個上下文的作用（一個具體的話語結構，可以標明社會行動的一個可辨認方面，比如，在方言與人物連繫起來的那種情景中）。但與哲學話語不同，小說處於話語的信息和情感方面之間。

我們所掌握的小說史知識表明，它的基本活力與從根據信息排列的一個結構轉到根據情感排列的一個結構的運動有關。例如，神話存在於民間故事之前；在民間故事中，我們就可看到保留神話中起愉悅讀者作用的那些成分，而同時又放棄不具有任何可辨認的情感價值的那些成分的一種努力。就彷彿一旦決定把小說當作一種轉達思想的工具，一條進化規律就立即開始起作用，並最終導致所要表達的那些思想的喪失。但是，太直接地試圖打動它們讀者的那些小說也會發現，當誘發情感的形式機器太遠離關聯時，它就喪失了原有的力量。在考察敘事史時，我們會看到，當具體的小說樣式變得缺少關聯價值時，它們就試圖用形式複雜化去補償，直到這些小說樣式或由於自身的重量或由於嘲弄式模仿而消亡。嘲弄式模仿通常意味著在這些小說樣式之上強加一個上下文關聯系統——例如，塞萬提斯迫使騎士故事與當代西班牙發生關聯。因為這些小說樣式自身太脆弱，所以它們承受不起這個強加的上下文關聯系統。

對於試圖描寫小說結構之基礎的那些人來說，這就提出了一個重大問題，即在這樣一批自身極易受到變異影響並已對許多形式變異作出了反應的材料中，如何尋找普遍的成分。對這個問題，可以作出許多不同的反應。一種反應是對其視而不見——如同我們將看到的那樣，這將是致命的錯誤。另一種反應，則是將要考

察的材料侷限於在目的和形式上都相似的同類小說。第三種反應則是僅僅描寫所考察的材料的某些方面，同時忽略其他方面。在尋找小說普遍成分上最成功的兩個人，普羅普和李維史陀都使用了這兩種限制方法。李維史陀將自己侷限於某些神話小說，並僅僅關注隱於神話結構之中的上下文信息。普羅普則將自己限制在某些童話故事上，並僅僅關注將故事的情感細節組織起來了的那些結構特點。這樣，他們都不僅侷限了各自的材料，而且還將注意力集中在它的最顯而易見的特點之上。在這樣做時，他們含蓄地承認了信息和情感小說之間的區別——既在材料選擇上，又在材料處理上。普羅普的一些追隨者之所以遇到了許多困難，是因為他們既試圖在普遍性上超過他，又試圖改進他的方法所具有的邏輯性和嚴謹性。

對於尋找敘事普遍成分的那些人來說，還有一個與此相關的困難，即敘事本身的定義。我已經指出，有能力的觀察家們對於什麼是敘事和什麼不是敘事有著廣泛的一致意見。情況是這樣——但也有一些疑難的情況。當我們尋找標明敘事界限的那些極端現象時，這些疑難就會變得更為清楚。在現代文學中，眾所周知的一個極端現象便是諸如《美食家馬利斯》（*Marius the Epicurean*）或《尤里西斯》（*Ulysses*）這樣的作品。它們都有一個敘事基礎，但在這個基礎之上，又有眾多的非敘事成分。由於這些非敘事成分的存在，這些作品的敘事特點也因而受到嚴重的削弱。但就我們的目的而言，在考察微視結構時，最重要的是敘事的另一個極端——不是敘事結束的那一端而是它開始的地方。請看下列話語結構：

1.國王身體健康，但生病了。儘管他嗜用了王國內的所

有藥品，最後還是死了。

2.國王身體健康，但後來病了，之後死了。

3.國王身體健康，但後來病了。

4.國王身體健康，但後來死了。

5.國王病了，然後死了。

6.國王病了，然後王后死了。

7.國王病了，然後約翰·史密斯死了。

　　所有這七個語言結構都提到至少兩件在時間中接連發生的事件。儘管第一個結構並不十分有趣，它顯然是一個敘事。第七個結構（假定史密斯與國王之間無任何連繫），則幾乎不能被稱為一個敘事，儘管它具有編年史的一些特點。但在這個有等級區別的系列中，我們是由何處開始從敘事層次過渡到某個低劣些的層次呢？我們需要移到哪個更為複雜的層次才能感到進入一個「故事」呢？假如敘事僅僅是重述一個歷時的事件系列，那麼，一個故事就是一個具有特殊特點的特殊系列。在前面的例句中，就連第一個結構是否具有足夠的美學特點而可被稱為一個故事，也肯定是有爭議的。結構主義者沒有始終如一清楚地說明，他們所關注的是敘事的最小單位還是故事的最小單位——這兩種單位都隱藏於récit這個法語單詞之後。事實上，在這點上所存在的兩個相當不同的假定，似乎激勵了格雷瑪斯和柏萊蒙德的早期著作。

　　柏萊蒙德的最初幾篇文章發表在《交流》（*Communication*）第四和第八期中。在這些文章中，他所關注的顯然是敘事而不是故事。他對邏輯的強調表明，在他看來，敘事與哲學的關聯事實上比人們所能想像到的還要更為緊密。就像從語義學角度研究敘事的格雷瑪斯一樣，他似乎沒有足夠地承認他的材料的美學方面

——在這點上，形式主義者或許能夠給他一些啓迪。像普羅普本人所注意到的那樣，柏萊蒙德首先指出，童話故事的一些功能在邏輯上是相近的，因此必然交互暗指。李維史陀、格雷瑪斯和其他人也都指出了這點。柏萊蒙德僅僅試圖進一步講清這種連繫的性質，並從中追回「小說的首要成分」。柏萊蒙德所看到問題部分地是由於這樣一種情況造成的，即在邏輯意義上有關聯的普羅普功能——諸如第十七種功能（英雄被打上烙印或被標明）和第二十七種功能（英雄被認出）——經常被其他一些功能所隔離，這些功能在普羅普的單線系統中的結構關係因此變得模糊起來。作爲一個任務，柏萊蒙德希望設計一個圖式描寫系統。這個系統將說明整個敘事中所有的邏輯成分之間的關係，並因此繪出一個圖解畫面。這個畫面可以爲具體的敘事比較提供一個基礎。正如他所指出的那樣：

> 我們因此避開了最令形式主義煩惱的一個問題，即在將形式的可理解性與內容的無意義性對立起來之後，它發現自己沒有能力找回各種不同的對象類型。它從這些對象中僅僅挑選了一些共同的特點。這就是爲什麼普羅普在試圖區別俄國童話故事時徹底失敗了的原因所在，儘管他出色地發現了這些故事的類形式。僅僅當他偷偷地重新使用（李維史陀就此批評了他）他在開始時排除掉了的那些原始內容時，他才能夠做到這一點。（《交流》四，第23頁）

柏萊蒙德的最重要觀點是，基本的敘事單位不是功能而是系列，此外，任何一部完成了的小說，不管多麼長和多麼複雜，都可被描述成一種系列的縱橫交錯。原子系列是一種三合一體。在這個系列中，一個可能性得以實現，一個結果也從這種實現中產

$$
\text{敞開一個可}\atop\text{能性的情景}
\begin{cases}
\text{可能性的實現}
\begin{cases}
\text{成　功} \\
\text{失　敗}
\end{cases} \\
\\
\\
\text{可能性的非實現}
\end{cases}
$$

圖一

生出來。**圖一**所顯示的就是他所描述的這種基本情況。在每個發展階段都有一個選擇：在第二階段，這個選擇是實現或非實現；在第三階段則是成功或失敗。但我們能夠注意到，第二階段上的第二個選擇實際上並不是一個敍事選擇，因為它僅僅使我們停留在出發點上。柏萊蒙德把敍事結構比作飛機航線或弓箭飛行的路線。一旦弓被拉開，一旦箭對準了目標，我們就有了基本的情景。這個情景的非實現就等於釋放弓弦但沒有射出箭。（我們順便可以指出，詹姆斯（James）的《森林中的野獸》（*The Beast in the Jungle*）正是建立在這個情景之上。故事的中心**在於**箭是否射了出去，以及主人翁是不是沒有故事的一個人。這是帶有復仇色彩的一個現代反故事。）但一旦箭離了弦，它就最終必然擊中目標或沒有擊中它，儘管它可能會被風颳走或彈跳掉不同的物體。通過使所有的細節都為箭的飛行服務，敍事簡化了交際。

　　所有這些都很好，但在柏萊蒙德試圖以具體的形式實現這種情況的努力中，仍然存在著許多不合人意的地方。儘管我們在此沒有足夠的篇幅去詳細討論他的不足之處，簡略地說明一下它們還是有可能的。在分析普羅普的四個功能時，他讓我們看到這些功能如何在普羅普的一個童話故事中，實際上沒有按照據說是不可變動的普羅普順序排列。他在顯示這些事情時所使用的方法經常能夠給我們以幫助，但這裡也有我們所必須注意到的其他問題。柏萊蒙德（見**圖二**）展示了普羅普功能二（禁令）、三（違反禁

令）、六（惡棍的欺騙）和七（受害人落入圈套）──首先按它們在普羅普的系統中出現的順序（四和五因為被視為無關聯的東西，所以在此被省略），然後又按它們在一個具體的故事中出現的順序。**圖二**的上部顯示了普羅普所描述的鎖鏈關係。但在他的第一百四十八個故事中，這些事件的實際排列順序卻如同圖解的中部所顯示的那樣。在這個故事中，惡棍實際上誘使受害人違反了禁令，使得第六種功能緊跟著第二種功能出現，緊隨其後的是同時出現的而不是相繼出現的第三和第七種功能。違反禁令**就是**受害人所落入的圈套。就如何圖解這些關係，柏萊蒙德在此為我們提供了一種有益的方法。（他廣泛地使用這種圖解，並因此經常給人以啟發。）

　　但是，稱作「被違反了的禁令」和「欺騙成功」的那些非普羅普偽功能是什麼東西呢？作為柏萊蒙德所需要的三合一體中的殘留部分，它們是十分令人困窘的東西，因為「被違反了的禁令」絕對不是「違反禁令」的一個結果：它是相同的東西，僅僅是濫竽充數，用來完成這個系列過程的一個簡單重述。「欺騙成功」也是這種情況。當受害人落入了圈套，欺騙就成功了；但假如存在什麼結果的話，它必須包含某種額外的東西。在基本的普羅普系統中，違反禁令事實上導致一個人物的身分或處境的變化。落入惡棍的圈套也同樣導致這種情況。假如我們接受柏萊蒙德的觀點，即三合一體是一個基本的敘事結構，那麼，我們就能改寫他對普羅普的描述，就如**圖二**的下部所顯示的那樣。假如我們使用這個調整過的方法去描述第一百四十八個故事，第三和第七種功能將再次同時出現，但將僅僅會有一個結果，即尋求幫助的需要──那個脆弱性系列已吸收進欺騙系列中。但是，在一般的普羅普故事中，從被違反的禁令中產生的新的脆弱性經常幫助了欺

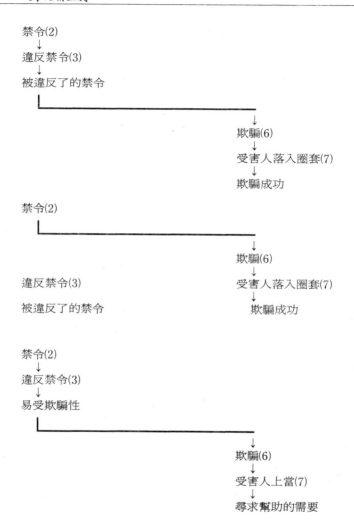

圖二

騙。普羅普並沒有標明諸如脆弱性和尋求幫助的需要這樣的成分，因為這些在他的意義上不是功能而是情景。它們不是事件，儘管它們在潛在的意義上包含了事件。是情景觸發了行為，是行為改變了情景。這就是為什麼托多洛夫在他的《〈十日談〉的語法》中覺得有必要同樣強調動詞和形容詞、行為和特點，以便描寫敘事句法。

我們在此還必須注意到另外一點。在**圖二**的下部，我將「易受欺騙性」這個標籤貼在第三個成分上。我之所以這樣做了，是因為我知道欺騙確實存在於普羅普的敘事系統。但在其他一些小說中，將要發生的事情或許僅僅是禁令人對違背禁令的人的懲處——或一些其他情況。同樣，我那「尋求幫助的需要」的標籤不僅僅描述了那不幸的受害人的處境。在一些故事中，他可能已經死了，因此不再能受益於他人的幫助。「尋求幫助的需要」變成了一個情景特點，因為我們知道幫助就要來到。這些情景不僅僅暗指動詞，它們之所以存在就是為了那些即將出現的動詞。這種情況提醒我們，敘事突出的是動詞，主要講述謂關係問題，此外，對讀者來說，作為一種體驗的敘事是為其自身目的所決定的。是目標引發了弓箭，而不是弓箭尋找了目標。作者在敘事可能性中進行一系列的選擇，但讀者必須沿循常規走向事先設計好了的目的地。小說的目的地在其之前很遠的地方就有預示。這種為其自身目的所決定了的持續性，事實上是敘事的一個主要特點，也是使讀者感到愉悅的一個主要源泉。不管我們閱讀的是哪一部小說，當結束閱讀時，我們能夠說，預定發生的事情發生了。這就是閱讀一系列事件與實際體驗這個系列之間的一個經常被忽視了的不同之處。生活在這方面接近藝術，因為我們基本上按照一種宿命論哲學生活，它使我們享有一種令人寬慰的信念，即所發生

的事件都是經過安排的、經過設計的、具有意義的。這正是許多宗教的吸引力——它們允許我們將自己的生活看成聖賢安排好了的小說。

柏萊蒙德本人在描述三合一體系列單位中所遇到的困難，僅僅是我們在尋找三合一體形式的敘事最小單位中所能看到的一個問題。請看下列例子，它顯然具有潛力、實現和結果這樣一個符合要求的三部分結構：

> 1.國王身體健康。（生病的潛在可能性）
> 2.國王病了。
> 3.國王死了。

但，這可以下列方式被分成更小的三合一結構：

> 1.國王身體健康。
> 2.國王面臨生病的危險。
> 3.國王病了。

或這樣：

> 1.國王身體健康。
> 2.國王受到面臨生病危險的威脅。
> 3.國王面臨生病的危險。

或這樣：

> 1.國王身體健康。
> 2.國王可能受到面臨生病危險的威脅。
> 3.國王明顯受到面臨生病危險的威脅。

我們在此面對一個無限的倒退。假如我們堅持要如法炮製，任何行為都可被分成三個階段。從柏萊蒙德的角度上看，敍事似乎正是由這種三分結構所組成。但是，敍事潛力顯然並不僅僅是一個三分性問題。事實上，我們越多地進行細微的分割，我們就會顯得距敍事越遠。因此，在構成敍事的任何一個三部分敍事系列內的三個階段之間，必然存在著某種最小的**不同**或**距離**，而這一點正是柏萊蒙德所忽略的。

　　此外，還存在著一個相應的問題。將整個一部篇幅浩瀚的小說裝入單獨一個三合一體形式，也是可能的：

　　1.馬歇爾想成為一名作家。

　　2.馬歇爾學習表達自己的經歷。

　　3.馬歇爾成為了一名作家。

但很少會有人認為，這是對普魯斯特（Proust）的《往事追憶錄》（*Recherche*）所作的一個完備描述。三合一體形式的這些外延在兩個方向內都指向荒謬這一點表明，在柏萊蒙德的邏輯中存在著一種任意性。這種任意性使得他的邏輯不能有益地發揮小說描述的功能。邏輯思維所用的三合一體結構，並不必然是任何一個特定敍事的結構。它們僅僅是一種方法，能夠將事先存在的結構分成在大小程度上完全是任意的單位。結構主義者試圖從排除了語義內容的邏輯概念中引伸出敍事形式，但他們的努力都已證實毫無成效。但他們在另一個方向內所作的研究工作已證實更加富有成果，也更加引人注目。在這個方向內，他們試圖分析具體的形式和從中推導出基本的詞彙和句法因素。這就是托多洛夫在他的《〈十日談〉的語法》中所嘗試做的工作，這也是格雷瑪斯

(Greimas) 在其最出色的研究中所做的工作。但在轉向這種工作之前，讓我們先看看一項更加野心勃勃的研究工作：格雷瑪斯試圖描述敘事結構在語義過程中的產生。儘管他失敗了，他的努力仍將對我們大有裨益。

　　格雷瑪斯所使用的是索緒爾和雅各布森的語言學。對他來說，指稱過程開始於二元對立。言語的基本聲音是以這種方式得到區別的，思維的基本概念也是這樣被區別開的。上與下，左與右，暗與明，都是根據它們之間的相互對立關係而得到解釋的。格雷瑪斯然後假設，在語言之前，存在著一個思維層次。在這個層次上，這些初級的對立被賦予擬人形態。通過這種方式，純粹邏輯的或概念的對立就變成了一個論爭情景中的**行為人**(actants)。當這個情景被允許在時間中展開時，它就變成了故事。假如這些行為人被賦予社會的或文化的特徵，他們就變成了小說情節中的**角色** (rôles)。假如他們被賦予個性特點，他們就變成了**演員** (acteurs)，或用我們的術語講：**人物** (characters)。但無論如何，敘事在語義對立中的這個開端，導致了情景和情節的出現，這些情景和情節的主要特徵又是這種相同的對立。在一個敘事系列中，行為人的基本數字是兩個，基本的行為則是分離與連接：離別與聚合，鬥爭與和好。敘事的關鍵在於一種價值或一件物體從一個行為人到另一個行為人的轉遞。典型的敘事系列包括一句描述性話語，描繪主題人物和他的處境；接著是一句「情態」話語，說明主題人物的希望、恐懼和信念，同時暗指與它們有關的一種行為；最後是一句及物話語，完成某種價值轉換或情景變化。例如：

　　1.國王身體健康 (描述)。

2.國王害怕生病（情態，暗指一種行為）。

3.國王服用預防藥品（及物，完成了的行為）。

　　這與柏萊蒙德的敘事三分法近似，但附帶有描述性特徵，這些特徵要求三合一體形式內的每一個成分都有一種明確的功能。

　　作爲對敘事起源的一個描寫，所有這些都不無道理。但在格雷瑪斯本人的描寫中以及在這個簡短的總結中，它都是相當的晦澀、隱晦、過於有選擇性。作爲對**所有**敘事結構起源的一個描寫，它顯得令人可悲地不完備，儘管格雷瑪斯宣稱，他所討論的是整個一部敘事語法。事實上，在尋找排除了語義內容的基本敘事結構的所有思想家身上似乎發生的事情在這裡發生了。像其他結構主義者一樣，格雷瑪斯心裡有某些具體的、攜帶著語義的結構。這些結構就變成了他的無形模式，儘管他的操作在表面上看是抽象的。他心中的模式在這裡正是他在相反的方向內所研究得最好的那種文本。在這個相反的方向內，他從研究某些具體結構的具體特點入手，然後轉而研究隱於這些結構之後的普通結構特點。他在這樣做時所使用的兩種方法，都是我們在此感興趣的對象。在一種情況下，他把普羅普和蘇里奧的行爲種類當作出發點，在另一種情況下，他則直接研究神話材料，尋找將這些材料組織起來的那些結構原則。這兩種嘗試都令人感興趣。

　　在研究普羅普和蘇里奧的工作時，格雷瑪斯首先分析了普羅普的「行動範圍」（spheres of action）。這種行爲範圍爲他提供了一份「行動者清單」（inventory of actants）。然後，他又考察了蘇里奧的戲劇功能清單。儘管這兩個單子對格雷瑪斯來說都不完全令人滿意，儘管這兩人都顯出了某種遲疑──蘇里奧在六個還是七個功能之間猶豫，普羅普則列舉了七種行動概念，但其中

一個具有兩個可分離的特點———，但當普羅普的七和蘇里奧的六
在一起出現時，它們還是顯示了一些令人感興趣的對應：

普 羅 普	蘇里奧（經休斯重新排列）
1.惡棍	馬爾斯——對立面
2.施主（供養人）	
3.幫手	月亮——幫手
4.被尋找的人和	太陽——被追求的對象
她的父親	天平（磅秤）——仲裁人、獎賞人
5.發送人	地球——最終受益人
6.英雄	獅子——意志，渴望得到某種東
7.假英雄	西的那個人

即便我們將蘇里奧的單子重新加以排列，這兩個單子仍然不
能完全對應。這裡的不同之處，既顯示了童話故事與舞臺戲劇之
間的差異，也顯示了普羅普和蘇里奧的思維過程之間的不同。但
是，它們在一起還是十分有力地表明，有關行動者的一個基本清
單確實存在著。小說的許多複雜因素都可從中引出，倘若沒有這
些複雜因素，小說就將是不可能的。在此之後，格雷瑪斯接著試
圖將普羅普和蘇里奧建議的可能性規範化和系統化起來。

他將行動者分成三組相對立的成分。一個故事的所有個性演
員都可從這三組相對立的成分中引伸出來。他的第一組成分是主
語和賓語。主語與普羅普的「英雄」和蘇里奧的獅子或「意志」
相對應。賓語與普羅普的「被尋找的人」和蘇里奧的太陽或「被
追求的對象」相對應。這對行為人極為重要，因為它使得以探求
為主題的神話結構成為可能。格雷瑪斯的第二組相對立成分是**賦
予人**或**發送人**（destinateur）和**收到人**（destinataire）。在蘇里

奧那裡，這些成分都得到了明確的說明：「仲裁者或獎賞人」和「最終受益人」。在普羅普那裡，它們則並不那麼清楚。正如格雷瑪斯所注意到的那樣，普羅普有些幼稚地將賦予人描述成賓語的一個方面：「被尋找的人」的「父親」。在普羅普的系統中，收到人也隱藏在「發送人」的標題之下，因為派遣英雄去追索的那個人經常是最終受益人。格雷瑪斯希望根據這兩組行動者來組織敘事成分。因為他發現所有的話語都有一個基本的詞義結構，而這種組織方式很好地概括了這種結構，即發送人／收到人和主語／賓語。他指出，這四種行為人可以由兩個演員所體現。在一個簡單的愛情故事中，男孩可以既是主語又是收到人，女孩則可以既是賓語又是發送人。但在更加複雜些的敘事中，四個演員將得到區別。因此，在《尋找聖杯》（*The Quest of the Holy Grail*）中，我們就看到：

主語	英雄	發送人	上帝
～		～	
賓語	聖杯	收到人	人類

柏萊蒙德和托多洛夫都意識到了這個公式中所存在的問題，並以不同的方式對之作出了反應。例如，主語和賓語不過是角度問題而已，因此可以逆轉。在一個愛情故事——並不僅僅在一個現代的愛情故事——中，男孩和女孩都可既是主語又是賓語，既是發送人又是收到人。此外，在聖杯的例子中，到底上帝與人類和英雄與聖杯是否存在於同一個行動層次上，並不清楚。

通過增加另外一組相對立的成分，幫手和敵手，格雷瑪斯擴大了他的系統，這一組相對立成分幫助或阻撓成功的交際或希望的圓滿實現。這些種類都明顯地存在於普羅普和蘇里奧的系統

中。普羅普有兩個幫手,「施主」(donor) 和「幫手」(helper):
因為這兩個角色在俄國童話故事中通常是分開的。他也有兩個敵
手:「惡棍」(villain) 和「假英雄」(false hero)。蘇里奧的種
類則與格雷瑪斯的幾乎完全相同。事實上,格雷瑪斯似乎僅僅簡
單地接收了蘇里奧的種類,但遺失了相當大的靈活性和敏銳性。
例如,蘇里奧小心謹慎地堅持指出,情景並不一定必須從獅子的
角度得到描述,而格雷瑪斯卻堅持使用主語這個詞,並因此混淆
了角度和主導力量。由他造成的這種混淆,值得我們去分析一下。

　　即便在單獨一個句子中,也可能有三種之多的標明「主語」
方法——所有這些都與小說研究有關聯。請看下面兩個例子:

　　　1.約翰打了我。
　　　2.我被約翰打了。

在第一個句子中,約翰是語法主語,但「我」是修辭主語,因為
第一人稱永遠是主格的,我們因而被拉向第一人稱的方向。在第
二個句子中,「我」既是語法主語又是修辭主語;角度得到了更加
強烈的集中。但請注意,「約翰」在這兩個句子中都是獅子,他是
實施了動詞所描述的行為的那個施事;是他的意志、他的情感、
他的希望主導了這個簡短的場景。他是這兩個句子的戲劇主語。
僅僅在「我打了約翰」這樣一個句子中,語法、修辭和戲劇主語
才得以合為一體。因此,「主語」這個詞的使用給任何敘事結構討
論都帶來了非常大的混亂潛力。由此可見,格雷瑪斯的系統絕不
比蘇里奧的系統先進。他本人顯然對它不滿意。他在後來的幾篇
文章中對它繼續進行了修改,並放棄了他那組行動者的一些特
徵,儘管他做的不如人們所期望的那樣明確。就像結構主義微視
詩學的許多研究工作一樣,他的努力令人感興趣,但並不同樣地

令人滿意。

在開列行動者清單方面所作的最極端努力，或許是柏萊蒙德（Claude Bremond）在他的《敘事邏輯》（*Logique du récit*）中所嘗試的。柏萊蒙德首先在邏輯上把小說角色區分成兩個基本種類：**施事**（agent）和**受事**（patient），即實施某種行爲的那些人和承受事情的那些人。他首先考察了受事，因爲在許多故事中，主語或英雄首先是受事，然後又成爲施事，並經常在故事的結尾重新變成受事。事實上，受事可能要經受兩種行爲。典型的故事開頭和結尾就是這兩種行爲。受事可以主觀地或客觀地受到影響。人們可以從主觀上**影響**他（給他提供情報、使他感到滿意或不滿意、鼓勵他去希望或恐懼）。人們還可以客觀地影響他：人們可以**改變**他的處境，從而使它得到改善或惡化，或通過保護或阻撓而使它保持好的或壞的狀態。對受事的生活發生影響的這三種行動者，都暗指了實施它們所必需的那個施事。每一種功能都暗指它的角色。這樣，在影響人中間，我們就看到了諸如情報提供人、僞君子、誘騙人、恐嚇人、強制人和禁令人這樣一些角色。在改變人中間，我們則可看到促使改善的人和促使惡化的人；在保持人中間，則是保護人和阻撓人。柏萊蒙德還發現，「功過」這個概念的使用，牽扯到作爲獎賞人和懲罰人的施事，和作爲這些施事的受益人和受害人的受事。

在這個系統中存在的問題，與在柏萊蒙德的三合一體結構中存在的問題近似。施事和受事是相當清楚和明瞭的一組對應。從這樣一組二元對立開始，人們可以無限地區分各種不同的分施事和分受事。這裡沒有一個真正的系統，因爲這裡不存在將這個程序制止在某個具體層次上的必要性。例如，到底應設想多少種「改變人」呢？以及到底要列舉多少種才是有益的呢？此外，我們也

沒有任何方法可以搞清，是否所有這些可能的角色都得到了恰當的描寫。例如，柏萊蒙德並沒有明確地標出仲裁者或法官的角色，而其他研究都認爲這些角色重要。事實上，與人們的期望相比，這個描寫的邏輯性和系統性都相差甚遠。

相比之下，格雷瑪斯試圖創立一個有關**單位語符列**(syntagms)而不是行動者的基本清單的努力，在某種程度上會對我們更有裨益，儘管人們普遍認爲，它既不徹底，又不系統。假如有關角色或行動者的某種清單可以說構成了敘事的縱向聚合關係詞典，那麼，就需要有一個與之相對應的句法結構或結構原則清單，來完成一部敘事語法。格雷瑪斯並沒有試圖列出一個具有普遍意義的句法結構清單，而是滿足於指出，他在普羅普和他本人所研究的民間敘事中發現了三種獨特的單位語符列：

　　1.表演結構（考驗、鬥爭）
　　2.契約結構（建立和撕毀契約）
　　3.分離結構（離開和返回）

這個單子在一些方面顯然是不完備的，但它爲進一步的發展和與那個有關行動者的清單發生關聯提供了機會。我們應該在此研究一下這種關聯，儘管格雷瑪斯本人沒有這樣做。敘事結構到底可在多大程度上從這套單位語符列中引伸出來呢？這就是我們在此所應該檢查的。

讓我們從契約結構談起。我們可以看到，格雷瑪斯沒有完成對它的描寫。在生活和藝術中，契約不僅僅得以建立和撕毀，它們也被履行或完成。在普羅普和格雷瑪斯所考察的作品中，一個契約通常是英雄和一種更強大的力量之間的一種交易，英雄因此是收到人，另一個人物（國王、上帝、父／母、神父）則是發送

人。這種等級關係是重要的。它就敘事的性質提出了一個十分有趣的問題：即小說是否可在沒有這種等級關係的情況下存在。但契約這個概念在此需要得到進一步的具體闡述。我們所考察的這種契約關係，牽扯到一種更強大的力量所制定的一個或一套規則，附帶懲惡揚善的許諾。這些規則可以明確地或含蓄地由上帝、社會或任何個人制定，只要這個人擁有獎和懲的力量。由此可見，契約不僅要求主語—英雄去履行它，它也要求建立了契約的那位權威—人物履行它。同樣，契約要求懲罰失敗。就整個小說結構而言，契約總是出現在開頭，獎賞則在結尾。任何基於這個契約之上的考驗，必須在這兩者之間進行。儘管離開和到達肯定出現在普羅普和格雷瑪斯的神話材料中，人們還是會說，它們與其說是基本的結構，不如說是派生出來的結構。

這樣，我們現在所考察的這種敘事的基本結構，就包括三種基本功能以及它們所必須的行動者。這些功能就是契約、考驗和判決。這些行動者則是制約人和承約人，考驗人和被考驗人，判決人和被判決人。但與六個行動者在一起的這個功能系列**並不是一個敘事**。事實上，它不能夠變成一個敘事，除非我們將承約人、被考驗人和被判決人的角色全都加在單獨一個主語身上。這樣一個主語就成了一個故事中的英雄。我們正是通過賦予這三個行動者一個名字或頭銜來做這一點的。一旦有了名字，英雄就成了一個敘事的主題，就像一個名詞可以是一個句子的語法主語一樣：約翰收到一個契約，約翰受到考驗，約翰受到判決。在這個系列中，制約人、考驗人和判決人僅僅被他們的功能所暗指。在基於這樣一種劇情安排的敘事中，這些功能可以許多不同的方式得到體現。約翰可與自己簽約去爬一座山。山本身提供了考驗，成功或失敗就構成了獎賞或懲罰。換言之，考驗人和判決人的角色，

並不是必須以人的形式體現出來的。但另一方面，這些角色又歡迎人格化。因此，正是在這種契約、考驗和判決的結構中，我們可能看到作為基本人物的上帝、人和撒旦。也許還應指出，人們之所以發明了撒旦，僅僅是為了將考驗的責任從上帝身上移開，儘管他本可以自己做這一切。在基督教的故事中，將實施懲罰的任務（判決人角色的一個方面）分配給邁克爾，也從上帝身上移掉了一些責任。將人分成亞當和夏娃的類似重複，也複雜化和豐富了考驗。（撒旦首先未通過考驗，然後又去考驗夏娃，她接著為了考驗亞當而扮演了敵手的角色。）人物擴散了，但功能保持原樣。

　　這個討論應該講清了許多情況。首先，英雄或主題人物，與敘事中的所有其他行動者的地位都不同。在一個非常真實的意義上，他根本不是一個行動者。請看這個系列：

　　　　1.約翰收到一個契約。

　　　　（約翰接受／拒絕了它。）

　　　　2.約翰接受了一次考驗。

　　　　（約翰通過／未通過它。）

　　　　3.約翰接受了一次判決——獎賞／懲罰。

　　　　（約翰享受／忍受了它。）

在這個系列中，約翰是所有六個句子的語法主語。但是，在三個句子——開始新行動的那三個句子——中，他是被動的。我認為，這是許多敘事的操作方式。英雄並不是一個施事，而是一個受事。他的行動實際上是對應行動。在小說中，令人感興趣的角色是由於謂語關係而出現的那些角色，制約人、判決人、尤其是考驗人這些主動角色。因此，假如我們要使我們的英雄約翰變得令人感

興趣和受人同情，我們就不僅需要給他一個名字，還要給他其他特點。他必須年輕、英俊，或許受人迫害等等。他必須成爲一個人物，因爲他是一部小說中唯一的關鍵人物。但他之所以變成了一個人物，正是由於他作爲一個行爲人所具有的種種不足。另一方面，在小說中起著更加純粹的功能作用的那些因素，甚至永遠不會獲得行動者的地位。就是說，像簽約、考驗和獎賞這樣的功能可能出現，但不必侷限在一個行動者身上，更不需一個具體人物去體現它們。因此，對所有的小說來說都是基本的行動人物根本不存在。所存在的僅僅是那個令人奇怪地被動的傢伙，即主題人物／英雄，以及構成了他的存在的那些功能。

　　所有這些並不意味著，開列某些同類小說的行動者清單是不可能的或無所裨益的。情況並非如此。這僅僅意味著，由於兩個原因，試圖勾畫有關行動者的一個絕對模型的努力註定失敗：(1)因爲主題人物與其他人所處的層次不同，(2)因爲功能並不需要實際體現出來才能在敍事中起作用。但包括所有敍事的基本功能在內的一個清單，到底是不是能夠逐步得以列出呢？這個問題依然存在。就這個問題而言，我個人推測，假如我們能夠足夠深地追隨功能回到敍事的起源地，這些功能也將消失。但什麼功能及行動者會出現在特定的敍事材料中呢？這些功能及行動者又是如何與其他功能及行動者發生關聯呢？我認爲，這些問題似乎非常值得探索。這當然正是普羅普和蘇里奧開始他們的研究工作的地方，這也是格雷瑪斯（對具體的故事）所作的最令人感興趣的研究繼續的地方，這尤其是托多洛夫在研究薄伽丘的《十日談》時擴展和說明普羅普的方法論的地方。

　　托多洛夫的《〈十日談〉的語法》，是自普羅普本人以來，基本敍事學領域所取得的一次最重要的進步。它並不是完美無疵

的，但與由它所激起的批評反應（特別是在柏萊蒙德的《敘事邏輯》那本書的一些敏銳章節中）以及托多洛夫本人後來的想法和發展（尤其是在被收入《散文詩學》（*Poétique de la prose*）一書的那篇關於敘事轉換的文章）一起，它既本身構成了一份具有強烈的吸引力的研究報告，又爲進一步研究其他的敘事材料提供了有益的模式及誘惑力。

托多洛夫從普遍語法的假定談起：

> 這個普遍語法是所有普遍現象的源頭，它甚至給人類自身下了定義。不僅僅所有的語言，而且所有的指意系統都遵從這同一部語法。它具有普遍意義，不僅僅因為它為世間的一切語言提供了信息，而且因為它與世界本身的結構是一致的。（第15頁）

對於那些希望將結構主義看成一個宗教的人來說，是否接受對語法普遍性的這種近乎神秘的信仰是重要的，因爲這是這個宗教的一個中心信條。但同路人或感興趣的旁觀者則可以僅僅暫時接受這樣一種觀點，即所有的人類語言都擁有一些相似的特點，以語言形式出現的所有敘事，也不僅與我們的語言語法而且相互之間有著引人注目的結構近似性。對托多洛夫來說，就像對格雷瑪斯和其他人那樣，敘事只不過是一組語言可能性，但由於有關結構的一組超語法規則而得以具體的集中。總而言之，因爲敘事是在整套語法可能性中所進行的一次嚴格受限制的選擇，所以描寫它所需要的術語，比描寫整個一種語言所需要的術語要簡單。

把語法傳統當作結構可能性的一個源泉的托多洛夫，首先區別了敘事文本的三個一般方面。任何一部小說作品都可從語義學角度（內容或它引人想到的世界），或句法學角度（它的結構特點

及其組合），或修辭學角度（用詞方面，包括諸如措詞、視角，以及與文本的實際詞語有關的所有東西）加以考察。托多洛夫對《十日談》所作的研究主要處理了句法，稍稍觸及了語義學，而完全忽略了文本的用詞方面。事實上，正如他所相當清楚地指出的那樣，他的方法首先是將每個故事還原為一個基本的句法概括，然後對那個概括而不是對文本自身的語言進行分析。正如他所清楚地意識到的那樣，一個文本越是「具有文學性」（與神話性或通俗性相對），這個方法就將忽略越多的東西，其他的分析方法也就越發變得重要（諸如下面第五章將討論到的巴特和熱奈特的那些方法）。但通過在基本上是普羅普為他自己的俄國童話故事研究所選擇的同一層次上研究《十日談》，以及基本上分析文本的同一個方面，托多洛夫擴大了敘事可能性的清單，使它的發展能夠超越童話故事和薄伽丘敘事，朝著包括那些被稱為「文學文本」的其他文本方向前進。

　　托多洛夫所考察的結構單位，可以下列方式得到分解：

　　　1.故事（《十日談》的一百個故事）

　　　2.系列（一個系列，就是由陳述句構成的一個完整系統，每個系列本身便是一個微型故事；一個故事必須至少包括一個系列，但可以包括許多；當系列的起始陳述以一種改變了的方式得到重複時，我們就知道，這個系列已經結束。）

　　　3.陳述（一個陳述，就是一個基本的敘事句子，在結構上與諸如法語或英語中的一個句子或獨立從句相等。）

　　　4.詞類

　　　　a.專有名詞（或人物）

　　　　b.動詞（或行為）

c.形容詞（或特點）

在這個簡略了的敘事語法中，一個陳述是由一個人物和一個行動（它可以包括作為對象的另一個人物）或一個特點的組合所構成。人物或專有名稱僅僅是一個空檔，要由形容詞（特點）或動詞（行為）來填充。在《十日談》中所發現的所有具體特點，都可在三個標題下得以區別開來：

1.狀態：

　　所有這些都是從幸福到不幸福這個幅度內的變化。像愛情（一種普通的特點）一樣，這些都是不穩定的特點，許多故事都牽扯到它們的變化。

2.特點：

　　這些都是從善到惡這個幅度內的變化。相對而言，它們是固定的，儘管變化會發生，例如，當惡人得到改造時。在《十日談》中，邪惡特點得到了更加細微的區別，並傾向於根據七大重罪組織自己。

3.條件：

　　這些是最持久的特點。宗教，例如猶太教或基督教；性別，男或女；或社會地位，從國王到乞丐。在《十日談》中，一個重要的社會地位牽扯到已婚人和未婚人——尤其是婦女——之間的區別。這個條件當然可以改變，但並不經常發生——在許多故事中，它是固定的：妻子必須忠實，但假如她不是這樣，她的特點以及狀態而不是她的條件將可能發生變化。

在《十日談》中，所有行動都可被歸納成托多洛夫系統中的

三個動詞。但是，正如柏萊蒙德所指出的那樣，托多洛夫的主要動詞（「改變」或「修改」情景）所具有的意義十分泛泛，所以可以包括其他兩個動詞，即「犯法」或「犯罪」和「懲罰」。事實上，犯罪和懲罰都僅僅是基本動詞「變化」的最通常的語義實現。但托多洛夫之所以區別了第一個動詞和其他兩個動詞，是由於一個很充足的理由：

> 在a（改變動詞）和b（違法動詞）之間還存在著其他的近似之處。事實上，b可同樣被描述成「在先前的情景中造成一個變化」——某人在原來秩序井然的地方犯了罪。但這種變化與a中的變化性質不同。在a中，一個具體的情景——一種應景特點造型——得到改變。另一方面，違法或犯罪違反了一條普通法規，這條法規對整個社會都是一樣的，並在（幾乎）所有的故事中都得到承認。a和b彼此對立，就像個人與社會、可變化因素與永恆因素之間的對立一樣。違法和犯罪永遠是一樣的，因為它們與相同的法規有關；所發生的變化則全都是不同的，因為它們牽扯到獨特的情景。（第38頁）

看來，這個具體的語法並不能在不涉及語義層次的情況下得到完備的描寫。其他語法也不可能做到這一點。小說越是精巧微妙，越是具有「文學性」，語法就越必須著重語義內容。

托多洛夫的陳述語法所需要的一些輔助種類必須至少在此提及。這些種類是**否定**（當一個特點或行為有意義地不存在時）、**比較**（當它以一種不同的程度存在時，例如，在富裕和十分富裕的條件之間），以及將行為或條件修飾為所恐懼的、所希望的、所預測到的、所放棄的各種不同**方式**。此外，還應注意某些行為是否是情願的，以及某些行為在什麼時候是實際存在的或僅僅「據認

為」存在。托多洛夫將這些種類以及各種不同的動詞和形容詞，用代碼編入了一個簡單的符號系統。人們可以使用這個符號系統來再現任何一個具體故事的結構。我在這裡迴避介紹這個系統，僅僅因為它只對打算比較分析許多故事的那些人們有所裨益，而這種工作是我們在此所不可能嘗試的。此外，儘管它很簡單，它還是比普羅普的功能系統或柏萊蒙德的三合一體結構要複雜得多。事實上，假如它不是如此複雜，它就不可能正確地描寫《十日談》的語法。

在從陳述轉向系列時，托多洛夫指出了許多令人感興趣的情況。針對一般的故事結構，他注意到，有兩個基本的模式與他在陳述中所區別的兩個動詞結構相關聯：

> 僅僅當我們對完整的故事進行分析時，我們才能看清它的結構。每個故事的最初情景都可被描寫為由(1)一定數量的一般法規（違反它們的行為被視為違法或犯罪）；和(2)一定數量的具體特徵陳述構成；這些具體特徵陳述在故事中起著介紹人物的作用。我們最初並不知道，我們所閱讀的是一個有關法規的故事，還是一個有關特徵的故事。兩種可能性在那時都存在。……但儘管許多陳述可以出現在故事的開端，僅僅一定數量的陳述得以實現，並因為被併入了一個系列的結構而變得具有關聯意義。（第60頁）

托多洛夫在這裡並沒有明說他在其他地方所指出的那種觀點，即被一種文化社會視為當然的那些法規不太可能被特徵陳述描述為必須在每個故事中個性化起來的那些特點。這些有文化侷限性的價值代碼，都是重要的結構因素。在一些具體的故事中，它們所起的作用幾乎是無形的，但當我們對相關聯的一些文本進行分析

時，我們就可看到它們。由此可見，結構分析能夠引導我們直接
去考慮文本外的一些重要語義問題。就托多洛夫而言，他注意到
了這樣一種情況，即在《十日談》的整個系統中，許許多多的邪
惡沒有受到懲罰，許許多多的變化也得以實現。這種情況使他認
識到，在書中的價值與從薄伽丘時代歷史地出現的其他價值之
間，可能存在著某種連繫：

> 假如這本書具有某種一般的意義或傾向，那麼，這種意
> 義肯定是一般的交換解放，即在英勇的個人主動性的旗號下
> 與舊系統的決裂。在這個意義上，人們可以相當正確地說，
> 薄伽丘是自由企業的辯護人。假如人們願意的話，他們甚至
> 可以說，薄伽丘是新興資本主義的衛道士。新興資產階級的
> 思想體系，正是在於攻擊已變得過於具有限制性的那種陳舊
> 的交換系統，以及在它的位置上建立起另一種、更加「自由
> 化的」系統。這種系統至少在開始時能夠自欺欺人地說，它
> 等於系統的完全消失。這個描述逐字逐句適用於《十日談》
> 故事中的中心思想。非準則的自由行為（我們已稱它為a
> ——改變性行為）是世界上最為人欣賞的那種行為。文學無
> 疑與政治經濟學有著不止一處的連繫。（第81～82頁）

托多洛夫的這番話讓我們看到，他的分析至少在這個程度上
與馬克思主義的分析是一致的。現在，讓我們回來看看他的一些
更為注重形式和美學的觀點。托多洛夫覺得有必要在他的系統內
用不同的符號去表達某些陳述，因為他發現，這些陳述在同一故
事中發揮著不同的作用，例如，同一行為從一個角度上看是懲罰，
從另一個角度上看則是犯罪。他所發現的這種情況，幫助解釋了
一些故事中的某種模稜兩可性。這種模稜兩可性使讀者感到愉

悅，因爲它使人感到一種「特殊的複雜性、一個構思巧妙的計謀」（第66頁）。儘管評價並不在他分析這些故事的意圖之內（馬克思主義的解釋也不在於此），托多洛夫的謹愼描述還是產生了一個美學原則。在他的描述中，有一個故事最引人注目地違反了他的語法系統，儘管這個語法系統已證實對描述所有其他的故事都是完備的。當描述這個故事時，他的這些原則得到了進一步的闡述。

第五天的第九個故事講述了「那個理應著名的游隼故事」。弗雷德里克爲他所鍾愛的人烹調了游隼，但沒有意識到，她之所以前來，正是爲了乞求得到這隻活著的鳥作爲她生病的兒子的禮物。在這個故事進行到某一點之前，爲其他故事所設計的那個語法可以描述它。但隨著情節變得越來越模稜兩可，甚至多重的陳述表達也不能抓住這個故事的實質。因爲每個姿態都與幾種行爲和價值系統發生關聯，所以這個故事的中心行動變得不可記錄。我們不能說，弗雷德里克將游隼給了吉爾萬娜，但我們也不能說他未給。即便我們說，從一個角度上看他給了，但從另一個角度上看他未給，我們也不能解決這個問題。這個故事的意義和力量，都在於這個既給了又未給了的「禮物」所具有的象徵價值。托多洛夫認爲，這種諷刺性象徵主義屬於另一種敍事。假如我們要描述這另一種敍事，我們就需要有一部相當不同的語法。他拒絕不恰當地引伸他的《十日談》語法去包括這個故事，同時又十分淸楚地指出了它的特點。通過這樣做，他爲我們做了一件十分有益的工作。儘管這部語法公認對這個對象（以及托多洛夫所提到的其他幾個故事）來講不合適，它仍然能夠指出這些特殊情況，並引導我們注意它們所具有的那些最有趣和最困難的特點。《〈十日談〉的語法》所具有的一個重要優點就是讓我們看到，這項工作需要在何處繼續下去。

第四節　系統和系統建造人

　　皮亞傑告訴我們，「結構概念由三個中心思想組成：整體思想、轉換思想和自我調節思想」(《結構主義》，第5頁)。因為它可在第六章的第二節中被用來分析一個單獨的文學文本，所以我們會回來討論這個概念，但暫時它可作為我們考察整個文學結構的一個出發點。將文學看成一個自我調節的系統，這種可能性一直是現代文學批評思想中的一股強大力量。它強有力地體現在俄國形式主義和英國神話研究人員的工作之中。在近年的英美文學研究中，它的最有說服力和最有影響的體現是弗賴伊的《批評的解剖》(*Anatomy of Criticism*)。當《批評的解剖》一書出版時，我還是康乃爾大學的一名研究生，我清楚地記得這本書所激起的興奮，以及它所引起的爭論（包括當時正短期訪問康乃爾大學的弗賴伊本人與阿伯拉姆斯 (M. H. Abrams) 之間的一次令人難忘的爭論，阿伯拉姆斯反對這本書所描述的那種「令人可怕的對稱」）。在我看來，弗賴伊的書無疑滿足了學院文學界所深刻感覺到的一種需要。它為文學研究獲得科學所具有的那種漸進、累積特點提供了可能性。它描述了明確的、具體的系統化例子。這種系統可被用來──已被用來──組織從一年級文學課程到伊莉莎白小說選讀的一切東西。弗賴伊所令人信服地提出的、可被掌握和教授的「詞語系統」(order of words)，強有力地鼓勵文學教師去更加系統地考慮他們的工作。在六十年代後期的思想意識衝擊時期，它為從事文學的人們提供了一些必要的形式支持。弗賴伊的系統具有這樣一種重大的優點，即它既使讀者確信系統地研

究文學是可能的，但又沒有使他們以爲這種可能性已經實現。這是一個在其實質上非常眞實，但在其內容上又明顯有誤的系統。

　　對我本人來說（我相信對許多其他人也一樣），尤其是弗賴伊用以組織小說可能性的那些方式證實最令人感興趣和最富有成果。近年來最令人感興趣的一項文學批評研究工作，就是試圖組織敍事樣式系統的那種努力。對於這項研究工作，弗賴伊用以組織小說可能性的那些方式作出了重大貢獻。就我們在這個研究中的目的而言，試圖達到一個文學系統的努力，將由具有更大侷限性的這個小說種類系統化問題所代表。作爲一個相當複雜的問題，它能夠說明類屬結構主義的困難，以及它的潛在的有益之處。除了弗賴伊之外，我還將考察托多洛夫和居萊恩在這個專題上所做的工作。此外，我還將談到我個人在小說樣式和方式上的一些看法。

　　弗賴伊描述了與小說有關的兩種不同的類系統——**方式**（modes）系統和**形式**（forms）系統。他的方式系統有著一種歷時傾向。根據與「其他人及其環境」相比之下「英雄的行動力量」，他組織了這種系統。他還區別了在「種類上」比其他人優越的英雄，和僅僅在「程度上」優越的英雄。假定平等或對應的狀態存在，那麼，這個系統中的可變因素可爲我們提供最少九種方式和最多更高數字的種類。這個最小系統看起來如下：

　　　　1.在種類上比人及其環境都優越

　　　　2.在種類上比這兩者都不優越

　　　　3.在程度上比這兩者都優越

　　　　4.在程度上比這兩者都不優越

　　　　5.與這兩者平等

6.在程度上比這兩者都不低劣

7.在程度上比這兩者都低劣

8.在種類上比這兩者都不低劣

9.在種類上比這兩者都低劣

但弗賴伊僅僅實現了五種可能性。假如我們使用上面的數字，這些可能性就是：

1.神話（在種類上比這兩者都優越）

3.騎士故事（在程度上比這兩者都優越）

4a. 上模仿（high mimesis）（在程度上比人但不比環境優越）

5.下模仿（low mimesis）（一點也不優越）

6.諷刺（低劣）

　　至少應該說，這是不系統的。儘管已經有了這麼多的變素，仍有許多小說不能根據這個系統得到精確的分類。例如，有一些神話講述的是擁有超自然力量的動物。這使得它們比人的環境優越，但它們是不是比人也優越呢？在種類上還是在程度上呢？惡魔、巫士等等是在程度上還是僅僅在種類上比人優越呢？弗賴伊所使用的「英雄」這個詞，使他能夠忽略那些以一個有魔力的，邪惡的或惡作劇的動物或惡魔爲中心角色的神話；這些神話帶著恐懼或愉悅重述這些動物或惡魔的所作所爲。但讓我們暫且忽略這些造成了複雜化的情況，並把「超自然的」這樣一個一般種類作爲一種小說方式接受下來，「英雄」在這類小說中可以違反自然法規。那麼，在天平的另一端是否也有一個相應「低於自然的」種類呢？這似乎是不可能的。假如超自然意味著能夠超越人所處

的自然環境中的法規，那麼，低於自然則意味著不具備根據這些法規生存的能力。因此，超越的對立面就僅僅是非存在。低於自然的東西不能夠存在於人的環境之中，更不用說擁有在小說中生存的行動力量了。人的生物想像力只能朝著一個方向觀望——那個方向就是向上。他能想像出不論是善還是惡但擁有比他優越的力量的那些東西，但不能想像出自然以外擁有比他自己的力量還小的東西。在自然界中，他位於從簡單的分子和無生命的石塊到他自己那令人驚訝的複雜體這樣一個金字塔式王國的頂端。但在想像的世界中，這種情況倒置了。例如，塞繆爾·貝克特 (Samuel Beckett) 在《不可命名物》(*The Unnameable*) 中所試圖為我們描述的那種類似低於自然的東西接近於這種可能性的極限。低於自然的正是不可命名的；我們的語言無法容納它，我們也不能設想它。貝克特及其他一些當代作家所給予我們的，或試圖給予我們的是以人的形式出現的低於人類的東西——我們能夠想像出它，但很難使它以根據行動來解釋的一種形式生存。但貝克特的「不可命名物」以一種可辨認的小說形式幾乎達到了行動的「零度」。我們現在明白了，弗賴伊的種類之所以否定了由他的變素所暗指的那些低劣可能性，以及他的這種否定之所以在一定程度上是正確的——儘管他沒有解釋它——，是因為小說中沒有低劣得以生存的很多空間；這種形式不可能存在，因為它沒有足夠的「行動力量」。

在小說中所廣泛存在的是那個相反的種類：超人或英雄的行動範圍。他們受制於自然法規，但能夠輕而易舉地戰勝其他人。弗賴伊認為，自然法規對這個英雄「稍稍有些終止了」。這是描述它的一種合理方式——只要我們記住，我們在這裡所識別的，經常僅僅是人對這些法規的理解中的一種歷史性變動。從我們自己

的角度上看，有些情況似乎是自然法規的一種終止，但對一個古典或中世紀的敘事人來說，這種情況則完全具有可能性。因此，就弗賴伊的前兩個種類而言，我們擁有十分充足的、起著辨認作用的變素。「超自然」和「超人」這些詞，將能夠簡明和精確地標出他的「神話」和「騎士故事」種類中的主人公所具有的特點。我們可以把這些小說方式看成小說形式史中實際存在過的東西——儘管純粹的神話是史前的，因而在某種意義上不在我們的小說形式系統之內。但弗賴伊的後三個種類使我們遇到了更大的問題。

　　假如上模仿為我們提供了在程度上比其他人但不比環境優越的英雄的話，那麼，下模仿理應為我們提供在程度上比其他人低劣的「英雄」，因為模仿，或對現實的模仿，不像想像力那樣侷限於向上觀望。弗賴伊的上模仿給了我們史詩和悲劇中的「領袖」；弗賴伊認為，這種領袖擁有比我們的要大得多的「權威、情感和表達能力，但他的所作所為既受制於社會批評又受制於自然規律」（第34頁）。這是合乎情理的，也是對我們都知道的那些小說種類的一個有益概括。真正的困難在下一個種類內出現下模仿。弗賴伊沒有將它描述成一種低劣方式，而是將它描述成了一種平等方式。在這類小說中，人物就像「我們自己」。（這裡的一個問題在於關於我們自己的那個規範概念。在荷馬（Homer）的最初聽眾與「我們自己」之間可能有許多不同之處。但對這種努力及大多數其他教育努力來說，有關一種頑強的「人類本性」的某個規範概念都是一個必要的假定。）弗賴伊就這樣在平等方式內既放進了現實主義，又放進了喜劇——在用來區別小說方式的一個系統中，它們是奇怪的夥伴。現實主義的真正平等英雄與喜劇的低劣人物之間所存在的區別，實際上像普通人與「領袖」之間的區別

或「領袖」與「英雄」之間的區別一樣清楚和重要。這裡不存在任何必須改變區別標準的需要。實際上，我們在這裡需要一個「下模仿」和一個「中模仿」，或僅僅模仿種類——現實主義種類。除此之外，我們還需要認識到，下模仿中的喜劇性和哀憐式人物就是喜劇性和哀憐式的，因為他們比我們低劣。我們俯視他們，就像我們仰望悲劇和史詩中的「領袖」一樣。正如伯格森和其他人已示範過的那樣，喜劇將人降低到機械的和低劣人的地位。在與此相關的一種意義上，我們也感到比哀憐式人物優越，他們對自己的處境比「我們」還擁有更少的控制。上、中、下模仿都以我們所熟悉的形式存在著。中模仿也許是小說所從未完全達到的一種規範，哪怕僅僅因為我們的現實概念不能持續不變，但我們可以為這樣一種現實主義找到許多例子，它既不是悲劇性的又不是哀憐式的，既不是史詩式的又不是喜劇性的。

由此可見，在與「我們自己」相對等的那條線之下，既存在著喜劇性主人公，又存在著哀憐式主人公。那麼，小說中是否也存在著低於人類因而能居住在位於下模仿之下的小說世界中的人物或「主人公」呢？正如我已指出的那樣，貝克特的一些生物生活在那裡，來自諷刺、流浪冒險和荒誕小說的一些其他人物也住在那裡。因此，按照我們對下模仿的重新解釋，在它之下，存在著與弗賴伊的「諷刺」相仿的一個種類。事實上，假如我們拋開描述妖魔和鬼神的那個令人煩惱的神話種類，我們就能夠得出一套簡單敘事方式，與弗賴伊本人的那套十分近似，但更加確切地反映了實際存在著的敘事：

1.騎士傳奇（英雄）

2.上模仿（史詩和悲劇領袖）

3.現實主義（與我們相仿的人）

4.下模仿（喜劇性和哀憐式人物）

5.諷刺（流浪冒險和荒誕反英雄）

弗賴伊爲什麼沒有能得出這個簡單形式呢？也許由於他的描述所具有的歷時傾向。他希望以下列兩句陳述作爲結論：

在觀看這份表格（列有五種方式的那張單子）時，我們可以看到，在過去一千五百年中，歐洲小說穩步地將其重心沿這個單子向下移動。（第34頁）

因此，當我們朝前閱讀歷史時，我們就可把騎士故事、上模仿和下模仿方式想像成一系列被取代了的神話。神話因素或情節公式逐步地移向與其相反的另一端，即逼真（verisimilitude），然後，又從諷刺開始回移。（第52頁）

在這個公式中，從諷刺「返回到」神話的道路到底是經由其他方式呢，還是直接到達始發地呢？就是說，我們所應該看到的到底是必須以相反的順序折回的一條直線呢？還是始尾同在一處的一個圓圈呢？這並不清楚。但我們對弗賴伊的觀點所具有的全部了解表明，圓圈是他心中的東西。神話似的聖世千年就要到來，最黑色的諷刺預兆著信仰的一個全新世紀，正是這樣一種末世說希望，使得這個歷時系統生氣勃勃，並迫使它破壞了它自己的樣式所具有的邏輯。弗賴伊希望看到一種墮落式的進步，從神話落起，經由騎士故事和史詩到下模仿和諷刺，同時預示著一種新的上升，即神話的新生。但一旦我們創立了有關低劣的邏輯範疇，並將喜劇放到了它所應佔有的位置，我們就摧毀了這個時間順序系統。然而，在小說史中確曾有過一個時間順序過程在起作用，就

像在我們所看到的其他事物的歷史中出現的情況。弗賴伊在他的系統中，精確地抓住了這個時間順序過程的一些方面，但他爲此所付出的代價是歪曲證據，而這是我們許多人所不情願付出的代價。

我個人認爲，我們應該就小說的時間順序這個問題尋找一個新的公式，我們應該努力發現被它所暗指的那個系統，而不在其上強加某種永久性的往來復返的神話。羅伯特・凱洛格 (Robert Kelogg) 和我在《敍事的性質》(*The Nature of Narrative*) 一書中所嘗試的正是這個；在下面132～138頁❶中，我將介紹我們的編年學中已經過修改的小說部分——作爲類屬理論的一個方面。

但在轉向有關小說方式的這種觀點之前，有必要簡略地考察弗賴伊系統的另一個方面：他的「連續形式」(continuous forms) 理論。這個理論是弗賴伊的更大系統的一個部分。順便應指出，他之所以在小說理論研究中遇到如此多的問題，部分地是因爲他勇敢地試圖使整個文學系統化起來。抨擊它的組成部分——如同我在此所做的這樣——是很容易的，但要用某種東西取代這個整體則十分困難。弗賴伊的類屬系統首先接受了亞里士多德意義上的三個基本區別，即抒情、史詩和戲劇。然後，他又將敍事形式（亞里士多德意義上的史詩）細分成兩個支類：「epos」和「fiction」。這個區別與弗賴伊稱之爲「描述根」(radical of presentation) 的東西有關：「epos」是口頭表達的；「fiction」則是寫下來讓人閱讀的。這兩個詞在敍事上所具有的含蓄意義，都得到允許作爲它們的定義的一部分。但這個區別很難維持。弗

---

❶ 這裡的「132～138頁」指英文版原書的頁碼。——譯註

賴伊所提供的例子立即使我們陷入困境。弗賴伊告訴我們,根據米爾頓的意圖,《失樂園》(*Paradise Lost*)是讓人們作為一本書閱讀的。但因為它乞求繆斯幫助的請求將其帶入了「口述的種類」,所以我們應將它看作「epos」而不是「fiction」。另一方面,當一部狄更斯小說以書的形式出現時,它是「fiction」,但當狄更斯大聲朗讀它時,這個種類又「整個」變成了「epos」。在米爾頓的例子中,我們的分類取決於米爾頓寫這本書時所用的方式──他使用了文學史詩的傳統公式。但在狄更斯的例子中,我們的分類則不是取決於這本書是如何被寫成的,而是取決於在寫成後它是如何被處理的。誠然,《失樂園》和《遠大前程》(*Great Expectations*)都不是用真正的故事歌手所使用的口述公式寫成的。假如我們認真地看待口述與筆述的區別,我們就得陷入相當大的困境。

弗賴伊所作的「epos」和「epic」區別還造成了另外一個問題。「epos」是根據其口頭描述根與其他的敘事種類區別開的。「epic」又被小心地與「epos」分開,它的形式被稱為「百科全書式的」形式。我們推測,純粹敘事性質的詩歌是「epos」的一個主要組成部分,但我們卻被告知,它們是「fictions」。「假如它們是系列事件式的」,它們「就將與戲劇樣式相對應;假如它們是連續性質的,它們就將與散文小說相對應。」但當我們在開始區別「epos」和「fiction」時,我們的假設是,這兩者都與戲劇不同,它們的描述根也彼此不相同。那麼,我們又怎麼能夠將敘事詩確定為這些其他樣式呢?假如「epos」是「系列事件性質的」,一些敘事詩又怎麼會是「連續性質的」呢?假如一些敘事詩是「連續性質的」,連續性質」又如何能夠作為散文小說的一個同義詞呢?與口頭描述根相關的自然敘事形式是史詩,但在這個系統中,傳

統的史詩被稱爲一種「百科全書式」的形式，並與諸如《聖經》和普魯斯特的《往事追憶錄》這樣的非口述敍事連繫起來。

　　實際上，將史詩與其它敍事形式分開的這種做法並不是根據形式或修辭標準，而是根據某些神話或原始模型特點。橫貫《批評的解剖》全書，神話和原始模型批評傾向於相互滲透，有時還明顯地壓倒對修辭或類屬的討論。對於作爲一個整體的弗賴伊方法來說，這可能是一種站得住腳的反對意見，但這不是我們在此所要討論的主要問題。我所反對的是弗賴伊在使用諸如「系列事件的」和「連續性質的」這樣一些術語時，所顯出的前後矛盾或模棱兩可，以及他所死板和任意產生的那種對應，這種對應模糊了某些重要的類屬關係。《批評的解剖》一書中最廣爲閱讀以及最具有影響力的那個部分，討論了散文小說的四種形式。當我們轉而討論這個部分時，我們就能夠以更多的細節說明這些反對意見。弗賴伊之所以要給小說下這種定義，是爲了將百科全書式的敍事排除在外，但包括所有其他的「連續性質的」形式，即用散文寫成的，讓讀者無聲閱讀的而不是口頭背誦給聽衆的所有敍事性質的文學藝術作品。通過強調小說這個術語的「藝術性」方面，他試圖排除諸如傳記和歷史這樣一些非創造性形式。他把自傳（或懺悔）接受爲小說的四種形式之一，因爲「大多數自傳都由於一種創作上的、因而也是小說性質的激情，而僅僅選擇作者生平中能夠幫助建立一個統一模式的那些事件和經歷」（第307頁）。言外之意：傳記和歷史敍事都不是創作性質的，因而不是小說性質的。

　　由此而將從普魯塔克（Plutarch）到利頓·斯特雷奇（Lytton Strachey）的傳記家，以及從希羅多德（Herodotus）到卡萊爾（Carlyle）的歷史學家都統統排除在藝術範疇之外，是一種嚴重

的不公正。以普魯塔克爲例。我們可以看到，他不屬於這四個確定樣式中的任何一個。他不是自傳家、小説家、剖析家，或騎士故事家。但根據任何公正的標準，他也不能被稱爲無藝術性。整部《名人傳》就是一個藝術構思。在有關亞歷山大的生平的那個開頭段落中，普魯塔克相當清楚地解釋了「生平」是什麼。僅僅這個解釋就説明，他的意圖是藝術性的，即使他的實踐並未使這一點顯得非常清楚。如同普魯塔克的《名人傳》（*Lives*），卡萊爾的《法國革命》（*French Revolution*）或斯特雷奇的《維多利亞女王》（*Queen Victoria*）也可輕而易舉地證明爲藝術作品。但除了對單個作家的「不公正」之外，更重要的問題是這樣一個事實，即由於將歷史和傳記敍事排除出小説理論，我們模糊了一些關鍵的關係線索，這些線索本可以説明史詩、英雄傳奇和小説的許多方面。一個不能解釋藝術性歷史或傳記性質的敍事的散文小説理論也許聊勝於無，但它顯然不是最後的定論。因爲歷史和傳記不是「虛構的」，我們可以將它們排除在小説理論之外，但我們已經爲接受自傳而放棄了這些理由。把小説在一種情況下解釋成「藝術性敍事」，而在另一種情況下解釋成「非事實性質的敍事」，這是一種太任意的方法，因此不可能在類屬批評中得到很好的運用。假如我們擯棄在此使用的那個令人煩惱的「小説」（fiction）樣式，而代之以諸如「敍事」（narrative）這樣一個含義更爲廣泛的術語，我們或許能得到最大數量的文學關係。敍事將在同一個層次上討論聖經、荷馬敍事及其他形式。

即便我們把弗賴伊理論中的這些有侷限性的種類視爲必要的或有益的，其他的問題也會出現。在這個理論中，四種形式都各被賦予了一對特點。每種形式都被看作是外向的或內向的，個人的或理智的。這些術語的含糊意義給使用它們的人製造了許多困

難。弗賴伊是以下列方式使用這些術語的：

> 小說：外向的和個人的
> 騎士故事：內向的和個人的
> 懺悔（或自傳）：內向的和理智的
> 剖析文（或諷刺）：外向的和理智的

這些種類之所以給使用它們的人造成困難，是因為人們不能前後一致地使用它們。這個困難部分地是與這樣一個事實有關，即雖然這個系統十分嚴謹，但外向和內向是真正的兩極對立物，而個人和理智則不是。但主要的問題在於，我們不知道應對小說的哪一部分使用它們。它們主要指情節？指人物塑造？指角度？或小說世界與外在世界之間的關係？「內向」和「外向」這些術語理應以某種方式與人物塑造發生關聯。因此，小說和懺悔錄理應分享內向這個術語，因為這兩者都以心理學的方式研究複雜人物的內在生活。但在弗賴伊的系統中，小說被稱為外向。按照弗賴伊在《批評的解剖》中所使用的意義，「外向」這個術語指小說家對描述「社會」的興趣。但假如外向意味著對描述實際的社會有興趣的話，那麼，在弗賴伊的四種形式中，顯然僅僅小說符合條件，可以被稱為外向。作為邁尼皮（Menippean）諷刺或剖析文的原始模型，琉善（Lucian）的《一個真實的故事》（*True History*）並沒有這種興趣。然而，整個「剖析文」種類在這個系統中被稱為外向。實際上，對社會的這種興趣是，小說家與傳記家和歷史學家所分享的一種興趣，但因為這個系統沒有傳記家和歷史學家的位置，所以這種關係必然處於一種模糊的狀態。

　　弗賴伊的小說形式理論似乎遠不如他的方式理論有益。這主要是因為，當他討論方式時，他坦率地處理了他的材料的語義層

次，但當他討論「形式」時，他卻仍然繼續使用諸如事實／虛構這樣的語義區別來支持他的形式種類，儘管結構和修辭層次理應是具有決定意義的特點。他這樣做的結果是，他的形式詞彙瓦解了，重要的術語也應景順時地變換意義。這正是托多洛夫在他的《幻想文學導論》(*Introduction à la littérature fantastique*) 的第一章中對弗賴伊所作的批評(之一)；這一章至少有一半是對弗賴伊所作的批評。(在前面的討論中，我使用了托多洛夫的批評方法，以使自己對弗賴伊方式的批評更加有力。)

　　《幻想文學導論》的第一章專門討論文學樣式研究所牽扯到的問題。但我們現在所關心的是這一章的另一個部分。托多洛夫首先指出，一個文學樣式與動物學乃至語言學的類屬分類有著根本的不同。他指出，在文學中，「每一部作品都改變了整套可能性。每一部新作品都改變了這個樣式」。文學就像一種語言，「每句話語在說出來時都是不符合語法規範的」。每一個文學文本都是先前存在的那套可能性的一個產物，它又是這些可能性的一種形變。因此，文學研究必須從這套可能性走向單部作品，或從作品走向這套可能性——這事實上是一個類屬概念。樣式是單部文學作品與文學世界之間的連繫環節。

　　托多洛夫指出，樣式這一概念必須「得到細緻的區別和受到限制」，才能有益。他在「理論樣式」和「歷史樣式」之間作了一個基本的區別。理論樣式是從一般的文學理論中推斷出來的，歷史樣式則來自「對文學事實的觀察」。在理論樣式中間，他進一步區別了初級樣式（根據諸如抒情、史詩和戲劇這樣的單獨特點得到解釋）和複雜樣式（根據一組特點的存在或不存在而得到解釋）之間的不同。最後，他指出，詩學的一個主要任務，就是研究出複雜的理論樣式與我們在文學世界中所發現的實際樣式之間的精

確關係。他宣稱，任何樣式研究，

> 都必須不間斷地滿足兩種秩序的要求：實際的和理論
> 的，經驗的和抽象的。我們從理論中推導出來的樣式，必須
> 得到文本的驗證。假如我們的推導沒有與任何作品對應，我
> 們就走了錯路。另一方面，我們在文學史中所遇到的樣式，
> 都必須交由一個前後一致的理論去說明；否則，我們就將繼
> 續是世代相傳的偏見的囚徒。……樣式之定義，因此是事實
> 描寫和理論抽象之間的一個永不間斷的循環。（第25～26頁）

托多洛夫本人對作為一種文學樣式的「幻想文學」所作的研究是
將他自己的思想付諸實施的一個出色範例，在一些方面比我所要
介紹到的情況更加令人滿意。但我之所以要考察這些小說方式，
是因為在這種研究中出現了許多弗賴伊所遇到的許多相同問題，
以及它提供了我認為是更多的解決辦法，儘管它們也是不完善
的。在我的討論中，我將努力介紹一個可行的小說方式理論，同
時介紹反對一般樣式批評的某些觀點。

　　我的第一個假定是，我們需要一部小說詩學，既由於它自己
的緣故──作為人類研究自己的存在方式的一個令人感興趣的分
支──也由於它所具有的教學價值的緣故。我們不能夠「教授」
足夠多的單部文學作品，從而使我們的學生像我們所希望他們的
那樣精通文學。因此，我們必須幫助他們學習有關文學形式的語
法，我們可以向他們顯示這種語法作為組織單個文本的一種抽象
方法所具有的各個方面，這種抽象方法既已在歷史中證實是正確
的，又具有構思方便的長處。假如我們接受這種把小說詩學看作
教師所必不可少的一種工具的觀點，那麼，我們就已開始接受文
學樣式批評，因為**小說**詩學概念本身就是一個類概念。當接受它

時，我們也接受了這樣一種觀點，即小説與抒情詩歌不是以同樣的方式運轉的；此外，富於想像力的文學的實際運轉方式，也與某些既不富於想像力又不是模仿性質的其他語言結構不同。我們可以切身體會到那種要求有一部獨立的小説詩學的壓力，這種壓力表明，我們感到它是一個獨特的樣式，擁有它自己的特點、問題和可能性。我同意，情況就是這樣。但我還要進一步指出，情況之所以是這樣，是因為我們所關心的兩種關鍵的東西——閲讀過程和寫作過程——都基本上是類屬性質的。

寫作過程在下面這個意義上是類屬性質的，即每個作家都根據他所知道的寫作看待他的任務。不管他如何能使自己的作品成為「迄今為止尚未在散文或格律中嘗試過的東西」，他必須像米爾頓本人那樣，將已被嘗試過的東西看作他的出發點。每個作家都在一個傳統中工作，他的成就也可最清楚地根據他的工作傳統得到計量。雇傭文人或雇工——不管是在二十世紀六十年代撰寫西部電視片，還是十六世紀九十年代寫作伊利莎白騎士故事——都將他的傳統視為自然而然，並依據公式機械呆板地製造作品。另一方面，藝術大師則通過實現迄今為止在傳統中尚未被看到的那些可能性，或找到組合舊傳統的新方法——或使一個傳統與他所處的世界之不斷變化的情景相適應的新方法——而對他的傳統作出了新的貢獻。一個作家可以像席德尼（Sidney）那樣宣稱，他僅在看過了自己的心靈之後才進行寫作，但像席德尼一樣，他實際上將僅能通過他所掌握的形式角度去觀看自己的心靈。在《阿斯特羅菲爾與斯特拉》（*Astrophel and Stella*）中，佩脱拉克的十四行詩為席德尼提供了望進他的心靈的機會，它為他在那裡所看到的斯特拉肖像增添了光彩。

假如寫作受到本樣式傳統的侷限，那麼，閲讀也一樣。即使

一個兒童，也必須先知道故事是什麼才會願意聽它們。事實上，他必須創立一部初級的小說詩學，才能學會作出反應，就像他為了講話必須培養語法意識一樣。在成人的世界中，在文學閱讀和文學批評方面，大多數嚴重的誤讀和大多數錯誤的評價，都與讀者或文學批評家對樣式的錯誤理解有關。在《解釋的有效性》（*Validity in Interpretation*）（紐黑汶，1967，第74頁）一書中，赫施（E. D. Hirsch）令人信服地指出，「一個解釋者對一個文本的類屬所持的最初看法，是他後來所理解的全部東西的一個組成部分。情況將繼續如此，除非和直到那個類概念發生變化。」赫施堅持認為，我們都是在一個上下文中閱讀文學作品的語言的，而這個上下文便是類屬性質的。當我們開始閱讀時，我們假定了一個暫時的樣式。在閱讀過程中，我們對之進行修改，就像我們根據一部作品與以近似的方式使用語言的其他作品的相似之處，來研究它的獨特性一樣。赫施有關閱讀過程的觀點最終說服了我，因為它與我自己感到在閱讀時所發生的情況完全吻合。它也幫助解釋了文學評價的問題。

在文學批評中反覆出現的一個傾向，就是為了評價文學作品而建立錯誤的規範。僅舉小說批評為例，我們可以看到詹姆斯及其追隨者抨擊菲爾丁和薩克雷書中的侵入式敍事人；或韋因·布思攻擊詹姆斯·喬埃斯的模稜兩可性；或埃利希·奧巴赫批評許多現代小說中的多重意識反映。當我們把它們看作類屬邏輯中的失敗時，我們就可最清楚地診斷出這些錯誤的批評之所以產生的原因。詹姆斯之所以將他自己的那種小說樹為整個小說樣式的規範，是因為他不能夠或不願意將許許多多彼此非常不同的小說樣式都鬆散地稱為**小說**。韋因·布思以一種近似然而又是相反的方式，將十八世紀的修辭－說教小說樹為**他的**規範。奧巴赫則將十

九世紀的歐洲現實主義樹爲他的規範。這些例子啓發並使我們看到，文學評價工作中的一個眞正危險，就是無意識地奉行單元主義。這種單元主義能夠破壞整個文學評價工作的聲譽，而這正是弗賴伊率領下的那一批生氣勃勃的文學批評家所希望看到的情況。弗賴伊認爲，由於個人偏見和文學趣味的時尙性，所有的文學評價都容易曲解和受到曲解，因此它要麼具有欺騙性，要麼就是幼稚淺薄的。從同樣的數據和前提中，我希望得出另一種結論，即因爲最優秀的小說批評家——敏感、博學和聰明的男人和女人——都在尋找跨越類屬界限的評價原則時犯錯誤，所以我們更應該有意識地通過眞正小心謹愼地注意類屬樣式以及它們的特殊特點，來努力提防單元評價。對於那些在形式和內容上都有著眞正的類似之處的作品來說，一種眞正的比較評價是可能的。

正如托多洛夫所指出的那樣，傳統的樣式理論有兩個方面，它們幾乎是兩種獨立的方法。根據這個理論的一個方面，具體的文學作品要與某些理想樣式發生關聯；每個樣式的實質及其潛力就存在於它的理想樣式之中。根據這個理論的另一個方面，有關一般樣式的概念要從在實踐中獲得的數據裡產生，這些數據與具體作品之間的歷史連繫以及一些可辨明的傳統有關。一種方法基本上是演繹性質的，另一種則是歸納性質的。一種有關小說樣式的理想理論，應該努力使這兩種方法和解，因爲它們都同樣是必不可少的，而且事實上是互爲補充的。爲了清楚的緣故，我希望將我的理想樣式理論稱爲方式理論，從而能在一個更狹窄的意義上使用樣式這個術語，去談論對單部作品與具體而有史可查的傳統的關係的研究。

方式理論應該努力產生有關所有小說的一種一般看法，從而爲討論文學同構和不相容性提供一個構架。它也應該證實能夠經

受各種歷史透視的檢查，因爲它指明了那些已經成爲文學傳統的
具體虛構樣式之間的主要連繫。我將帶著一種近乎亞里士多德式
的傲慢，把自己的方式理論建立在這樣一種概念之上，即所有的
小說作品都可被歸納爲三個種類。這些主要小說方式本身，又建
立在小說世界與經驗世界之間的三種可能關係之上。小說世界可
以比經驗世界好，比它差，或與它一樣。這些小說世界都暗指了
我們已學會稱之爲浪漫主義、諷刺，和現實主義的態度。小說可
以爲我們描述諷刺的退化世界，騎士傳奇的英雄世界，或歷史的
模仿世界。我們可以下列方式，形象地將這三種主要小說方式看
成一個可能性系列中的中點和它的兩端：

假如我們把歷史看作代表了視描述實際事件和眞實人物爲己
任的一些小說形式（新聞、傳記、自傳等等），那麼，長篇小說興
起之前的基本小說形式，就可全部在這個系列上得到安置。但長
篇小說本身應在何處得到安置呢？它是不是比歷史更具有諷刺或
浪漫色彩？顯然，兩者都是。因此，小說屬於這個小說系列的兩
邊──一種諷刺小說位於歷史和諷刺之間，一種浪漫小說位於歷
史和騎士傳奇之間。假如我們在設計這個系列時，使用我們對小
說方式的實際發展所掌握的知識的話，那麼，我們就可在此更加
有益地對小說樣式作出更加細緻的區分。諷刺小說可分成流浪冒
險（picaresque）和喜劇形式。浪漫小說則可分爲悲劇和感傷形
式。這個更加複雜的系列看上去如下：

　　在這裡，無疑我們需要解釋一下這些細緻樣式的排列。當使用傳統的術語描寫這些方式範疇時，我冒了製造混亂的風險，因爲人們使用這些術語的方式既多又不相同。因此，讓我重複指出，諸如悲劇和喜劇這樣的術語，在此僅僅指小說世界的特徵，而不指通常與這些術語相連的任何故事形式。在我們對方式所進行的這個考察中，重要的東西並不在於一部小說是以死亡還是以婚姻結束，而在於這個死亡或婚姻就這個世界暗指了什麼東西。從主角與他們的小說環境之間的關係中，我們引伸感覺到人物的高貴或低賤，以及他們所處世界的有意義性或荒誕性。我們的「眞實」世界（我們生活在其中，但從未理解它）在倫理上是中性的。而小說世界則充滿價値。它們爲我們提供了理解我們自己所處情景的視角；這樣，在努力安置它們的同時，我們也在尋找我們自己的位置。騎士傳奇爲我們描述了理想世界中的超人種類；諷刺則展現了陷於混亂之中的低於人類的古怪生物。悲劇爲我們描述了這樣一些英雄人物，他們所處的世界使他們的英雄主義具有意義。在流浪冒險小說中，主角忍屈受辱，生活在已混亂到一般人所不能容忍的世界之中，但流浪冒險世界和悲劇世界，都爲我們展現了比騎士故事和諷刺的人物和情景更接近於我們自己的世界的人物和情景。感傷小說的人物具有我們很可能希望具有的非英雄式美德；喜劇人物則具有我們也可能努力克服的人類弱點。喜劇是最爲輕快和最爲光怪陸離的一個下層世界，它經常望向騎士傳奇，描述一種有侷限性的詩歌公正。感傷則是最黑暗和最普通的一個上層世界，它望向諷刺的混亂，也可以看著美德毀滅但沒有悲劇性成熟的丰釆。在某種意義上，喜劇和感傷重疊——因爲喜劇展現了在某種程度上比它的主角優越的世界，而感傷則爲我們描述了在某種程度上比他們的世界優越的人物。

儘管這個方式系列很粗糙，它還是能夠幫助我們看到小說中的一些同構和不相同性。例如，當考察英國小說的一個關鍵世紀時，我可以下列方式將一些主要人物的名字安置在這個系列上：

從這種分類活動中產生的焦慮，反映了它的不足之處。通過更精確地安置具體的作品，我們可以在某種程度上解除這些焦慮。例如，菲爾丁（Fielding）的《大偉人江奈生‧魏爾德傳》（*Jonathan Wild*）非常接近諷刺；《約瑟‧安德魯傳》（*Joseph Andrews*）則靠近流浪冒險這邊的喜劇；《湯姆‧瓊斯》（*Tom Jones*）靠近歷史這邊的喜劇，《阿米莉亞》（*Amelia*）則十分接近感傷。理查生（Richardson）的《帕米拉》（*Pamela*）和《克拉麗莎‧哈婁》（*Clarissa*）分別與感傷和悲劇相似。但，我們應該怎樣處理珍‧奧斯汀所描述的那種喜劇和感傷的混雜，或斯特恩（Sterne）所描述的那種感傷和諷刺的混雜呢？顯然，我們不能將這個系列改造成一套分類架，而必須將它看成作家們以各種不同方式進行組合的一個樣式系統。

為了方便考察小說樣式的混雜，以及其他一些原因，我希望對這個方式系統再做一次改動，即改變它的圖象表現形狀。假如我們在這個系列的中部——歷史——折一下，我們就可產生形似一塊餡餅的一個東西，如**圖三**所示。這樣一個圖解不僅使我們能夠開始標明，諸如塞萬提斯在《唐吉訶德》中，所展現的那種更為複雜的小說樣式混雜——這種混雜體小說似乎使用了我們在此所提及的所有特點——，而且還使我們能夠追溯小說史中的某些

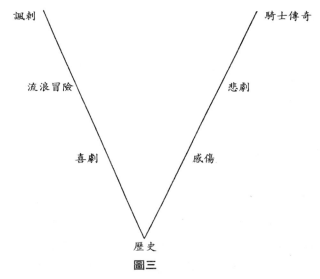

圖三

有趣發展。當長篇小說作為一個小說樣式得到發展之前，諷刺或騎士傳奇式小說都曾經繁榮昌盛。事實上，我們可以看到，長篇小說的興起，與小說創作衝動從騎士傳奇和諷刺轉向歷史有很大的關係，這種變動又與文藝復興後期和理性時期內，逐漸增長的歷史意識有著重大關聯。在這樣一個變動過程中，流浪冒險小說中的流浪漢和妓女，變成了喜劇中的流浪男子和賣弄風情的俏女人。騎士傳奇和悲劇中的男女英雄，則成了感傷小說中，富於情感的男人和富於美德的女子。（菲爾丁和理查生都從這個系列的兩邊吸取了東西，但方法不同。）因此，我們可以把作為一種小說技巧的現實主義，看作對諷刺和浪漫主義態度的一種約束，以及對科學或經驗主義衝動所作出的反應；這些衝動也以新聞、傳記，以及全面展開的歷史等敍事種類出現。在十八世紀英國小說中，我們可以看到存在於長篇小說之前的一種或另一種小說方式的頑固痕跡。例如，斯特恩將感傷和諷刺分為兩處；雖然他混合

了這兩個樣式，但它們從未單獨結合。事實上，原始敍事模式的這種頑強存在，在英國小說中持續到了十九世紀及以後。在某種意義上，眞正結合了這兩大小說傳統的一種現實主義，從未在英國完全站住脚。斯湯達（Stendhal）和巴爾扎克（Balzac）與他們在英國和法國的先驅者——以及他們的英國同代人——之間的不同處就在於，與其他人相比，斯湯達和巴爾扎克更加緊密地融合了這兩種方式。假如我們拿斯湯達的感傷因素與流浪冒險因素，在《紅與黑》（*The Red and the Black*）中的混合，與斯摩萊特（Smollett）在《蘭登傳》（*Roderick Random*）中，所使用的那種混合相比較，我們就可看到僅僅混合這兩個方式和眞正融合，這兩者之間的不同。我認爲，這裡也隱含著一種價值判斷，但除了基本的方式考慮之外，一種眞正的價值判斷還必須考慮更多的因素。

作爲一種小說形式，長篇小說傾向於從這個系列的兩邊吸取成分。鑒於這種情況，我們可以把它描述成沿我們那塊餡餅的中部切下的一條模糊、點狀直線，從而將它最後重新引進這個系統（見**圖四**）。我們還可以對它再作一個或兩個有趣的改進。假如現實主義長篇小說的興起，與從諷刺和騎士傳奇向著歷史的移動有著因果關係，那麼，我們就可把長篇小說的後來發展看作從這個最初的連接處移開。假如長篇小說在十八世紀是以喜劇和感傷的一種結合開始的，那麼，它在十九世紀則轉向了流浪冒險和悲劇創作衝動之間的一種更爲困難和更爲強大的組合（喜劇和感傷在十八世紀的結合，可被稱爲現實主義，流浪冒險和悲劇在十九世紀的組合，則可被稱爲自然主義）。現實主義長篇小說傾向於講述有關教育、進步、統一的故事。自然主義長篇小說則關注異化和毀滅。當長篇在十九世紀平穩地立於現實主義和自然主義方式之

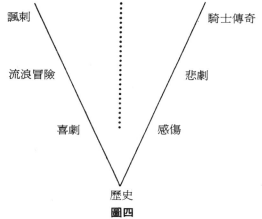

圖四

間時，它所展現給我們的就是它的典型形式。如**圖五**所示，我們可以通過使我們的圖表中的一個部分黯淡起來，去描述典型小說的區域。斯湯達、巴爾扎克、福樓拜、托爾斯泰、屠格涅夫和喬治‧艾略特都在這個區域的中心地區工作。狄更斯、薩克雷（Thackeray）、梅瑞狄斯（Meredith）和哈代（Hardy）則更傾向於邊緣和角落。

在二十世紀中，小說傾向於繼續背離現實主義和超越自然主義。在這樣一種演變中，長篇小說面臨諷刺和騎士傳奇之間彼此極端不同的各種可能性。作為一種形式，它在如何繼續存在下去上經受了許多困難。假如這個系統能夠經住歷史的檢驗，那麼，我們這個時代的自然組合似乎正是小說的那兩個極端，即諷刺和騎士傳奇。在這裡，我們期待看到古怪的人物塑造和離奇的情節構造之間的一種組合。寓言將可能成為小說的一種工具，因為它歷來為諷刺和騎士傳奇的組合提供了方法。在這種小說中，世界及其居民將看上去支離破碎和歪曲扭斜，語言則因為試圖將諷刺和騎士傳奇的生活觀聚合在一起而受到歪曲。這到底是不是當前

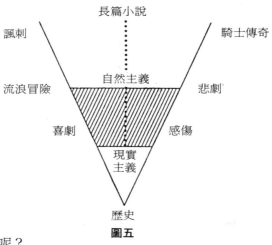

圖五

的文學情形呢？

　　我認為，情況就是這樣。我覺得，我剛才所描述的正是我們這個時代從喬艾斯和福克納（Faulkner）到巴斯（Barth）和霍克斯（Hawkes）的這些最優秀作家所實際創作的那種小說。因此，這個方式系統能夠幫助告訴我們現在我們在何處，以及說明我們是如何到達那裡的。在這樣做時，它應該能夠使我們更加同情和容忍各種不同樣式的小說，無論是舊的還是新的。它也能把文學史當作一個活生生的和正在行進中的過程來教授，從而為我們提供一種教學方法。它還可以為我們提供一種將歷史學識用於解釋工作的方法。事實上，一種有關方式和樣式的理論是學術知識和文學批評的自然會合地，因為這兩者都是它所絕對需要的。

　　有關小說方式，暫且就談這些。從方式批評那令人眩暈的概念旋轉和處理中，下到對樣式傳統所進行的艱苦的歷史研究上，確實是一種降格。事實上，由於它所具有的這種卑下性質，許多理論工作者從未從事過這種研究。因為方式批評開始於事物的中心，並且僅研究有限的一些理想樣式，因此很容易得到證明。另

一方面，啓步於各種現象之中的樣式批評試圖將這些現象組織起來，從而使人們有可能看到那些理想樣式，同時又公正地對待所有的單部作品。在理想的文學批評閱讀行爲中，我們穿過從方式到樣式意識之間的一些不可感覺到的等級差別，最後體會到了將單部作品與那些最相像的東西區別開來的獨特特點。最後，與方式批評相比，樣式批評需要更多的學習和辛勤，以及更深和更爲集中的一種學識。任何學生都不可能眞正開始從事小說樣式詩學的研究工作，除非他體驗到了樣式知識與方式思想之間的差距，以及就如何改變方式理論並因此縮小這個令人不安的差距此一方面，有了自己的一些看法。

　　作爲狹義的樣式批評中的一個例子，我現在將介紹居萊恩的一篇文章。在使結構主義的廣義概念在美國文學傳統內變得通俗起來的過程中，居萊恩幾乎是作出了最大努力的一個人。因此，現在以他的文章作爲樣式批評的一個例子，也許具有某種諷刺意義。居萊恩不僅僅是熟悉文學樣式——尤其是可說爲他所有的流浪冒險小說樣式——細節的一位專家，而且是知道並使用索緒爾、雅各布森、李維－史陀，以及其他非文學的結構主義者著作，來討論文學研究中的廣泛問題的一位文學批評家。他的《作爲系統的文學》（*Literature as System*）一書所包括的一些文章，將歐洲學識的偉大傳統與結構主義的理論概念結合了起來，這些文章對於小說詩學來說具有重大意義。特別是那篇標題文章，〈作爲系統的文學〉，以及有關流浪冒險和「樣式的使用」的三篇系列文章，尤其與我們在本章中所關心的問題有關。如托多洛夫所說，居萊恩把流浪冒險小說當作**歷史樣式**的一個例子。在察看居萊恩的這個討論之前，我們需要簡略地分析他把文學看成一個系統的概念。

居萊恩認為，與語言或社會歷史明顯不同，文學史

的顯著特點與其說是完整系統的使用，不如說是一種系統或結構化傾向。因此，歷史學家似乎受到引導，為他所研究的每個世紀或歷史階段，評述在那緩慢然而又是不停變化的整個文學領域內存在的一種頑強、深刻的「秩序意志」。（第376頁）

他最後指出，

詩學理論系統的核心，在任何時候都應被看作思維代碼——正在創作的作家……通過寫作與之達成妥協。這個系統的結構與他所創作的詩歌非常不同，就像語言代碼與他的語言中的具體話語非常不同一樣。（第390頁）

居萊恩認為，對於文學研究來說，研究這些思維代碼的最有益方法，就是通過文學樣式系統。他舉塞萬提斯為例，認為他是「與他的時代和文化的樣式模式積極對話」（第128頁）的一個作家。樣式系統既是共時的又是歷時的。樣式發生變化。而且，

隨著它們發生變化，它們還交互影響和影響它們所同屬的那個系統——詩學。雖然樣式主要是頑強存在的模式，但因為它們受過檢驗並被發現令人滿意，所以，眾所周知，自啟蒙運動以來——自維柯以來、自伏爾泰的《論史詩》發表以來——它們進化了，逐漸消失了，或被取代了。（第121頁）

因此，對於新的樣式——它們的興起和消亡（比如幻想文學，托多洛夫將它樹為主要是十九世紀的一個樣式）——所進行的研究，就特別的有益和重要。

　　流浪冒險小說在西班牙興起於十六世紀中到十七世紀中這一百年中間。在這個情景中，它首先是與騎士傳奇相對抗的一個反樣式。在談論這個樣式時，居萊恩首先把它當作一種理論產物———一個代碼———加以區別，然後指出了可在不同的意義上稱爲流浪冒險小說的兩組長篇小說。嚴謹意義上的一組流浪冒險小說承襲最初的西班牙模式，而第二組則包括了在廣義上是流浪冒險小說的作品，這些作品經常改動樣式概念，或將它與其他樣式代碼相混雜。這個代碼本身由八個特點構成。居萊恩按照重要性以下列方式列舉了它們，並以比可在此介紹的更多細節討論了它們：

1. 流浪漢是一個孤兒，「半個局外人」，一個不幸的旅行人，一個老成的少年。
2. 在形式上，這種小說是由流浪漢自述的一部僞自傳。
3. 敘事人的觀點既是不完全的，又是有偏見的。
4. 敘事人是一個學生、旁觀者，他使世界得到檢驗。
5. 存在的物質層次得到強調———生存、飢餓、金錢。
6. 流浪漢觀察到一些生活條件。
7. 流浪漢水平穿越地理世界，直線向上穿越社會世界。
8. 系列事件鬆散地串攏在一起，鎖在一起，而不是嵌在一起。

　　居萊恩並沒有將這些特點當作檢驗各種流浪冒險小說特點的一張複雜的石蕊，而是將它們當作追溯文學系統內的發展的一種方法。與它一起，諸如教育小說或追索騎士傳奇之類的其他方法，將揭示這個系統的一些有趣方面。一個具體特點或一組特點的地位的歷史變化，也許能夠揭示在這個系統內可有益地與人的處境

中的非文學變化發生關聯的那些變化。樣式概念能夠使我們做許多事情。但，就像其他結構主義思想的特點一樣，它們僅僅是讓人使用的工具。它們僅僅能做我們所知道如何讓它們去做的那些事情，並僅能在我們所掌握的技術侷限內工作。但對於一個既有頭腦又有使用它們的學識的一位學者來說，它們就像童話故事中獎賞給英雄的一件魔力無窮的禮品一樣，能夠增強他的思維能力。

第五章
文學文本的結構分析

　　人們對結構主義文學批評所最經常提出的批評也許是，它在單個文本這個層次上失敗了。正如我在第二章結尾時所指出的那樣，結構主義不能代替我們閱讀文本。但這僅僅是因爲沒有任何方法能夠代替我們閱讀文本。閱讀是一項個人活動，一個文本有多少讀者，它就有多少種讀法。但並不是所有的讀法都是一樣好。在本章中，我希望介紹托多洛夫的閱讀理論。在〈如何閱讀〉那篇文章中，他討論了這個理論，這篇文章後來被收入《散文詩學》（*Poétique de la prose*）一書。隨後，作爲結構主義實際批評的實例，我將討論巴特和熱奈特分析具體小說文本的方法。這後一項任務涉及一些我希望在此向讀者說明的方法論問題。在某種程度上，本書是關於其他書的一本書，我們所討論的這些書又是關於另外一些其他書的書。諸如本書之類的任何書，都近乎眩暈地遠離它的研究材料。詩人斯諾德格拉斯曾經在一首詩中稱讚自己已有相當時間未曾閱讀有關其他書的書。對於間隔數層討論其他書的那些書，他將會有何想法，沒有人願意去推測。但這便是我們現在所處的地方，我們所討論的書都是關於其他書的書。當我們談論實際文學批評著作時，這個問題就變得嚴重起來。

　　例如，巴特（Roland Barthes）的《S／Z》是對巴爾扎克的

一個短篇故事所作的一個全面研究，但我給自己的任務，卻是在幾頁的篇幅內就這本書講一些有益的話。顯然，在這種情況下，我僅僅能粗略地勾畫巴特的方法。我根本不可能公正地評述他對所考察的那部作品的一些段落所作的具體分析。因此，我的介紹將面臨這樣一種危險或不可避免性，即我的總結將突出巴特方法內的理論含義，但不能顯示，他確實是像任何人一樣能夠仔細閱讀一個文本的結構主義者。我僅僅能指出這點，並最終請讀者自己去閱讀巴特的著作。我認為，與巴特相比，熱奈特是一個更令人滿意的讀者，但我沒有任何辦法可以在這些頁中「證實」這點。我所能做到的僅僅是顯示，當一名結構主義者研究一個具體文本時，他會做些什麼。我將把托多洛夫的描述以及巴特和熱奈特的實際著作當作我的例子。

第一節　托多洛夫的閱讀理論

我們能夠以許多方法研究一個文學文本。在他的〈如何閱讀〉（Comment lire）一文中，托多洛夫（Tzvetan Todorov）討論了研究文學和就文學進行寫作的各種不同的可能方法。他首先提醒我們注意三種傳統方法，他稱它們為**投射**（projection）、**評述**（commentary）和**詩學**（poetics）。投射就是**穿過**文學文本朝著作家，或社會，或對文學批評家來說有興趣的某個其他對象的方向進行閱讀的一種方法。某些種類的心理學文學批評（例如佛洛伊德主義）和社會學文學批評（例如馬克思主義）就是投射批評的實例。與投射相輔相成的方法就是**評述**。投射力圖穿過和超越文本，評述則堅持停留在它裡面。眾所周知的評述形式，就是

我們通常稱為精讀或細緻研讀的那種方法。最極端的評述就是意譯——最極端的意譯則是文本本身的重複。第三種文學研究方法是詩學。詩學尋找體現在具體作品中的一般原則。有人僅僅希望在具體作品中看到某個一般法規的具體例子。我們不應將詩學與這種希望相混淆。對任何具體作品所作的詩學研究，應該產生這樣一些結論，它們將完善或改變這個研究的最初假定。僅僅尋找原始模型或任何預先建立起來的結構模式，這並不是一種詩學練習，而僅僅是一種拙劣的模仿。

詩學本身可能受到這樣一種批評，即它也是一種投射方法，儘管它具有許多優越性，它仍然不能公正地處理單部作品。因此，必須有這樣一種活動，它既與詩學有關，又把研究單部作品當作一個目的。托多洛夫簡單地將這種文學批評方法稱為**閱讀** (reading)。閱讀把文學作品當作一個系統進行研究，它試圖說明它的各個部分之間的關係。閱讀在兩個方面與投射不同：它承認作品的獨立性和特殊性，而投射則不然。閱讀與評述有著更為緊密的關係。事實上，評述是一種原子化了的閱讀。閱讀則是一種系統化了的評述。但假如有人希望發現一部作品的系統的話，那麼，他就必須打消真正忠實於文本的願望。他只能在損害一些特點的情況下強調其他一些特點。當然，從他發現了系統這個意義上講，他所處理的並不是一個文本的獨特性，而是它與其他文本的相似性。這是他的材料所具有的一個特點。任何文本都不可能既是獨特的又是明白易懂的。

假如我們將閱讀與另外兩個和它緊密相關的批評概念作一比較，我們就可說明閱讀活動。這兩個概念就是**解釋** (interpretation) 和**描述** (description)。對一個文本所進行的解釋，牽扯到用另一個文本替換我們正在閱讀的那個文本。這種尋找暗藏意義

的努力有著悠久的歷史，從古人對寓言所作的解釋到某些種類的現代詮釋學批評。將文本看作一種含有不同層次的詞義的隱跡紙，這種看法對閱讀思想來說並不陌生。僅僅對讀者來說，文本的一個層次不是另一個層次的替換物（例如，「暗藏意義」替換「字面意義」）。各個層次之間的關係變成了值得研究的一個問題，任何一個層次都不可能被另一個層次所包括。文本是多重的。因此，當研究任何一個具有複雜性的文本時，讀者都必須選擇強調一些方面。對他來說，這些方面似乎是關鍵的。這是一個個人判斷問題。對於任何一部複雜的文學作品，都不存在單獨一個「正確的」讀法。事實上，我們之所以對許多作品擁有各種不同的讀法，是因為各種不同的讀者選擇了彼此不相同的重要方面。托多洛夫指出，當考察人們對一部作品所作的批評閱讀時，我們並不是討論正確的或錯誤的讀法，而是或多或少更豐富些的讀法，或多或少更恰當些的策略。

　　我們也可將閱讀與**描述**區別開來。這一區別特別重要，因為托多洛夫意義上的描述對許多人來說，正是結構主義對單個文本所進行的那種批評。按照托多洛夫的意義，描述就是有時被稱為「文體學」的那種東西，即把結構語言學的方法用於文學文本。（這不應與諸如斯比策和奧巴赫這樣一些文學批評家所從事的那種「舊」文體學相混淆，那僅是一個特殊種類的閱讀。）雅各布森和李維史陀對〈貓〉這個文本所作的分析，正是這種描述的一個典型例子。正如我們在第二章中所看到的那樣，這個方法有一些不足之處。托多洛夫列舉了位於這種描述性批評之後的三種主要假定。這些假定將它與他所描述的正確的結構主義閱讀區別開來：

　　1.描述假定，文學話語的種類是固定的。僅僅組合是新穎的，模式總是維持原樣。

　　而對閱讀來說，任何一個文學文本既是先前存在之樣式的一個產物，同時又是整個系統的一種形變。僅僅低等的文學形式才不能改變它們的樣式傳統。

　　2.描述認為，一個文本的語言種類在文學層次上自然而然也是恰當的。

　　而對閱讀來說，文學作品系統地破壞語言層次的獨立性，文學作品根據它們所特有的一種適當性組織自己，並以一種獨特的方式連接語法和主題成分。

　　3.對描述來說，成分在一個文本內的實際排列並不重要；描述傾向於將詩歌結構歸納成空間形式。

　　而對閱讀來說，作品的任何部分，無論是主題還是結構，都是有意義的，包括成分的排列。

（《散文詩學》，第246～247頁）

當結束討論閱讀以及與其有關的一些活動時，托多洛夫提醒我們，它們事實上都是相互關聯的。因此，我們也應該**閱讀**解釋和描述，而不應該立即否決它們。假如沒有描述的實踐——儘管它最終並不是令人滿意的——，我們也許還不知道注意文學文本的語音和語法方面。

　　在他的文章的第二部分，托多洛夫試圖示範說明他稱之為**超級定位** (superposition) 和**定形** (figuration) 的閱讀程序。這些實質上是確定和分析一個文本與另一個文本，或一個文本的一個部分與另一個部分之間的關係的方法。我認為，他所提及的這兩種活動並沒有得到清楚的區別。它們都包括將一部作品的某些形

式特點與其他特點連繫起來，就彷彿人們可以將一個詹姆斯式句子的結構，與整個一部小說的結構或詹姆斯作品內反覆出現的一個主題連繫起來。事實上，這正是托多洛夫在《散文詩學》內他那篇關於詹姆斯的出色文章（〈敘事的秘密〉（Le Secret du récit））中所做的工作。碰巧，他本人是一位十分優秀的文學文本讀者——但我認爲，他所選擇的文本種類以及他的〈如何閱讀？〉所出示的閱讀速寫，都暴露了某種形式主義的偏見，這種偏見在某種程度上限制了他的「閱讀」概念的廣泛運用。他傾向於挑選和研究具有良好構造的文學對象，他的討論也總是接近、即使並未完全處於形式主義的「文學性」範疇。

這裡所涉及的問題是複雜的。在我看來，托多洛夫的工作似乎極其有價值。他的思路清晰、系統，並具有獨特性。他的文學批評範圍——從閱讀到詩學，從《天方夜譚》（*Arabian Nights*）到詹姆斯——相當廣泛。但他絕少強調文學文本的語義方面，同時也絕少挑選和研究擁有一個廣泛的語義方面的那些文本（雖然當他在關於幻想文學的那本書中討論幻想文學的主題時，他談到了一些非常有趣的事情）。這裡所涉及到的，是一個具有重大的文學批評意義的問題。他稱爲評述的精細分析批評，是在我們的學校中佔主導地位的那種批評方式。情況之所以是如此，是因爲這樣一個重要的原因，即由於我們的（美國的）受教育人口比例很大，我們在每個教育層次上都遇到閱讀困難。不能夠閱讀詩歌的大學生，僅僅是不能夠閱讀散文的中學生的一種高級形式。但精細分析評述並不僅僅是一種教學需要，儘管我們肯定有這種需要。不像托多洛夫所說，或像某位武斷的新文評人士所似乎含沙射影指出的那樣，它也並不是完全侷限在文本內。一首詩**確實**意味著某些東西。它既是一種信息，也是一個客體———種多重或

雙重信息但仍然是信息。因此，評述的一個重要方面總是語義方面。一部作品越是具有模仿性質，這個方面就變得越重要。意義從來不是簡單地折疊進一部作品（暗含的）的，因此，不能被一位精通語言過程的技師所打開（精細分析）。意義是作品的語言與一系列上下文之間的一種不停的往返穿梭。這一系列上下文並不存在於作品之中，但對它的實現卻起著舉足輕重的作用。當我們觀察作品的語義方面和我們的意義世界時，一個優秀的評述就從圍繞作品的這種複雜結構勾畫它們的關聯。托多洛夫認為，釋義以及最終重述代表了極端的評述。當指出這點時，他僅僅考慮了一種極端。但顯然還有另一種極端，即建立語義連繫的努力將文本變成了進行某種非文學研究的藉口，這種方法也因此由評述變成了投射——或尋找意義的努力轉向了秘密或暗藏的意義，因而沒有給我們一種需要閱讀的信息，而給了我們一個需要解釋的啓示。

　　因此，對於結構主義來說，閱讀一個文本的問題，必然要涉及尋找將語義方面包括進結構考察之中的滿意方法。在本章的下面兩節中，我們將考察對這個問題的兩種截然不同的反應：巴特的代碼和熱奈特的修辭格。

第二節　羅蘭·巴特的代碼

　　巴特（Roland Barthes）是一位文學批評家、新小說的推崇人、新文學批評的實踐人、通俗文化研究者、拉辛學者、出色的論爭者、可畏的雄辯家、足智多謀而變化無窮的文學工作者。他是一位基本上無系統但又喜歡系統的作家，一個厭惡結構的結構

主義者、鄙視「文學」的文學工作者。他喜歡在任何問題上都持一種令人不能容忍的立場,並竭力爲之辯護,直到它變得似乎有理,或——毋寧說——抨擊其他觀點,直到它們顯得低劣。當在此介紹他的工作的一個方面時,我希望說明,這僅僅是一個方面,此外,即使這一個方面也不能被我們利索地放入任何貼有「結構主義」標籤的小箱子。

一九七〇年,巴特的《S／Z》一書在法國出版。《S／Z》是對巴爾扎克的一篇僅三十頁長的,題爲〈薩拉西納〉(Sarrasine)的短篇故事所作的一次長達兩百頁的研究。在程序上,它受到了我們已考察過的每一種結構主義文學思想發展的影響,然而它又故意和明確地否定了結構主義詩學的一個重要方面。下面就是這本書的開場白:

> 據說,由於他們的禁慾主義,某些佛教徒逐漸能在一粒豆中看到了整個一個國家。這正是敘事的第一批分析家們所希望做的:即在單獨一個結構中……看到世界上的所有故事。他們認爲,我們將從每個故事中抽取它的模型。根據這些模型,我們然後建立一個巨大的敘事結構。(爲了達到檢驗的目的)我們將把它用於現在的任何故事——一件令人筋疲力盡的任務……最終也是一件不受人歡迎的任務,因爲文本因此失去了它的獨特性。(第九頁)

嚴謹地說,這並不是對格雷瑪斯、柏萊蒙德以及托多洛夫的工作所作的一個公正描述——巴特曾在《交流》第八期中驕傲地對之作過介紹——,但它十分接近於公正,因此使人感到痛苦;雖然它的措詞也許過於赤裸裸、過於具有戲劇色彩,但它還是指出了結構主義內在強調上的某種變化。我們也可在托多洛夫的前

後期態度演變中看到這種同樣的變化。在《什麼是結構主義？》一書中，他曾對評述（後來稱作「描述」）作過激烈的抨擊——這本書根本沒有給予「閱讀」任何地位——，但在〈如何閱讀？〉一文中他又給予閱讀詳盡的注意。在過去十年中，結構主義詩學已被迫為它可運用於單個文本的能力進行辯護，這是一種健康的現象。諸如《S／Z》和熱奈特的《修辭格Ⅲ》這樣內容豐富和令人滿意的解釋著作，已經從結構主義的模式中脫穎而出，我認為，這是一個富於活力的迹象。《S／Z》在許多方面都是一部令人滿意的著作，儘管它在其他方面又使人惱火。

當閱讀《S／Z》時，人們所感到的滿意和惱怒都與巴特所使用的代碼概念有關。作為一名通俗文化的研究者，他的大多數工作都受到了索緒爾有關符號學研究（已在前面第二章第一節中引述）的簡略暗示的啓發。巴特使自己成了一名傑出的符號學家，甚至還寫下了題為《符號學原理》的小冊子。在這本書中，他解釋了這個學科的秘密。與其他學者相比，巴特更加關心普遍存在的編碼以及人的經歷中的代碼。在許多方面，他都與李維史陀近似，毫無疑問，他是文學結構主義者中最注重社會學的一個人。例如，他在現代法國人的衣著、家具、食品，以及日常生活的許多其他方面，都發現了積極發揮著作用的編碼活動。例如，他發現了一個食品系統。在這個系統中，各種各樣的可能食品根據相似性，以縱向聚合形式進行排列，以及根據我們就餐吃它們的順序，以橫向組合形式進行排列。巴特指出，一個典型的飯店食譜都有這兩個方面。例如，當我們水平地閱讀一份食譜時，當我們觀看所有的條目或所有的甜點心時，我們就是在考察這個系統的縱向聚合關係。當我們從甜湯到果仁垂直地閱讀這個食譜時，我們則是在考察這個系統的橫向組合關係。整個食譜代表了飯店的

語言（以及整個文化的一個亞語言）。當我們在食譜上挑選食品和點要我們的飯菜時，我們就是在用食品語言說話。例如，一句全由甜點心構成的話，或以甜點心開始和以開胃品結束的一句話，從理論上講是可能的，但將是不符合語法規範的。像普羅普的功能那樣，在食譜上垂直排列的項目代表了我們進行選擇的唯一可能順序。我們可以省略一道菜，但卻不能重新排列菜單。對於一個法國人來說，美國人在主菜之前上沙拉的習慣是不符合語法規範的。

我之所以詳細地介紹了巴特對食品系統的討論，是為了說明它是多麼的有道理，以及諸如食品這樣的實體是如何在我們這樣的語言文化中，像語言一樣表現自己的。巴特就衣著（他就「時裝」系統寫了整整一本書）、家具、建築都作了類似的示範，直到人們最後願意同意，人類確實是根據語言來組織他們的幾乎全部經驗的。這些不同種類的「代碼」，使得我們的生活具有對稱性。取決於人們的觀察角度，這些對稱可能是令人可怕的或令人寬慰的。當轉向文學時，巴特以一種略微不同但與此有關的方式運用了代碼概念。當考察各種文學代碼時，我們有必要記起前面第二章第二節所介紹的雅各布森交際圖解，以及對代碼和上下文（語境）所作的討論，因為巴特的整個文學研究方法的一條基本原則可以根據那個圖解得到描述。對於巴特來說，純粹的上下文這樣的一種東西根本不存在。所有的上下文都經過了語言的編碼、塑造和組織之後才來到人們這裡，而且經常明顯地以可笑的方式出現。在文學或文學批評中，「現實主義者」假定，他與某種終極上下文保持著連繫，儘管他實際上僅僅在抄寫一個代碼，這是「現實主義者」所犯的一個巨大錯誤。因此，當研究那個典型的現實主義者巴爾扎克時，巴特所關心的是，顯示巴爾扎克的「現實」

是如何總是從某種事先存在的代碼中派生出來的。但他也關心許多其他東西，因為他希望顯示，這個結構主義者、符號學**新批評家**是怎樣能夠分析**舊批評家**所鍾愛的一個「古典」文本，並且不僅能夠有效而且能夠透徹地討論它。除了希望看到這個分析成為新舊文學批評論戰中的有力一擊外，他還希望它成為新舊文學論戰中的有力一擊。對於巴特來說，在僅僅「可閱讀的」文學（古典作品）和「可寫作的」文學之間存在著一種巨大的差別。對我們來說，那種可寫作的文學是不可缺少的，因為它是我們抵抗陳舊的謊言以及前人所使用過的那些業已壽終正寢的代碼的唯一方法。因此，在某種意義上，那種可閱讀的文學是有害的，因為它使得所有這些廢話得以永久存在。對於巴特來說，可寫作的文學具有一種特殊價值，因為它創作了不可批評的文本。這些文本之所以是不可批評的，是因為它們在某種意義上是尚未完成的，不可完成的，不可解釋的。當我們試圖理解他的情感時，我們並不需要接受他這種近乎神秘的信仰。就我們的目的而言，最重要的是要注意到，當他通過討論布特去研究巴爾扎克時，他的態度遠不是盲目崇拜。

在許多方面，巴特的解釋方法都與我們通常所設想的那種解釋不同。因此，在我們仔細地分析巴特的解釋之前，我們也許應該考察一下我們通常所理解的這個詞的意思是什麼。特別是在美國的文學批評中，解釋通常是對具體的文本所作的「閱讀」（雖然與托多洛夫意義上的閱讀不同）。在某種意義上，每個讀法都是將文本歸納成可從中抽取的一個具體意義。當然，我講的是對小說作品的解釋，這些解釋在許多方面與詩歌解釋有著顯著的差別。這種差別本身令人感興趣，因此值得我們在此加以考察。它不僅僅與我們在詩歌和小說中所發現的各種不同種類的結構方法和措

詞方法有關，而且與體積有關。在美國的文學批評中，一般的解釋文章大約二十頁長，不管所討論的作品是一首二十行的詩還是一部兩百頁的小說。這意味著，我們對詩歌所作的解釋總是膨脹性的，即我們總是在各種不同的方向擴大詩歌文本的語義，而我們對小說所作的解釋則不僅僅具有簡化性，而且具有高度的選擇性。對一個小說文本所作的任何一個這種「閱讀」，都將是不全面的，因而需要其他的「正確」再閱讀和再解釋。整個文學批評工業就是這樣變得財大氣粗，並在爲了啓發學生而產生的那些種類繁多和相互矛盾的文學選讀中，達到了登峰造極的地步。當然，所有這些並不違法，但在某種程度上，它是令人可笑的。巴特對此作出的回答，就是用兩百頁討論了一個三十頁文本。他的討論格外注意文本的「多重性」，它的各種意義系統以及它們的交互反應。在諸如巴特這樣一個有學識有生氣的人手中，這種方法有著巨大的價值。

　　到底應該怎樣安排和分割文本，以及應該怎樣組織解釋材料呢？這些就是這種分析所遇到的兩個主要問題。巴特所選擇的方法就是橫穿文本，將其分成五百六十一個意義單位或「詞彙層」。他故意不根據事件或情節對文本作明顯的「結構」分割，以及將話語分成句子和段落。他之所以這樣做，是因爲要強調這一點，即閱讀過程是線狀的——從左到右穿過文本——，而且需要我們走出文本和走向它所描述的那個世界的各種編碼活動。那種通常使本文的「結構」空間化的文學批評方法，用圖解表現了它的輪廓，但破壞了巴特要爲我們示範說明的閱讀過程，因爲它既忽略這種線狀特點，又忽略了這種走出和返回文本語言的運動。巴特不斷堅持指出，結構主義應該擴大它的結構概念和增強靈活性：

　　……將一個獨特的文本分析到它的最小細節為止，這就
是要在大結構上——即對小說進行的結構分析目前停步的地
方——繼續工作；這就是要賦予它以追蹤意義的毛細血管的
能力（時間、從容），以及使它能在介紹每個重要細節的同時，
描述可能與之相連的代碼……（《Ｓ／Ｚ》，第19頁）

巴特就是以這種方法引述〈薩拉西納〉的幾句話或幾行字，然後
在繼續引述之前考察這個詞彙層的各種語義。他還不時地脫離正
題，去討論一個具體的詞彙層或詞彙層系列所引出的一些更加一
般性的含義。《Ｓ／Ｚ》有九十三次之多的這種離題話，其中十次出
現在實際的分析之前。許多這種離題話是詩學理論中的出色練
習，儘管它們經常又是對公認的文學批評觀點的衝擊。第七十一
次離題話就是一個典型的例子，儘管它比大多數離題話要簡短和
簡單。它緊隨描述薩拉西納在駛往弗拉斯卡提的馬車上與扎姆比
尼拉擁抱的第四百一十四號詞彙層出現。在這裡，薩拉西納認為，
扎姆比尼拉是一個女人，第一次閱讀這個故事的讀者，想必也不
會比薩拉西納知道得多。但是，第二次閱讀這個故事的讀者就知
道，扎姆比尼拉，一個歌劇女高音演員，實際上是一個閹割了的
男人。這種情況給了巴特離題討論再閱讀的機會：

　　第二遍閱讀。熱烈然而又是無知的第一遍讀者，將懸念
強加在文本之上。但在這種懸念的透明傘下，第二遍讀者找
到了建立在故事情節預測之上的一種知識。我們這個社會的
商業需要苛刻地責難這另一遍閱讀。這種商業需要使我們不
珍惜書籍，並藉口它的鮮花已經凋謝而將它遺棄。但這種回
顧性閱讀給了薩拉西納的接吻一種特別的強調。薩拉西納熱

烈地擁抱了一個閹割的男人(或一個易裝癖男孩)；閹割印在
了薩拉西納的身上，但我們這些其他人，這個故事的第二遍
讀者卻感受到了它的衝擊。假如說我們是為了理智上的收益
(為了更好地理解，以及帶著對原因的瞭解去分析) 而同意
再讀文本，那將是不真實的；事實上，我們之所以讀第二遍，
總是為了增加愉悅感，為了成倍地增加能指，而不是為了獲
得某個最大數字的所指。(第171頁)

這種方法，使一個強大和豐富的大腦能夠擁有充足的時間去從容
地表現自己。顯然，文本的長度將在某種程度上限制這種方法。
但這種方法就一般的巴爾扎克小說所能告訴我們的東西，將能夠
幫助我們重新閱讀其他的巴爾扎克故事。這種解釋方法所遇到的
另一個問題是任何長度的文本中都可見到的。這就是如何組織文
本內的重要材料這一問題。假如分割和離題是物質程序的話，那
麼，實現了這種分割的思維過程是什麼樣呢？是什麼使我們決定
在何處和怎樣打斷文本以及我們就它所講的那些話呢？儘管巴特
的解決方法在一些方面並不令人滿意，它仍然是結構主義文學批
評中的一次重大突破。他在文本中辨認出五種主要的代碼，文本
的每個重要方面都可根據這五種代碼得到考察。這些代碼包括文
本的橫向組合和語義兩個方面，即它的各個部分之間相互關聯的
方式，以及它們與外在世界發生關聯的方式。巴特認為，文化的
所有方面都有編碼活動。他在這裡對這種編碼活動的強調，使他
能夠輕而易舉地從分析小說結構轉而討論它所使用的各種理智結
構。我們可以下列方式重述這五種代碼：

　　1.行動代碼。根據這個代碼，我們可以考察故事的所有行

動，從一扇門的開啟，到音樂家們的狂歡。行動具有橫向組合性質。它們始於一點，終於另一點。在故事中，它們環環相扣，相互交搭，但在典型的文本中，它們在結尾時總是完全得以實現。

2.詮釋或謎語代碼。與行動代碼一樣，這也是敘事句法的一個方面。每當故事最終將回答的那些問題出現時(那是誰？這是什麼意思？)，我們就看到了詮釋代碼的蹤跡。

(注意：我們可以說，故事之所以能夠存在，就是因為它能夠激起行動和提出問題，然後又拒絕在某段時間內結束這些行動和回答這些問題。故事包括阻止行動完成的各種障礙，以及推遲回答問題的各種誘惑、偽裝和雙關語。這兩個敘事層次以各種方式交互影響，並發生關聯；薩拉西納追求扎姆比尼拉的行動，就是這樣嵌在蘭提家的謎語(詮釋)與他們的金錢來源之間。)

3.各種文化代碼。在這個標題下，巴特將一個文本所使用的整個知識和價值系統聚攏在一起。這些代碼看上去像點滴格言、科學「真理」以及構成人類「現實」的各種陳規理解。

4.內涵代碼。這些代碼是小說的主題。它們環繞一個具體的專有名稱組織自己，並因此構成了一個「人物」。這個人物實際上僅僅是擁有同樣特點的同一個名字。

5.象徵區域。這就是我們在英美文學批評中通常理解為「主題」區域的東西：主題就是一個或一些概念，作品就是環繞這個或這些概念組織起來的。在〈薩拉西納〉中，象徵區域的基礎是作為意義、性別和金錢的源泉的人體。因此，諸如對句這樣的修辭格，就是這個代碼的一個方面，閹割概

念則是另一個。這兩個方面在象徵意義上發生關聯。

我們可以對這些代碼提出一系列的批評。這些批評將重複李維史陀所作的許多批評。在這種方法內存在著某種過於任意、過於個性化以及過於怪癖的因素。在這裡運轉的這個系統並不具有很好的系統性，因此不能輕易地被其他分析家運用於其他文本；然而，這裡又存在對系統化過程的巨大強調。當我嘗試介紹這五種代碼時，我力圖使它們合理化起來。當我這樣做時，我不得不對它們作出比巴特本人所作還要多的限制。假如我們要使它們變得對我或任何其他人有益，我們就必須更進一步地限制它們，並賦予它們以更多的邏輯，儘管巴特鄙視它。然而，假如我們僅僅因為巴特的隨意性和任意性就立即否決這種研究方法，那將是錯誤的。我們需要一種系統的小說分析方法。人們傳統地將敘事文本分割成情節、人物、背景和主題，但這種方法將改變這種常規。巴特認為，結構主義所面臨的危險，就是因在某個理想的分析層次上，而永遠不能完備地處理實際文本材料。他這一觀點是正確的。這是一個真正的危險；他正在幫助結構主義者躲避它。假如我們暫時感到很難區別，比如，內涵和象徵代碼，或區別含義和文化關聯，這並不是因為這些功能不存在，或因為我們不應該為了分析性的解釋而區別它們。我們之所以遇到這些困難，正是因為這種文本分析方法促使我們去區別我們以前滿足於堆攏在一起的那些東西。我們現在所面臨的任務，就是努力使這些代碼系統化起來，並觀看它們是否能夠很好地分析其他文本，就像巴特用它們分析巴爾扎克的這個故事這樣。五並不是一個具有魔力的數字，也許四或六會更好。但假如我們要改進這個系統，我們就必須嘗試使用它。它的巨大優點就在於，它以一種生機勃勃和富於

創造性的方式，將敘事的語義方面帶進了結構主義文學批評。

　　作為一名文本評述人，巴特的技藝不可能在這種概括中得到充分的顯露。在這五百六十一個詞彙層中，哪一個可以作為一個例子呢？但為了說明這個分析過程的特點，我將引述另一段離題話的一個部分。這段話以一種令人感興趣的方式，與前面第二章第二節中所討論到的文學性概念發生了關聯。在第六十二次離題話中，巴特考察了作為詮釋代碼中的一種雙關形式的雙重意義。引發這番話的是第三百三十一個詞彙層。在這裡，男高音演員在音樂家們的聚會上告訴薩拉西納不必害怕有競爭對手：

　　「你不用害怕競爭」，男高音說道：(1)因為對方愛你（薩拉西納理解這點），(2)因為你所追求的是一個閹割的男人（男高音的同謀們，或許還有讀者，理解這點）。對於第一種聽者來說，這是一種誘惑；對於第二種，這則是一種暴露。這混雜在一起的兩個意義就形成了一個雙關語。這個雙關語實際上是同樣被接收了的兩種聲音；在這兩條交際線路之間存在著干擾。換言之，僅僅根據語義，作為所有俏皮話基礎的雙關語不可能得到分析（兩個所指對一個能指）；它還需要區別兩種接收人。假如，與我們在此看到的情況相反，故事中並不存在兩種聽者，假如俏皮話是說給單獨一個人聽的（例如讀者），那麼，我們就必須把這個人設想成兩種人、兩種文化、兩種語言、兩種聽力空間（俏皮話與「愚笨」概念的傳統連繫始於此處：身著區別清楚的兩種服裝的「愚人」，曾經是雙關語的實踐人）。與理想的純潔信息相比（例如我們在數學中所看到的情況），對聽話人進行的這種區別構成了一種「雜音」，它使得交際模糊起來、不可靠起來、冒險起來：不可肯

定起來。儘管如此，這種雜音，這種不可肯定性，是由作為一個交際行為的話語所產生的；作者之所以將之給了讀者，是為了它的營養。讀者所讀到的是一種反交際。……（第150～151頁）

當閱讀巴特時，我們也讀到了一種反批評，一種豐富的雜音，我們可以從中吸取營養，得到享受。這，是不是我所需要補充的呢？

第三節　吉哈德・熱奈特的修辭格

我之所以將巴特和熱奈特（Gérard Genette）放在一起，作為結構主義文學批評的例子，部分地是因為我希望說明兩種彼此相關、但又有區別的結構主義活動方法。與李維史陀、傅柯、拉岡和德希達一樣，巴特是一位明星表演家，因此我們必須把他本人作為一個系統來進行研究，並為了理解他的思維過程而去理解他本人。儘管普通文化吸收了這些人的許多貢獻，他們的文本將不會以同樣方式得到吸收，而將作為獨特的客體繼續存在，就像它們所確實是的哲學文本以及它們中的一些所希望成為的文學文本那樣。後來的思想家必須回來閱讀這些文本，才能理解在這裡得到發展的那些思想和方法。這就是我們可以稱為**高結構主義**(high structuralism)的東西，因為它的希望以及目前的聲譽都很高。

此外，還存在著一種**低結構主義**(low structuralism)，由擁有聰敏和學識的一些人們所實踐著。在聰敏和學識上，他們經常不劣於高結構主義者，但他們的希望卻較謙卑，他們的成就在當

代人的眼中也不甚炫目。這些人的工作也可能獲得承認，尤其在他們的同事中間，但這種承認有時來得很遲，甚至要到死後。在我看來，索緒爾本人、普羅普、其他形式主義者以及他們的信徒，都顯然屬於這第二個種類。我並不想說，諸如什克羅夫斯基（Shklovsky）這樣的人在其整個生活和工作中都是被動的或不顯眼的，而是要說，作為一名形式主義批評家，他作了許多其他人所能夠接受、改進和發展的艱苦的分析工作。低結構主義者之所以進行寫作，是為了能夠立即發揮作用，但最終將被取代。他在創造性和批評性活動之間作了一個巨大的區別——特別是假如他像什克羅夫斯基一樣也是一位富於創造性的作家。在某種意義上，形式主義之所以能夠一直生存到現在，主要因為我們不能很快地吸收它以及強有力地改進它。但在另一種意義上，形式主義的成就，就像亞里士多德的成就一樣，將是永恆的，因為任何後來的敘事詩學都將包括它。事實上，詩學是低結構主義的典型學科。對它來說，最壞的情況就是退化成簡單的分類，就像埃欽鮑姆一九二九年認為形式主義可能要退化成的那個樣子，即變成「致力於發明術語和顯示學識」的那些「二流學院人員的工作」（《讀物》，第57頁）。但是，假如結構主義要嘗試解釋、評述或「閱讀」，那麼，那似乎更可能是高結構主義者而不是低結構主義者。

　　因此，令我們吃驚的，不是巴特對〈薩拉西納〉所作的出色分析，而是他在《Ｓ／Ｚ》中竟然能夠通過關注基於文本之上的詩學概括，來遏制他的創新性。但不管他的希望有多麼高，他仍然是一個結構主義者，而不是一位詮釋學批評家。另一方面，在熱奈特這裡，我們看到了一個近乎好戰的低結構主義者。甚至當他分析一部經常引發詮釋學的最高想像力的具體文本時，情況也是這樣。在他的近乎一部書那麼長的普魯斯特研究後記中，他作了

下列三個陳述。這些陳述可以暫時為我們標出他對他本人的批評活動，對解釋以及對文學結構所持的觀點：

> 在我看來，在此提出的範疇和程序都肯定不是完美無缺的。像通常發生的情況一樣，這不過是在令人煩擾的東西中間進行選擇罷了。我們習慣將這一領域歸屬於直覺和經驗主義。在這樣一個領域中，觀念和術語的這種擴散無疑是令人不快的，我不期望「後人」保留在此提出的許多東西。這個（術語）庫，像其他東西一樣，不可避免地將很快消失。假如人們認真地對待它，討論它、檢驗它以及在使用中改進它，那麼，它就將更快地消失。（《修辭格Ⅲ》，第269頁）
>
> ……在我看來，不顧一切代價尋找「統一」的努力，以及以這種方式強求作品的前後一致性，是愚蠢的。我們知道，這是文學批評的一種最強的誘惑，最平庸（不用說粗俗）以及最易令人滿足的一種誘惑，它所需要的僅僅是解釋性修辭。（第272頁）普魯斯特敘事的「法規」，就像敘事本身一樣，是部分的，有缺陷的，也許是危險的：它們完全是經驗主義的一般法規，因此，不應被樹為一個規範。這裡的代碼，就像信息一樣，有它的裂紋，以及驚人之處。（第273頁）

在這些陳述中，我們肯定可以看到低結構主義的謙卑，但我們還可看到對所有種類的無節制行為的懷疑，無論是詮釋學希望在每個文學文本之上強加「統一性」的熱情，還是結構主義者堅持把僅僅是傳統、常規以及習慣的東西描述成法規的激情。在這些陳述以及熱奈特的所有著作中，我們可以看到某種常識以及對誇張的迴避，這些並不是在所有結構主義者那裡都可找到的東西。這種特點使他這個法國文學批評家的著作，與托多洛夫的著作一

起，能夠像最好的法國名酒一樣「旅行」，而不會在跨越大西洋時失落任何優點。

除了擁有一種非同尋常的常識之外，熱奈特還擁有使英美讀者對他的著作感到舒適的那種學識，因爲他瞭解我們的文學史中的批評和小說傳統，能夠自如地使用英國和美國的小說範例（《湯姆‧瓊斯》（*Tom Jones*）、《商第傳》（*Tristram Shandy*）、《咆哮山莊》（*Wuthering Heights*）、《吉姆爺》（*Lord Jim*）、《大使》（*The Ambassadors*）、《聲音與憤怒》（*The Sound and the Fury*）等等），以及能夠自如地討論盧伯克(Lubbock)、布思以及處理諸如小說中的「視角」和「意識流」等等問題的整個美國方法。與我所讀到的任何其他法國文學批評家相比，他都更加瞭解我們的批評和文學傳統，並把我們看作他的讀者的一個部分。他和托多洛夫，在他們的重要雜誌《詩學》（*Poétique*）（它的第三個編輯是埃萊娜‧西蘇斯）的書頁中，爲他們的國際讀者提供了韋因‧布思以及其他美國文學批評家的譯文。在我看來，結構主義文學批評比任何其他種類的文學批評都更加具有國際性，以及更加眞正地具有比較性。熱奈特和托多洛夫僅僅實現了自形式主義者開始工作以來就一直存在的這種潛力。

當研究諸如普魯斯特的《往事追憶錄》（*Recherche*）這樣一個具體文本時，熱奈特也明顯地做了大量的準備工作，從而使我們感到放心。他瞭解各種不同的版本，瞭解所需要的學識以及他人已進行過的批評——法國和美國文學批評家對普魯斯特所作過的廣泛分析。巴特爲我們作了一次結構**表演**（performance），他對輔助材料的掌握僅僅是他的修辭的一個方面。熱奈特則給了我們一個結構**對話**（dialogue），他引述其他詩學家和批評家的觀點，表示讚許、保留或反對態度，但總是假定，他人將作出反應，

對話將繼續下去。《修辭格》第三卷的結尾有一份長達三頁半的單子，列舉了書中引述的作品，在《S／Z》的結尾，僅有引自喬治‧巴塔耶的一段話，是這段話「促使」巴特去考察〈薩拉西納〉。我希望，所有這些都將有助於說明熱奈特是什麼樣一種文學批評家。但這當然並沒有說明他的質量。面對三大卷《修辭格》（分別發表於一九六六年，一九六九年，一九七二年），我不可能充分地做到這一點。我在此所希望做的是說明熱奈特意義上的《修辭格》是什麼東西，以及他是怎樣分析小說文本的——特別是他爲之奉獻了《修辭格》（*Figures*）前兩卷的一個部分以及第三卷的幾乎全部的《往事追憶錄》。

　　熱奈特對修辭格的興趣表明，他是一位與巴特不同的修辭學家。他們中的一個使用修辭，另一個則研究它。「修辭學家」這個詞在此面臨自身變成一種修辭的危險，因爲它的意思模稜兩可，需要有兩個輔助能指（**使用**和**研究**）的幫助才能完全。但當我將它們直接帶入文本時，我就把這個詞的修辭意義化簡成了字面意義。正如熱奈特所說，

　　　　每一種修辭格都可以翻譯，而且其譯文就像它的表面文本之下的一種水印圖案或隱跡字本那樣透明得清晰可見。修辭就捆縛在語言的這種雙重性上。（《修辭格》，第211頁）

對於熱奈特來說，修辭就是我們傳統地稱之爲「修辭格系統」的那種東西。他帶著同情和憐憫的心情研究了試圖固定這個系統的各種歷史努力。作爲一個傳統學科，修辭學試圖固定那本不可固定的東西，爲本不可編碼的東西編碼，以及把實際上是一個自我調節的系統看作一種擁有有限數量的修辭格清單（隱喻、轉喻、舉隅法等等）。傳統的修辭學不僅註定滅亡、已經滅亡，而且不可

能再復活。但修辭格存在著，並可經常有益地作爲進入文學文本的一種方法而得到研究。在我們討論熱奈特的小說研究之前，我們應該考察一下他就修辭格所講的兩段話。

> 當我能夠將這個詞或那個短語的形式，比擬成可在它們的位置上得到使用和可說成被得到使用了的那個詞和短語所取代了的另外一個詞或短語的形式時，修辭這一事實就開始了。（《修辭格》，第210頁）

我們可將這段話與雅各布森的觀點連繫起來，即詩歌語言迫使我們考察語言的縱向聚合方面，從而使我們注意它本身。當我們意識到一個修辭格的存在時，這正是我們所要做的事情。在我們所看到的這個詞與這個修辭格以縱向聚合方式召來的另外一個或一些詞之間，我們建立起某種連繫。正如熱奈特所說，

> 修辭格僅僅是一種修辭感覺，它是否存在，完全取決於讀者是否能夠成功地意識到所展現給他的話語中的模稜兩可性。（《修辭格》，第216頁）

當研究隱喻和轉喻在普魯斯特作品中的相互作用時，可以說熱奈特清楚地顯示了這些潛在意義上的結構，因爲他使我們注意到了他在這個文本中所看到的完型。他堅持區別普魯斯特作品中的隱喻和轉喻，他的這一立場使他也使我們能夠深入到這部作品在結構和主題上的核心。他是更古老意義上的一位修辭學家，因爲他所關心的是語言修辭格，但，正如我們將看到的那樣，他也是第三種意義上的一位修辭學家，也就是韋因·布思在《小說修辭》一書中賦予這個詞的那個意義，即考察更大的小說結構的一名研究人員。

巴特、熱奈特以及所有的優秀讀者或文本解釋者都具有這樣一種強烈意識，即他們知道，文本的徹底完成在很大程度上取決於讀者的活動。因為這正是語言結構主義和描寫文體學所一直缺少的一種意識，所以，對於結構主義活動的未來而言，這種對讀者作用的強調有著十分巨大的意義。巴特對代碼和熱奈特對修辭格的興趣使他們都離開了文本，以圖找到它的信息的意義。巴特明確地走向文化代碼，從而發現了對讀者來說是文化的、集體的、幾乎是無意識的意義。而熱奈特則研究，當讀者觀察文本內的修辭格時所進行的那種修辭活動，他所發現的意義因此更接近讀者的文本經歷，而不是文本所間接提向的文化代碼。熱奈特的讀法接近觀察的「方式」，巴特則明確移向與其說是觀察到的不如說是辨認出的「內容」。

當然，我們能夠以許多方式閱讀普魯斯特。假如我們給這個文本編碼的話，那麼，我們將發現諸如同性戀和反猶主義這樣的行動系統，以及與感覺、意識、記憶、想像、時間、空間等等有關的更加富有哲理性的系統所具有的重要意義。熱奈特認為，與文本間接提到的那些文化代碼相比，跟閱讀過程有關的那些系統更為重要。他選擇研究關心認識論的普魯斯特，而巴特則挑選了關注社會學的巴爾扎克，這一點肯定不是偶然的。《往事追憶錄》講的是馬歇爾如何成為了一名作家，如何學習清楚地看待和理解世界，以及如何組織他的世界觀從而寫出了我們正在閱讀的這部書。由於所有這一切，這本書理想地適合於熱奈特的興趣。當討論這部偉大的作品時，他還能討論小說詩學，並在整個敘事傳統內確定普魯斯特的成就

就像我們將看到的那樣，對於熱奈特來說，在不研究文學史的情況下討論單個文本是不可想像的，就像在不研究具體文本的

情況下憑空建造理論是不可能的一樣。在許多場合，他都清楚地
表達了這種觀點，但它的最爲淋漓盡致的表露，出現在他的長篇
普魯斯特研究中。他稱普魯斯特的小說爲「敘事話語」，從而強調
了他的研究題目中的一般性和理論性方面，儘管《往事追憶錄》
是他在這項研究中的主要考察對象。他對這一作法作了說明，他
的說明十分雄辯且十分典型，因此必須在此大段引述。他說，他
之所以選擇了這個題目，既不是「爲了賣俏，也不是爲了故意誇
大這個課題的意義」：

　　　　在某種程度上使一些讀者惱怒而又是十分經常出現的情
　　況是，人們將顯得遺忘了普魯斯特敘事，而去關注更加具有
　　普遍意義的一些問題；或用我們今天的話講，文學批評將讓
　　位於「文學理論」，假如我們在此更爲精確些，那麼，這個文
　　學理論就是敘事理論。我能夠以兩種不同的方式說明或爲這
　　個程序辯護：即我可以直接了當地驅使具體對象爲總的設計
　　服務；就像其他人在其他地方已做的那樣——《往事追憶錄》
　　因此就僅僅成了一個藉口，一個實例倉庫以及爲小說詩學提
　　供示範的一個地方，在這裡，具體的特點將在「類屬法規」
　　的超越存在之中消失；與此相反，我也可以使詩學從屬於文
　　學批評，從而使我們在此提出的概念、說明和程序成爲特定
　　的工具而已，我們之所以設計了它們，只是爲了能夠更正確
　　或更精確地描述普魯斯特敘事的獨特性——我們之所以在
　　「理論」上走一些彎路，只是因爲我們必須說明一些方法論
　　問題。

　　　　我承認，我非常不情願或不能夠在這兩種顯然是互不相
　　容的辯解系統之間進行選擇。我認爲，我們不能將《往事追

憶錄》僅僅當作一般敘事，或長篇小說體裁的敘事，或自傳體敘事，或鬼知道什麼其他等級、樣式或類別的一個具體例子。作為一個整體，普魯斯特敘事所具有的獨特性是不可還原的，就它所進行的任何推論都將是方法論上的一種錯誤。《往事追憶錄》僅僅說明了它自己。但，另一方面，這種獨特性並不是不可分解的，它的每一個經過分析而得到區別的特點，都適宜於某種關聯、比較或組合。像所有的作品、所有的有機物一樣，《往事追憶錄》是由具有普遍意義的（或至少是超越個性的）一些成分構成的，它只是以一種獨特的方式合成了這些成分，使得它們存在於一種獨特的整體之中。（《修辭格》，第108頁）

在討論普魯斯特的過程中，熱奈特就這樣給了我們一個完整的敘事學系統。對於這個系統，俄國形式主義、托多洛夫、韋因·布思以及許多其他人都作出了貢獻。正如我先前從他的後記中引述的話所表明的那樣，他並不期望敘事學會由於他的努力而得以完成或完善。但通過將歐洲大陸和英美理論傳統聚合在一起，以及將他本人的討論建立在一個具體的文本之上，他肯定改善了這個學科的形勢。他的「敘事討論」將成為這個領域內的一個典範文本，以及未來的敘事詩學研究的出發點。在此有限的篇幅內，我將努力顯示他怎樣在兩個明顯和重要的方面改進和發展了先前的努力：即敘事本身的定義以及角度的批評處理。

熱奈特首先指出，敘事話語由三個彼此不同的層次組成。在任何小說文學作品的研究方法中，這三個層次都必須得到承認。這三個層次就是**故事**(histoire)、**敘事本身**(récit)以及敘事得以展示出來的**敘述過程**(narration)。這樣，當奧底修斯向菲遜人講述

他的歷險故事時，我們就看到了向聽眾講述故事的奧底修斯（敍述）、他所實際產生的話語（敍事）以及在這個話語中所再現的事件和奧底修斯這個人物（故事）。這非常簡單和富有邏輯性。熱奈特在故事和敍事之間所作的區別，與俄國形式主義者在故事和情節之間所作的區別相似。但這兩者之間也存在著不同之處。對於形式主義者來說，故事和情節都是抽象概念———它們僅僅是相同事件的兩種排列———一種按照時間順序，另一種則根據意圖。但對於熱奈特來說，僅僅故事是一個抽象概念。敍事是眞實的。它就是出現在書頁上的詞語，我們讀者就從這些詞語中重新編織起故事和敍述。奧底修斯講述的敍事包括在荷馬講述的一個敍事《奧德賽》之中。當研究任何小說作品時，我們都必須考察敍事的所有三個層次，以及它們之間的各種不同的相互作用：

> 對於我們來說，沒有敍事這一中間環節，故事和敍述就不可能存在。但與此相應的情況是，僅僅通過講述一個故事，敍事話語才能成為敍事，僅僅經過某人的講述，它才能成為話語。沒有故事，它就將不是敍事（而是諸如斯賓諾莎的《倫理學》之類的東西）；沒有某人的敍述，它就不是話語（而是諸如一批考古學文件之類的東西）。作為敍事，它之所以能夠存在，是在於它與它所講述的故事的關係；作為話語，它之所以能夠存在，則是由於它與它所提供的敍述的關係。（《修辭格》第三卷，第74頁）

當分析這三個小說層次之間的關係時，熱奈特還考察了敍事話語的三個方面。這三個方面都（鬆散地）與語言中動詞的三個特點有關，即**時態**(tense)、**語氣**(mood)和**語態**(voice)。在時態的標題之下，他考察了故事與敍事之間的時間關係，即敍事中的時

間差、再排列及節奏方法。正是通過這些關係，我們才看到了故事。這與形式主義者的情節和故事程序近似，事實上，它吸收了那個程序。一部小說作品的**語氣**涉及距離與角度，特寫與敘事。這些與時態有關聯（特寫比敘事速度緩慢，有時極其慢），但可以得到區別。在這個分析方面得到發展的一些概念，在某些方面與詹姆斯和盧伯克的一些概念有關聯。像時態一樣，語氣僅是故事和敘事之間的一種關係，但更多地與角度而不是與事件有關聯。語態則涉及小說的第三個層次，即敘述，以及它與其他兩個層次之間的關係：首先是敘述人所敘述的事件（故事）與話語之間的關係，但也有他與他的觀眾之間的關係（假如敘述人處於故事「之外」，觀眾就是「讀者」，但假如敘述人處於故事「之中」，觀眾就是人物）。對語態進行的考察，顯然與布思的小說修辭以及對諸如意識流和內心獨白這樣的語態試驗所進行的研究有關聯。這也是新文學批評家通過關注「語調」而可能進入這個系統的地方；假如這裡存在著薄弱環節的話，那就是，熱奈特沒有能夠很好地注意和吸收敘事藝術的這個重要方面。

在我們這個乾巴巴的總結中，熱奈特所創立的分析性區別會顯得太簡單和太顯而易見。他對它們作了許多改進，這些無疑又將顯得恰恰相反——煩瑣和迂腐，假如它們能夠擠進這個篇幅的話。然而，這件工作在分析上還是取得了巨大的成就，因為他討論了普魯斯特所使用的「重複頻率」和「偽雙音」。要欣賞這點，我們必提供充分的細節以及完整的例子。因此，我在此將滿足於簡短地考察主要的，或「簡單的」小說特點區別的含義及其與我們傳統的小說角度研究方法之間的關係。熱奈特將語態與語氣區別開來，從而以一種十分富有成果的方式將角度問題分成了兩半。語氣（誰看到了？）和語態（誰說了？）問題之間存在著巨

大差別，這個差別總是由於我們根據話語（第一人稱，等等）或根據視覺（有限的、無處不在的，等等）標明小說角度的傳統方法而變得模糊不清。在敘述研究中，我們需要既注意角度問題（誰的視覺，在多大程度上是有侷限性的，什麼時候得以轉變），也注意語態問題（誰的表達，在多大程度上是恰當的，在多大程度上是可靠的）。在《大使》一書中，看人察物的眼睛是斯特萊澤的眼睛，但講話的聲音卻是詹姆斯本人的，儘管它有時變得像斯特萊澤的聲音。另一方面，在《往事追憶錄》一書中，聲音是馬歇爾的聲音，眼睛也是他的，但聲音和目光都由於普魯斯特本人的努力而得到提高，所以角度既是有侷限性的（熱奈特會說，內聚焦的），也是擴展性的（外聚焦的）；聲音則既是一個人物的（內在的）也是一個外在敘述人的。這種多重語氣和多重語態的東西之所以得以產生，就是因爲《往事追憶錄》使用了所有的傳統敘述方法，但似乎以舊「類屬法規」（generic laws）所禁止的方式組合了它們，從而擴大了這個樣式，擴大了小說的可能性。

假如我們說，熱奈特擴大了文學批評的可能性，那將是不正確的，而且肯定不是恭維話。文學批評目前已由於過多的可能性而感到煩惱。在文學批評中，我們需要界限、指導以及使我們的工作得以集中的方法，這樣我們就能避免重複，並增加對整個文學系統的了解。與托多洛夫一樣，熱奈特爲我們提供的正是這種可能性。在介紹和討論文學結構主義活動的過程中，我希望能夠看到，這個邀請正在被人接受，在文學批評中取得進步的可能性正在增加。

第六章
結構主義想像

　　「結構主義想像」（structuralist imagination）這個詞組有
著一種奇怪的、甚至是可怕的音響。它使人想起科幻小說家所鍾
愛，但一般的文學工作者所厭惡的那種機器──以人類的創造性
方式進行思維的計算機。不管我們是如何友好地傾向於接受作為
一種文學批評方法的結構主義，我們還是想把人的創造性活動保
存在一個特殊和安全的地方，最具有人類特點的成就都將珍藏在
那裡。正是由於這個原因，我認為有必要在本章中簡略地考察結
構主義思想在浪漫主義，尤其是最著名的英國浪漫主義詩人的文
學批評著作中的起源。但除此之外，我認為，我們還應該把結構
主義看成現代文學中的一股力量，它在其中已經而且將繼續發揮
重大作用。

　　結構主義思想對現代文學的影響，可從兩個相當不同的方面
加以考察。在某種意義上，結構主義是一方面給予文學一些東西，
另一方面又從文學那裡提取東西。它已經給了作家們許許多多的
思想。我將較詳細地示範說明這點。但當然這並不是說，稱為結
構主義的某種東西會走到作家面前，並遞給他有著奇怪形狀和帶
有下列話語的一件東西：「喂，我想你會覺得有興趣將這個放進
你的下部書中。」恰恰相反，作為思想家的作家經常站在這個理

論過程的前列。早在結構主義這個詞流行之前，喬埃斯就已是一名結構主義者了。正因爲這個原因，我在這裡包括了關於《尤里西斯》（*Ulysses*）的一些結構主義特點的一篇短文。諸如巴斯和庫佛這樣的重要當代作家，也顯然就文學以及人在宇宙間的整個處境等問題思考著結構主義思想。這也似乎值得在這最後一章中進行說明。

結構主義可以說從文學中提取了某種東西，但我們很難示範說明它這樣做的方式，因爲這僅僅是所有眞正優秀的理論批評從文學中提取東西的方式。在文學中，每一個可被歸納成規則的方面，都面臨降爲柯立芝意義上的「機械藝術」的危險。由此可見，文學批評，尤其是一般的文學理論或詩學要取得成功，就必然相應減少某些詩歌可能性，因爲它們使得這些可能性變得僅可機械地被人運用。只要詩學僅僅將一個具體時代的偏見編成代碼，它就爲創造性藝術提供了有待違反的規則以及進行創新的機會。但因爲詩學能夠接觸和說明文學構造的眞實和永久性特點，所以它從富於創造力的作家那裡挖走了一些領地，儘管它將這些領地留給了雇傭文人。因此，對於文學來說，結構主義是一個眞正的危險，因爲它優越於先前的文學批評實踐，但它同時又是一個新的機會，因爲它僅僅組織了我們這個時代的具體偏見。

顯然，人們會對所有這些抱有複雜的感情。但對於我們來說，虛無主義或文學批評上的反械主義 (ludditeism) 似乎不是一個眞正的可能性。因爲我們是人，所以我們命中註定要進行探索。因此，從作家那裡奪走一些領地，也許僅僅會刺激和激勵文學去爲自己的活動尋找新的場所。例如，敍事藝術就可以從哲學和新聞學中奪到比它輸給文學批評更多的領地。但我們這個時代的一些最敏銳和最機警的作家，都把敍事可能性的衰竭看成一個眞實的

問題。結構主義詩學肯定要部分地為這一問題的產生負責。約翰·巴斯（John Barth）的《消失在娛樂房中》（*Lost in the Fun-house*）和《怪物》（*Chimera*）僅僅是以近乎教科書的方式，示範說明了形式主義者／結構主義者是如何帶著過度敏銳的意識注視著他正在日益縮小的活動範圍。我們也不可能希望使我們的作家處於一種無知狀態。但正是我們和他們的知識，才使得情況變得麻煩起來。我們的疑慮與他們的枯竭相互對應。它們僅僅是人們從不同的角度觀察到的同一件事情。

對於所有這些情況，我並不抱有一種特別悲觀的態度。目前，一些具體的文學形式似乎比文學本身面臨更大的危險。至於作為一個整體的文學，因為人類需要它，所以只要人類存在，它就將存在，因為它是人的生活系統中的一個部分。具體的文學形式總是在人類歷史中興起和衰亡。我們沒有必要對此哭泣落淚。在某個時期內，結構主義也許會加速這個過程，就像歷史中的所有過程現在都得到了加速一樣，但它最終將為我們提供某種精神安慰，並以一種必不可少的形式幫助我們面對我們的歷史處境。假如，如同李維史陀所說，神話是人類將不可容忍的東西變為生活的一個可接受部分的一種方法的話，那麼，結構主義，正如他所承認的那樣，本身就是一個神話，也許是我們這個時代的唯一神話。

第一節　浪漫主義和結構主義
的詩歌語言理論

同時談論浪漫主義和結構主義似乎有些像在風琴和計算機之間尋找相似之處。我們都知道，浪漫主義與「強烈情感的自發流泄」有關，結構主義則與將文學文本簡化成蒼白缺血的公式有關。

但我們也都知道,這些常規概念都十分不精確。「浪漫主義」和「結構主義」是貼在十分複雜的兩種思想運動上的標籤,這些思想運動總是在抗拒我們試圖清楚地將它們分類的努力。我在這裡的主題很簡單。我希望說明,浪漫主義和結構主義語言觀之間有著重要的連繫;我實際上要指出,假如我們過去沒有浪漫主義的話,我們今天就絕不會有結構主義。但與其抽象地談論這些複雜問題,不如讓我立即開始討論一個衆所周知的文本——因爲人們太熟悉它,所以我們已開始完全與它喪失了連繫。事實上,假如我們使用浪漫主義和結構主義詩學中的一個重要概念,我們就必須對它「反熟悉」起來。

在雪萊《詩辯》(*Defence of Poetry*)的第二段中,我們看到他討論語言的性質以及它與其他人類活動的關係。他很快使用了一個衆所周知的偶像——風琴或里拉——作爲人對自然作出反應的方式的一個意象:

> 人是一種樂器,一系列外在和內在的印象被驅趕著吹奏它,就像吹奏一架風琴的一股不斷變化的風的變化那樣通過自身的運動,使它奏出不斷變化的樂章。(丹尼爾·G·霍夫曼和塞繆爾·漢尼斯《英國文學批評:浪漫主義和維多利亞時期》,紐約,1963年,第161頁。所有浪漫主義批評家的引語都出自這本書。在本章的餘下部分,這本書被略爲《英文評》。)

但是,他然後又指出了這個意象作爲描述人的思維過程的一個形象所具有的不足之處:

> 但是在人身上,也許在所有有感覺的生物身上,都有這

樣一種原則，它所起的作用與里拉中的那種原則所起的作用
不同。通過內在地使被激發起來的聲音或動作與激發起它們
的那些印象相適應起來，它不僅產生了旋律，而且還產生了
和聲。(《英文評》，第161頁)

與里拉不同，人有著一種和聲能力，能夠主動地對所接收下來的
印象作出反應。這還沒完。雪萊進一步指出，人是一種社會動物，
他的活動對他的語言行為有著一種重要的和建設性的影響：

> 從兩個人同時存在的那一刻起，社會同情或產生了社會
> 的那些法規——就像產生了社會的那些因素一樣——就開始
> 得到發展；未來存在於現在之中，就像植物存在於種子之中
> 一樣，平等、差異、統一、對比、相互依賴變成了原則，僅
> 僅它們能夠產生動機。一個社會動物只要他是社會性的，就
> 要根據這些動機來決定所採取的行動，這些原則構成了感覺
> 中的愉悅、情感中的德行、藝術中的美、推理中的真以及同
> 等交往中的愛。因此，即使是在社會的幼年時期，人們就在
> 他們的語言和行動中遵守某種制度，它與他們的語言和行動
> 所描述的物體和印象所遵守的制度不同，因為所有的表達都
> 受制於產生它們的那些法規(《英文評》，第162頁)

這個不同尋常的段落，可以說包括了許多現代人類學和語言
學思想，「就像植物存在於種子之中一樣」，因為雪萊有著一個社
會科學家所具有的那種精神。他假定了某些「法規」的存在，這
些法規產生了社會，「就像產生了社會的那些因素一樣」。他還假
定，人類語言和人類行動「遵守某種制度」，這種制度自然地產生
於人類的社會交往之中。在這裡，他拒絕「探索社會原則本身」，

但將注意力轉到了表達的想像形式上，特別是詩歌，因爲他認爲詩歌是最直接地表達了想像的那種藝術形式。其他藝術通過存在於人體之外的諸如顏色和形式這樣的調節才能工作，而詩歌則使用存在於人體之內的語言：

> 這與語言的性質本身有關，它更直接地反映了我們的內在行動和情感，它比顏色、形式或動作都感受到更多種類和更加細微的組合，它具有更大的可塑性，更加服從於創造了它的那個機關的控制。因爲語言是想像力任意創造出來的，所以它僅僅與思想有關聯。……（《英文評》，第164頁）

當然，這裡有一種浪漫主義的想像理論使得雪萊能夠洞察語言的性質。他的這些遠見卓識依然給人以啓迪，即使我們應該拋棄產生了它們的那種理論。索緒爾的結構語言學就建立在語言的「任意性」這個概念上，所有的結構人類學和文學理論，也都有賴於語言在重要程度上超過其他人類產物和活動。不管有或沒有一種關於想像力的理論，研究人類的學者都必須把語言看成人類存在的主要特徵。

　　要欣賞這種浪漫主義語言觀對現代理論家來說所具有的重要意義，我們只需考察一下十七和十八世紀的語言思想史。我在這裡將利用西利爾‧諾布拉（Cyril Knoblauch）在布朗大學最近完成的既全面又富有啓發性的博士論文。諾布拉富有說服力地指出，十七世紀中和十八世紀末之間，在有關語言的思想中發生了一次重大的轉變。儘管這次轉變並不完全——事實上，一些哲學家和其他學者還未接受它——，它仍然是漸進的、巨大的，而且在很大程度上是不可逆轉的。總的來說，這是從一種原子和本體語言觀（單個詞反映了現實中的物體），轉向一種上下文和認識論

性質的語言觀（詞的組合反映了思維過程）。當然，這後一種觀點在上面雪萊那段話中，在一般的浪漫主義思想以及在所有有關語言的結構主義思維中都起著重大的作用。事實上，這是佔主導地位的現代語言觀。這樣一種觀點源遠流長，在許多方面得益於英國皇家協會的語法學家，以及十八世紀英國的許多未被歌頌的語言研究工作者。但它在浪漫主義詩人的作品中得到了一些最強有力和最有效的支持。

　　一個最初屬於浪漫主義，以後又經由俄國形式主義進入結構主義詩學的具體公式，將說明「心靈主義」語言觀的生命力以及浪漫主義和結構主義之間的連續性。在柯立芝的《文學傳記》（*Biographia Literaria*）中，我們看到他用下列語言討論華滋華斯（Wordsworth）的《抒情謠歌集》（*Lyrical Ballads*）計畫：

> 　　另一方面，華滋華斯先生給自己制定的目標是，從傳統的嗜睡症中喚醒注意力，並將其引向展現在我們面前的這個世界的可愛性和奇異性上，從而賦予日常事物以新奇的魅力，並激發一種類似超自然的感覺；一種永不枯竭的財富，但由於熟悉的薄膜以及自私的焦慮，我們有眼卻對此視而不見，有耳卻對此聽而不聞，有心靈卻感受不到又理解不了。
> （《英文評》，第44頁）

　　在《詩辯》中，雪萊接過了柯立芝的這個公式，並將其運用於所有的詩歌。他指出，通過使心靈成為「千萬個未經理解的思想組合的貯藏器」，詩歌「揭開了遮在美麗世界之上的紗巾，從而使令人熟悉的物體顯得似乎不很熟悉」（《英文評》，第169頁）。在後來的一個段落中，他進一步發展了這個思想，他的話直接重複了柯立芝的話。詩歌

剝去了罩在世界之上的那種邪惡的熟悉，並坦露了赤裸
著的睡美人，這就是它的形式所具有的精神。

所有物體都在被觀察的意義上存在著；至少對觀察者來
說是這樣的。「心靈是它自己的地方，可以獨自將地獄變為天
堂，把天堂變為地獄。」但詩歌戰勝了使我們受制於周圍偶
然印象的那個詛咒。不管它是在展開自己那帶有圖案的圍
幛，還是從事物景象前抽去生活的黑色面紗，它都同樣在我
們的身體內部為我們創造了一件東西。它使我們成了這樣一
個世界的居民，與它相比，我們熟悉的那個世界只是一團混
亂。它再現了我們作為其組成部分和觀察者的那個普通世
界，它從我們的內在視官上，清洗了使我們看不清我們自身
所具有的那種奇異性的那層熟悉膜。它迫使我們感到了我們
觀察到的東西，想像出了我們知道的東西。當世界在我們心
中被反覆出現的和由於重複而遲鈍了的印象所毀滅之後，它
又重新創造了世界。(《英文評》，第187～188頁)

當然，雪萊信奉的柏拉圖主義在這裡明顯地在起作用，但它也在
笛卡爾、英國皇家協會以及喬姆斯基那裡起作用。柏拉圖主義本
身對建造諸如皮亞傑那樣的結構主義來說，可能是必不可少的腳
手架。皮亞傑能夠輕而易舉地批評喬姆斯基依賴天生的機能，因
為他本人的結構思想建立在結構化原則之上。這些原則像柏拉圖
的思想一樣牢靠。我之所以大段引述雪萊，部分是因為我喜歡他
的表達能力，但也是為了說明俄國形式主義者什克羅夫斯基在反
熟悉問題上是如何緊密追隨了雪萊和柯立芝。我在前面（見第四
章第二節）已引述了什克羅夫斯基對托爾斯泰的《日記》所作的
討論。什克羅夫斯基在那裡說，「習慣吞吃了物體、衣著、家具、

一個人的妻子以及對戰爭的恐懼。……藝術之所以存在，就是爲了幫助我們追回對生活的感受……以及使物體變得『不熟悉起來』。」

對於什克羅夫斯基來說，就像對雪萊和柯立芝一樣，詩歌語言剝掉了事物上的熟悉薄膜，從而使它們能夠重新被人看到。但除此之外，還有其他意思。謝利指出，詩歌語言爲我們**組織**了世界，從而使我們所熟悉的世界顯得「混亂不堪」。當他這樣說時，他的觀點十分接近一種熵理論。他所談論的這種熟悉性，與信息在任何交際過程中遭受損失的方式有關，即熱動力學第二規律的一種控制論講法。我們從世界中收到的感知信息，逐漸使這個世界變成了我們不予注意的陳規舊習和陳詞濫調。解決這一問題的唯一方法，就是增大感知系統的輸入——這就是詩歌所提供的東西。什克羅夫斯基更進一步發展了這個理論。他堅持認爲，語言藝術必須使自身的結構複雜化，才能取得這種系統的增強。它必須「使形式模糊起來，從而增加感知的困難和過程。」浪漫主義者從未將這個公式發展到這一地步，所以他們從未接受這個觀點或看到它所涉及的問題。形式主義者進一步注意到，形式最終受阻於它們自身的常規，並由於過於複雜化，而需要嘲弄式的模仿來達到簡化和復興的目的，因爲這種嘲弄式模仿能夠使它們自己的形式成分「坦露出來」。鑒於這種情況，他們創立了一個有關文學變化的辯證理論，解釋形式如何產生了反形式，並最終導致了新的綜合。浪漫主義者從未以這種方式描述過這個情景，但他們肯定意識到了這個問題，儘管沒有任何一個流派在此之前意識到過這個問題。正是對陳腐的詩歌形式的這種感受，激勵了《抒情謠歌集》的寫作以及華滋華斯附在第二和第三版上的前言和附錄。在華滋華斯和柯立芝之間就《抒情謠歌集》所施加的交互作

用中，我們能夠再次看到浪漫主義如何艱難地處理結構主義所面臨的同樣問題，以及如何爲了尋找答案而移入了同一方向。

作爲一位詩人，華滋華斯面對形式陳腐、常規退化，以及整個詩歌語言變成旣模糊自然物體又模糊人類本性的一層薄膜這個問題。以一位偉大詩人的本能，他努力揭露這個正在失去效用的詩歌傳統的方法。從前言，特別是他爲《抒情謠歌集》第三版增添的附錄爲他提供了機會。從本能上講，他並不是一個嘲弄模仿家。因此，他以一種直接了當的方式提出了批評。在他本人的作品中，他開始在諸如一直被當作一種低級文學樣式而受到忽略的民歌這樣的模式基礎上，建造新的詩歌形式。（形式主義者認爲，這種將「低級」形式拔高的作法，是詩歌復興的一種典型方法。）通過將某種近乎米爾頓式的東西帶進他所採用的簡單情景和簡單形式，華滋華斯成功地創立了一個新的詩歌類。但他是作爲一位詩人做到這一點的。從文學批評的角度上講，他沒有足夠地意識到他的程序所具有的重大意義。（華滋華斯成了一位偉大的詩人和一位小文學批評家，而柯立芝則成了一位小詩人和一位大文學批評家，我不知道這是偶然的還是必然的。但我猜想，理想的文學批評家經常是一位詩人但很少是一位偉大的詩人。）無論如何，雖然華滋華斯努力復興詩歌形式，但他爲這個復興僅僅提供了最混亂的理論基礎。

在《抒情謠歌集》的前言中，我們所發現的語言理論旣站不住腳又前後矛盾。在指出詩歌是「強烈情感的自發流泄」之後，華滋華斯成了他自己的術語的囚犯。他還使這種情景進一步複雜起來，因爲他認爲，儘管詩人試圖模仿這些情感，他卻只能產生「眞實生活中的人們在那些情感的實際壓力下所使用的」那種語言的一個影子。事實上，他認爲，「與眞實和實際的行爲和磨難中

的自由和力量相比」，詩人的任務「在某種程度上是機械的」（《英文評》，第22～23頁）。我們在這裡看到的觀點，與雪萊的觀點真是差之千里，它與任何說得過去的語言理論也相距甚遠。混亂就這樣在這個前言中佔據了主導地位。在它結束之前，我們甚至可以看到華滋華斯帶著讚許的口吻引述喬舒亞·雷諾茲爵士的話，「在詩歌中，一種**精確的**鑑賞趣味……是一種**獲得的**才能。這種才能的產生，只能通過思考和長期地接觸最佳的寫作模式」（《英文評》，第34頁；華氏的強調，我的省略）。在另外一個地方，他又指出（我認爲，他這段話相當正確），讀者不應急於評價詩歌，因爲他們不一定會像詩人那樣「熟悉詞語所經過的各個意義階段」（《英文評》，第32頁）。這後兩個陳述，根本無法與同一文本早些時所闡述的詩歌語言觀相和諧。

　　在他對所有這些所作的評述中，柯立芝並沒有因爲他十分溫文爾雅而掩飾他的斷然否定態度。他讓人們看到，他的朋友是文學批評上的一個愚人，儘管他承認，他的朋友是一位比他偉大得多的詩人。他們之間發生了爭執，人們不應對此感到奇怪。但我之所以引述所有這些，並不是爲了參與進這段個人歷史，而是因爲，在這兩個人的語言觀之間的差異中，我們看到了語言思想中的變動，正是這種變動標誌了結構主義詩學的開端。在《傳記》第十七章中，柯立芝引述了一段給人以啓發的段落。在這個段落中，華滋華斯聲稱，他之所以選擇使用下層生活和農村生活語言，是因爲使用它的那些人「無時無刻不在與那些最優秀的物體進行交流」，「語言的最優秀部分就是從這些最優秀的物體中派生出來的」。在我們討論柯立芝本人對這種觀點所作的評述之前，讓我們考察一下它的含義。華滋華斯在這裡支持一種早在文藝復興時期以及更早時就存在著的語言觀，即西利爾·諾布拉稱之爲本體論

的語言觀。按照這種觀點，物體是詞語的創造者，語言僅僅是人類從自己周圍的物體中得出的全部詞語的總和。華滋華斯帶著一種近乎令人感動的幼稚接受了這種觀點。他堅持認為，「最優秀的物體」，即諸如樹木和山峰這樣的自然物體，將在人身上產生最優秀的語言。我們還應該注意到，這種觀點實質上是原子論的：物體產生了詞語；語言僅僅是匯合在一起的詞語；它的關係屬性——即對結構主義語言觀來說極為重要的那種成分——被忽略了。

現在讓我們考察柯立芝的反應。儘管他就這個問題所寫的段落很有說服力，但它篇幅太長，不便全部引述，所以我必須對之作一些總結。首先，柯立芝指出，農村人只需表達「數量少些以及更加缺乏區別的」概念，但除此之外，一個農村人的語言與「有常識的任何其他人」的語言沒有什麼不同。第二（這一點同樣重要），農村人在語言上要低劣於較有文化教養的人，因為他的話語「幾乎僅僅是為了表達**被分割的事實**……而受過教育的人主要試圖發現和表達事物之間的那些**關係**，或事實與事實之間的那些相對**影響**。從而推導出某種或多或少具有普遍意義的法規」（《英文評》，第66頁；柯氏的強調，我的省略）。柯立芝以這種方式，在語言的原子和結構成分得以區別的地方找到了農村人的語言與受過教育者的語言之間的差異。在一個不同尋常的段落中，他闡述了這種將「語言的最優秀部分」與人的思維過程而不是外在事物連繫起來的觀點：

　　……農村人熟悉從物體中得出的那些詞語和詞語組合。但不管他是清楚地還是模糊地瞭解這些詞語，我都不認為它們構成了語言的最優秀部分。野蠻世界中的許多種類都很有

可能擁有區別性的聲音，它們使用這些聲音，從而相互提醒注意諸如食物、庇護所或安全這樣的情況。但，除了在隱喻的意義上外，我們不願意稱這些聲音的組合為一種語言。可以正確地稱之為語言的最優秀部分的那些東西，來自心靈自身行動的反射。它之所以能夠形成，是因為它將固定的符號自覺地撥給了內在行動，以及想像的過程和結果。絕大多數這種行動、過程和結果，在未受過教育的那些人們的意識中不佔有任何位置……（《英文評》，第67頁）

雪萊從這裡學到了——我們也都從這裡學到——如何以一種結構主義的方法看待語言。我希望強調指出，這不僅僅是文學鑑賞史上的一個插曲，而是有關語言性質及其運轉的一次真正的發現。柯立芝對華滋華斯以及其他詩人的具體詩作所作的分析，從他的語言能力那裡獲得了權威。因此，當察看華滋華斯的實踐時，他不僅考察了措詞而且考察了句法——也就是他稱之為詞語「秩序」的那種東西。他認為，農村語言的侷限之處在於，未受過教育的人不能夠「根據相對重要性去控制和排列不同的部分，從而既表達（一種思想）又同時展現一個組織良好的整體」（《英文評》第70～71頁）。在詩人所使用的特殊句法中，他找到了華滋華斯本人的語言與普通人的真正語言之間的不同，這種特殊句法使華滋華斯的語言比普通話語更加「嚴密」。當這樣做時，柯立芝並不是憑空「發明」一種新的語言理論。我們知道，思想世界中僅有很少的東西是被發明的；我們也知道，當柯立芝能夠借用他人的觀點時，他是多麼不願意從事發明。我們必須承認，柯立芝擁有這樣一種能力，即他能夠分辨出一個活著的思想與一個已經僵死的思想之間的差別，以及能夠運用、擴大、統一和豐富在他周圍所

說過和想過的那些最優秀的觀點。假如我們認為，他的觀點本身不是一種思想，而且並不重要，那麼，我們中間的大多數人根本不要聲稱進行了思維，因為，與他相比，我們所做的事情太少了。

人們之所以仍然認為柯立芝是對英國詩學思想作出了巨大貢獻的一個人，是因為他緊緊抓住了一種正在孕育發展中的結構主義原則，清楚地表達了它們，並在他稱之為「實際批評」的那個實際作品討論中具體地體現了它們。後來的作家改進了工具，改變了概念，並學會了或多或少恰當地處理他所不能想像到的一系列文本。但他的詩歌語言思想很少由於現代結構主義詩學而受到嚴重的削弱。假如他不是現代結構主義詩學的父親的話，那麼，他就是它的一位友好和仁慈的叔叔。在英國詩學中，他首先確立了認識論而不是本體論的優先地位，從而給了我們這樣一個想像理論，科學和藝術都可與之共存，並已與之共存了一個多世紀。我將引述的最後一個柯立芝段落闡述了他的想像理論。它並沒有以令人熟悉的語言重複德國唯心主義和先驗論，而是以一種近乎科學的認識控制工具的形式出現。詩人到底根據什麼規則確定他的語言的正確性呢？他問道。他的回答使他說，他不可能給出任何外在的規則，因為「假如一個**外在**規則可以給出的話，詩歌就將停止是詩歌，並墮落成一種機械藝術。」至於內在規則，他問道，

　　難道它是通過盲目地四處尋找粗俗社會中的那些憤怒的或帶有妒嫉心的人們，抄襲他們的言語而得來的嗎？或與此相反，它是通過那種在每個人身上都發揮著作用的想像力而得來的呢？通過觀照而不是通過觀察？通過後者僅僅是因為通過了前者的緣故？就像前者已預先為眼睛確定了視野，並

像給予自己的器官那樣賦予了它一種顯微鏡式的力量？（《英文評》，第88頁，柯氏的強調。）

想像在此成了一個巨大的顯微鏡頭；當我們尋找人類行爲規則時，它爲我們確定了理論視野。這個意象與計算機十分接近，但與風琴卻差之千里。是柯立芝本人將我們帶到了那裡。只要想想他的天賦會如此適應現在的時代，我們多麼想借用他的朋友講過的話「柯立芝，你應該活在這個時刻！」──但我們不需要這樣做，因爲他活著，並將繼續活著，只要他對之作出了貢獻的那個思想系統繼續發揮作用──就像它在結構主義的文學和語言理論中發揮作用一樣。

第二節　《尤里西斯》：一個結構主義透視

「我們仍然在學習做喬埃斯的同代人。」理查德·埃爾曼（Richard Ellmann）於一九五九年發表的《詹姆斯·喬埃斯》的開頭語是這樣說的──它們依然恰如其分。但是，在過去十年中，接受了結構主義教育的那些文學批評家，也同時在學習如何閱讀喬埃斯，因爲喬埃斯，尤其是後期的喬埃斯──即《尤里西斯》後幾章以及《爲芬尼根守靈》（*Finnegans Wake*）中的喬埃斯──，是基本上接受了結構主義世界觀的一個人。因此，一些文學批評家之所以不樂意接受喬埃斯的成熟作品，就是因爲他們在一個更大的方面不情願接受結構主義的含義。在一個十分眞實的意義上，我們中間的一些人不**想**成爲喬埃斯的同代人。我們發現，後期喬埃斯作品中個性化人物塑造的失敗，就像我們在關於

未來的某個非理想化惡夢中失去自己的個性一樣，使人感到咄咄逼人。但假如我們要理解自己的處境以及人類在宇宙中的未來，我們就必須學習接受喬埃斯作品中的這個結構主義方面，因為結構主義，如同任何其他理解事物的方法，是對具體條件作出的一個反應。否決它的更大含義，就是拒絕涉入當代情景——即屈服於從世界中撤退的誘惑。目前，這個誘惑比任何其他時候都具有更加強大的力量。

喬埃斯早期和後期作品之間的巨大差別，與其說是古怪的個人風格試驗的結果，不如說是由於他對世界本身以及人在其中的地位所下的一個全新定義。在新近發表的稱為《通向心靈生態學的步驟》（*Steps to an Ecology of Mind*）的一部論文集中，格雷格里·貝特森（Gregory Bateson）俐落而有力地總結了這個全新定義：

> 在工業革命時期，最重大的災難莫過於科學狂妄的巨大增長。我們發現了如何製造火車以及其他機器。……西方人將自己看成一個獨斷專行的人，對由物理和化學構成的宇宙擁有完全的支配權。生物現象最終要像試管中的過程那樣得到控制。進化，就是生物體如何學會更多的環境控制計謀的歷史；人類比任何其他生物都有更好的計謀。
>
> 但那個狂妄的科學哲學現在過時了，取而代之的是這樣一個發現，即人類僅僅是一些更大系統的一個部分，這個部分永遠不能控制整體。（第437頁）

簡言之，這個新的世界定義將類似上帝的某種東西放回到了世界——但不是以人的形象出現、迸發著個人主義、當其意志受到挫折時就大發雷霆的那個上帝，而是真正「不受嘲弄的」一個

上帝，因爲它**就是**世界的規劃，以及爲所有其他系統制定了模式的那個大系統。這個上帝不能爲他所選擇的寵兒說情和中止自然法規。他也不能許諾以某種再世的舒適，來補償此世所承受的痛苦。這就是天堂之所在。上帝存在於萬物之中。它僅僅爲我們提供了研究它的方法，和在順應它們的過程中獲取愉悅的機會。誰要試圖阻礙它們的過程，誰就肯定要受到挫折。

假如這在某些方面與但丁的神學相似，那麼情況就是這樣。假如天主教能夠頑強地生存了兩千年，而它的神學卻沒有一點眞實的東西，那將是對思想生態學的一個奇怪評述。重要的是，與由於轉變到了一個更加「符合道理的」世界觀而受到妨礙的人相比，都柏林的但丁能夠更加輕易地將中世紀神學當作一個出發點，從而逐漸接受結構主義的觀點。喬埃斯所接受的理論觀點與李維史陀，或皮亞傑，或貝特森的觀點有許多相似之處。當我們重新考慮貝特森時，讓我們明確地想著喬埃斯的後期作品：

> 生態學現在有兩個方面：稱作生物動能學(bioenergetics)的那個方面——既研究一塊珊瑚礁、一片紅杉林或一座城市內的能量和材料的經濟學——以及研究信息、平均信息量、非平均信息量等等的經濟學。這兩個方面不能很好地相互適應，因爲它們的構成單位在這兩種生態學中有著不同的界限。在生物動能學中，人們可以很自然和恰當地想像限制在細胞膜或皮膚上的那些單位，或由同種單個物體組成的單位。這些界限然後就成了進行計量的地方，人們在此爲穩定的單位確定能量的增加—減少預算。與此相反，信息或平均信息量生態學處理小徑和或然性(probability)的預算。由此產生的預算是分餾的（不是減少的）。界限必須圍住，而不

是打斷相關聯的小徑。

此外，當我們停止談論受到皮膚限制的某種東西，並開始想像運行中的思想系統的生存時，「生存」的意義就變得不同起來。皮膚所容納的東西在人死之後就變成隨機化了的，皮膚內的小徑也變得隨機化了。但經過進一步變化的思想，卻能夠繼續以書籍或藝術作品的形式出現在世界中。作為一個生物動能個人，蘇格拉底死了，但構成他的許多因素，仍然作為思想生態學中的一個組成部分生存著。（第461頁）

在我看來，喬埃斯顯然是他那個時代中少數幾位作家中的一位，也許是唯一一位接受了控制論性質的而不是生物動能學性質的小說概念的作家。隨著他的經歷的不斷擴大，他越來越不願意接受受到他們自己的皮膚限制的人物概念，以及在時空中的一個點上發生然後永遠消失的行動概念。例如，勞倫斯僅僅為我們描述了擁有不穩定的自我的人物，並以此與「人物的陳舊、穩定自我」相對抗。與勞倫斯不同，喬埃斯抨擊自我本身，並拿他本人開刀。但最初並不是這樣。他後期作品中所流露出來的控制論性質的安逸來得很遲，並且經過了艱苦的努力，因為他需要驅散大量的自我。沒有任何東西，能比我們在他的早期頓悟中所看到的那種自我與他人之間的區別更加分明的了，這些頓悟的焦點集中在他人的語言或姿勢的「粗俗」上，以及他本人精神生活中「值得紀念的」階段上。這種同樣的生物動能分離在《史蒂芬英雄》（*Stephen Hero*）、《都柏林人》（*Dubliners*），以及《一個青年藝術家的自畫像》（*A Portrait*）中都繼續頑強存在。儘管這後一部作品中已有了這種暗示，但我們僅僅在《尤里西斯》中才真正看到了自我的解體。我認為，有理由說史蒂芬·德達拉斯是喬埃斯

的生物動能自我之畫像，而利奧波德・布魯姆則是他的控制論自我之畫像。

自從埃爾曼的喬埃斯傳記問世以來，我們自鳴得意地把布魯姆和史蒂芬當作「自傳性質」的人物談論，儘管我們確實需要區別這兩種自傳。史蒂芬是年輕的喬埃斯，布魯姆則是成熟的喬埃斯，僅僅這樣說還是不夠的，因為史蒂芬和布魯姆「是」不同意義上的喬埃斯。史蒂芬是擁有真實血肉之軀的那個喬埃斯，帶有所有將使他可被辨認出來的重要特徵，但沒有帶任何喬埃斯本人所沒有的特徵。假如說喬埃斯能夠創作一幅「真實的」自畫肖像的話，那麼，史蒂芬就是那幅肖像（從一本書到另一本書，經過不斷的潤色）。但布魯姆包含著喬埃斯神經系統的巨大成分，但不可能被辨認成喬埃斯；在一些重要的經歷層次上，他比史蒂芬「更加真實」地再現了喬埃斯。但布魯姆身上缺少使史蒂芬顯出是喬埃斯而不是其他人的那種細胞整體性。他是滲透了其他人的喬埃斯；滲透了流浪遠方的奧底修斯和喬埃斯家庭所實際認識的一位可憐的都柏林人。（以及其他來自生活和藝術的人物。）徒步遊歷的布魯姆這個人物之所以引人注目，並不是因為它顯示了喬埃斯能夠創作一個非自傳體的偉大人物，而是因為它讓我們看到了一個不以自我為中心的自傳體人物。

假如福樓拜有時真的把愛瑪・包法利想像成他自己（「這是我自己！」「C'estmoi!」），那麼，他肯定因為感覺到了它是如何與他自己的肌膚不同，而帶著自然主義的震顫描述了她的皮膚。但對《尤里西斯》中的喬埃斯來說，根本不存在任何這種懷念貧窮之過去的暗示。他就生活在那裡，因此，他的作品常常缺少屬於自然主義一個方面的那種由於訪問了貧民區而得到的快感。到他創作《為芬尼根守靈》（*Finnegans Wake*）時，他已經逐漸接受了

他自身內的荷邁斯(Homais)，而福樓拜則永遠不可能做到這一點。我們在此也許還應回憶自我(ego)在《為芬尼根守靈》中，是如何不僅分置於整個主要和次要人物範圍之間，而且還包括了都柏林和世界上的那些「無生命的」河流、石塊以及樹木。這應能提醒我們，假如貝克特是喬埃斯的繼承人的話，那麼，他就是子女反叛的一個模式，因為他所十分清晰記述的厭惡和異化，與使得《為芬尼根守靈》生氣勃勃的那種欣然接受生態系統的態度截然不同。

《尤里西斯》是一部典型的過渡性作品——既表現在喬埃斯對他本人的自我的處理上，也表現在其他方面。這本書的這種過渡性質使得一派文學批評家（可稱之為戈德伯格派）把這本書看成一部失敗了的小說。因為喬埃斯放縱地開各種語言玩笑，所以它的最後一些章節不是真正的小說。但人們也可以顛倒這種批評，從而將前面的章節看成某種帶有過多傳統氣味的錯誤開端，但由於最後一部分的出色新方法而得到挽救。我認為，這些觀點都同樣是錯誤的。對我們和喬埃斯來說，《尤里西斯》都是一部過渡性作品。當閱讀它時，我們就學習如何讀它，我們的理解力就得到磨鍊和伸展。我們逐漸瞭解了一種敘述方法和一種人類觀（這兩者不可分離）。它們與以前小說中使用的方法不同。我認為，正是這種方法和這種觀點應該被稱作結構主義的方法和觀點。

當在如此短小的篇幅內使這一論點接受《尤里西斯》內大量資料的檢驗時，許多東西將不得不被視為自然而然。但我將嘗試根據索緒爾的語言學和皮亞傑的發生認識論中的幾個結構主義觀點，去考察《尤里西斯》的某些有代表性的方面。皮亞傑認為，結構的定義包括**整體**概念、**轉換**概念和**自我**調節概念。讓我們就從他的這一定義談起。與喬埃斯稱之為「實用阿奎那」的那種美

學理論相比，這種三位一體所導致的美學理論更加令人滿意。事實上，它也更加適合於喬埃斯的後期作品。但在我們使用它之前，我們必須略微詳細地對之進行闡述。皮亞傑的**整體**概念，指的是根據組合規律排列的成分，而不是僅僅匯集在一處的一個集合體。這種整體性，是所有可辨認的文學作品的一個特點。事實上，這是我們辨認它們的一種方法。它們擁有所有語言話語的整體性，以及文學話語所特有的那種更加強烈的整體性。因爲這是所有小說文學的一個特徵，所以它並不需在《尤里西斯》中佔有特殊地位。皮亞傑的**轉換**概念指的是一個結構的各個不同部分根據某些規則交互改變或修飾的能力。作爲這種過程的一個例子，他特別舉了轉換語言學。在《尤里西斯》中，布魯姆和奧底修斯相互關聯的轉生方式就是一個值得注意的轉換原則。我們還將回頭討論書中的其他轉換方面。皮亞傑的**自我調節**概念，指的是控制論系統中「預料和修正（反饋）的相互影響」，以及「滲透到生物學和人類生活的各個層次的韻律機構」。自我調節結構既是「自我維持的」又是「封閉的」。我傾向於認爲，作爲一種反饋環，在《尤里西斯》中出現的類似荷馬史詩的人或事糾正了不平衡，並制止了僅僅無節制地雜亂引述布魯姆的一天的那種傾向。此外，還有其他諸如此類的環。事實上，每當某些計畫系統完善之後，每當那個都柏林一天的某段時間得到描述之後，一個章節就根據預先的設計停了下來。下一個荷馬史詩中的類似人或事就緊接著開始發揮作用，從而爲接下去的一章提供了一個歷時系統。

　　讓我們簡短地考察一下受過許多惡意批評的「太陽牛」這一章，並通過這個考察來說明這個系統。這一章顯示了我所討論的所有結構成分，因而能夠較詳細地示範說明它們的作用。這一章基本上是這一天的一個簡單敍事部分：史蒂芬和布魯姆碰巧來到

同一地方,即婦產醫院,普利法太太正處於緩慢和困難的分娩中。當年幼的莫提默・愛德華出生之後,史蒂芬和一些醫學院學生在布魯姆的伴隨或跟蹤下來到一個酒吧間。根據一套複雜的規則,這個深層敍事被轉變了。規則1:事件必須經由一系列的聲音敍述,這些聲音將示範說明英語散文從中世紀到當代的歷時運動。規則2:每個聲音都必須敍述正在發生的事件的一個恰當部分。就是說,一個百事可樂聲音必須談論有關百事可樂的細節,一個卡萊爾聲音則必須議論有關卡萊爾慶典的內容。這假定了規則3,即這些聲音必須是可清楚辨認的文體家或文體流派的模仿或嘲弄。

這些規則之所以存在,並不僅僅是爲了炫耀喬埃斯作爲模仿人和嘲弄人的高超技藝,而且還是爲了豐富我們對所描述的人物和所敍述的事件的體驗。正是它們的交互作用,使得那些本身僅僅具有最低程度條理性的事件有了條理。在這一章中,喬埃斯大約使用了六套根據這些規則排列的敍事材料。他描述了布魯姆現在的言和行,以及他對過去的回憶。對史蒂芬,他也描述了同樣的兩套現在和過去的言行。他還描述了與此同時醫學院學生的活動,海尼斯,以及那第六種成分,即分娩本身。因此,在散文敍事所必需的線狀系列中,決定什麼成分在什麼時間出現,就是這些規則和這些套可能性之間的一種複雜的交互作用的結果。(在這一章中,類似荷馬史詩的事件提供了最初的概念,但與它在其他一些章節中的影響相比,它對本章結構的影響不大。)例如,在這一章中,分娩時刻的選擇由於狄更斯和卡萊爾慶賀新人到來的恰當聲音,而避免了任意性。假如**他們**要慶賀他,年幼的莫提默就必須出現在十九世紀中期那個大生育年代。同樣,使得這一章得以結束的醉後談話也在結構上發揮著一種作用,因爲它是對反結構意義的胎膜隨機處理的一種語言轉變:一種焰雜音的混

雜。這就是結構使《尤里西斯》所不能成為的東西，儘管對於不能夠辨認出這種結構的那些人來說，這正是這本書所顯示給我們的東西。

　　當然，這種結構與喬埃斯十分不情願使用它，以及不情願講述一個簡單的線狀故事有直接關係。由此而產生了許多敵對的批評。當討論《尤里西斯》的這個方面時，我們在第二章中曾較詳細討論過的語言學術語將能給我們一些幫助。（我建議讀者重新讀一下第18～19頁 ❶。）當語言學討論話語交際時，它在橫向組合和縱向聚合之間作了一個重要區別。從這一區別出發進行推導的結構主義文學理論，習慣上把敘事文學看成通過擴大基本的句子結構而取得的一次轉換。人物是名詞，他們所處的情景或所具有的特點是形容詞，他們的行動則是動詞。（參見，例如，前面第113頁上托多洛夫的敘事「詞類」公式。）小說文學的基本特徵在於，它強調語言可能性的橫向組合或線狀（水平）方面，而詩歌則更傾向於使用縱向聚合可能性，它對橫向進展則不甚關注。

　　在《尤里西斯》中，喬埃斯經常十分不情願像克里斯蒂(Agatha Christie)那樣沿著橫向組合的道路疾行。他似乎經常不忍心與他所想到的許多縱向聚合可能性分手。他會停下來，並利用各種不同的場合去攀爬縱向聚合的鏈子，「獨眼巨人」(Cyclops)中的各種名單就是一個例子。在這一章中，那些遭到排擠的可能性得到了自由活動的許可，並形成了它們自己的橫向組合鏈。這些單子**確實變成**了橫向組合性質，此外，它們還以一種橫向組合的方式與其他單子以及整個敘事的其他部分連繫了起來。假如諸如《尤

---

❶ 這裡的18～19頁指的是原文的18～19頁。同段下面提及的113頁也指的是原文的頁碼。──譯註

里西斯》這樣冗長的書籍真的強調了縱向聚合結構,那麼,它就將是一部幾乎不可閱讀的書——就像《尤里西斯》對於那些看不到其結構的人來說是不可閱讀的那樣。但假如我們細緻分析《尤里西斯》中的那些單子,那麼,它們就會證實既有一個內在的,又有一個外在的橫向組合結構。

例如,「獨眼巨人」中的各種名單傾向於遵循依賴橫向組合期望的一些基本喜劇法規。例如,它們可以建立一個幼稚的模式,表面上是一個簡單的重複過程,然後又在似乎要以同樣方式繼續下去的同時違反它——就像列出參加「愛爾蘭國家護林管理負責人與松樹谷的冷杉・針葉樹小姐的婚禮」的這個女士名單的這個開頭系列所顯示的那樣:「西爾威斯特・榆樹影夫人、巴巴拉・愛白樺夫人……」等等(《尤里西斯》,紐約,一九六一年,第327頁)。我們很快就理解了這些名字的基本原則——或我們認為我們理解了。這些與樹木有關的女士的名和姓之間有著某種恰當性,使得品酌它們成了一件趣事。這個名單接下去開列的諸如「羞怯・顫楊小姐」或「優雅・白楊小姐」之類的名字,首先強調作為姓氏的那種樹的一個特徵,然後從這個特徵中引伸出名字。白楊溫文優雅,顫楊微微抖動。(在引伸的意義上,稱呼她們為小姐而不是太太,也是恰當的。)在這個單子中,開頭的「冷杉・針葉樹」和「西爾威斯特・榆樹影」建立了這個模式,但不像後來的一些組合那樣聰穎,因而為某種橫向組合進展提供了可能性。但這個模式由於其他一些模式而變得豐富起來,這些其他模式不僅給這個單子增添了一種不同的喜劇色彩,而且使它的橫向組合關係複雜化起來。第三個名字「巴巴拉・愛白楊」,把在「女魔」那一章達到高峰的整個施虐反常主題介紹進了這個綠色世界。「愛白楊」(Lovebirch)這個名字不僅包括了受虐狂概念,而且涉

及色情小說《女性霸王》（*Fair Tyrants*）的作者（詹姆斯·洛弗波奇❷）；布魯姆在「漫遊巨石」中瀏覽了這部小說，但認爲它不像《邪惡的甜果》（*Sweets of Sin*）那樣適合莫莉閱讀。當然，在「女魔」中，耶爾弗頓·巴里夫人指責布魯姆利用詹姆斯·洛弗波奇的筆名對她作了「不恰當的表示」。在這個清白幼稚的樹木名單中，野蠻的愛白楊顯得喜劇性地邪惡。一旦讀者注意到了這個方面，他就能看到潛藏在每叢灌木下的性含義。「基蒂·杜威—苔蘚夫人」是清白的嗎？由此可見，在《尤里西斯》中，即使那些顯得僅僅是縱向聚合離題話的東西，也將證實不僅有它自己的系統，而且與其他事件和挿曲有著橫向組合性質的連繫。

在這裡得到簡單說明的這個過程，與書中的更大過程有著關聯。喬埃斯寫下「太陽牛」這一章，不僅僅是爲了變換我們觀看史蒂芬和布魯姆的角度，從而讓我們看到他們那些僅僅通過所使用的文體才能夠顯示出來的側面。這一章也承認了在《尤里西斯》的敍述過程中遭到排擠的所有敍事聲音。整個這一章，都是文體層次上沿一個具體的縱向聚合梯子向上的攀爬。它不僅幫助解釋了布魯姆和史蒂芬。它還帶著布魯姆和史蒂芬以及整個《尤里西斯》世界回頭穿越了英國文學系統，從而使這部一九二二年的作品能夠與過去混合。假如卡萊爾的聲音能夠在一九二二年慶賀西奧多·普利法，那麼，卡萊爾的控制論自我就通過喬埃斯這個代理人繼續生存著。假如「太陽牛」這一章部分地使布魯姆和史蒂芬置身於過去的文學，「依他卡」那一章則針對科學發揮了近似的

---

❷洛弗波奇(Lovebirch)這個名字可被看成由兩個單詞組成，即洛弗(love)和波奇(birch)。將這兩個單詞意譯出來，就是愛(love)白楊(birch)。──譯註

作用。

　　「依他卡」的技術和科學角度展現了布魯姆和史蒂芬的一些新的側面，但並沒有因此使他們高大起來，也沒有使他們像有人有時爭議說的那樣矮小了。「依他卡」給人的最後啓迪，是全書埋藏最深的意義之一。在這一章的結尾，在焦慮的一天之後，布魯姆重新達到了平衡，這不僅僅是得到休息之後的身體平衡，而且是一個自我調節系統與其他更大的系統和諧工作的平衡。他之所以能夠「克制、冷靜而不是嫉妒地」看待他妻子與人通姦的插曲，是因爲一個非常重要的原因，即它「並不比所有其他隨著變化了的存在條件而變化了的適應過程更加不正常，因爲它使物理有機物與它的伴隨環境達到了相互平衡……」（第733頁）。博伊蘭是莫莉對布魯姆的性撤退作出的調整。如同她自己會說的那樣，「這僅是自然而然的。」布魯姆是一個自動平衡的人，具有向心性，達到了平衡。史蒂芬仍然年輕，因而具有離心性，因而需要寬恕。隨著時間的消逝，他也將折回，就像莎士比亞閱讀關於他本人的那本書以及寫作它一樣。史蒂芬、布魯姆和莫莉在《爲芬尼根守靈》中還要扮演其他角色，還將表現在一九二二年還幾乎不能想像的變換和組合。正由於這樣一個整體性的成就，我們可以在談論喬埃斯時，借用貝特森談論蘇格拉底時所講的話。作爲一個生物動能個人，他確實死了。「但構成了他的許多成分仍然繼續生存在思想生態學中。」

第三節　　當代小說中的結構主義觀

　　在結構主義的人類觀中，對語言性質和思維過程的一種新意

識，導致了對人類普遍意義的新意識。與它的必要修飾成分轉換說一起，結構主義努力反對民族主義和一般的自我主義。在科學中，結構主義想像寧可忽略個別和獨特的東西而強調普遍和系統的東西。假如藝術對這些新的強調仍然毫無反應，那麼，這就真是一個十分非系統化的世界。尤其是從事創作複雜的系統整體的小說作家，應該證實與結構主義的思想和態度相和諧，這一點不應使我們奇怪。作家和批評家都對神話燃起了新的興趣，這一事實是小說中的一般結構主義運動的一個表現。但有關結構主義意識的更加具體的證據，可以在當代小說作家的作品中找到——就像我們在下面引述的羅伯特·庫弗和約翰·巴斯的兩個段落中可以看到的情況那樣。在《歌曲與評述》(*Pricksongs and Descants*)的獻辭和序言中，庫弗就敘事創作對米蓋爾·德·塞萬提斯說：

> 但，米蓋爾先生，你所經歷過的樂觀主義、天真單純、可能性的預感已經一去不復返了，世界正在又一次迫進我們。像你一樣，我們也似乎正站在一個世紀的結尾和另一個世紀的開端。我們也被批評家和分析家帶進了一條死胡同；我們也受害於一種「衰竭的文學」，儘管——具有諷刺意義的是——我們的主人公不再是孜孜不倦和令人厭惡的阿瑪迪斯，而是遭到絕望的失敗和臥床不起的吉訶德。我們似乎已從一個無限制的、以人類為中心的、人文主義的，自然主義的、甚至——就人類可被想像成創造了他自己的世界的意義上講——樂觀主義的出發點，來到了一個封閉的、宇宙的、永久的、超自然的（最嚴肅意義上的）和悲觀的出發點。對存在的新的信仰，使我們重新相信上帝的安排，重新相信巨視世界的微視世界意象，重新在宇宙或人類必然性的限制之

內創作美感，重新使用寓言去探討那超越現象、外觀、偶然
知覺的事件以及歷史之外的東西。（紐約，1969年，第78頁）

從綱領上講，庫弗顯然不是一個結構主義者。但他對當前的小說
狀況所作的考察，使他想到了一些與結構主義有著很強連繫的問
題。值得指出的是，儘管他非常清楚地看到了困難，他的這段話
還是繼續了下去，並以充滿生命和活力的語言結束：

> 但這些探討首先──就像你的騎士的衝鋒那樣──是對
> 一個垂死時代的各種假設的挑戰，是詩歌想像力的典型歷
> 險，是前往新世界的高尚旅行。請千萬不要介意，那個婆婆
> 媽媽的人只是一堆骨頭。

正是在詩歌想像力前往新世界的一次高尚旅行中，約翰·巴斯筆
下的人物埃波奈澤·庫克經歷了我們可稱之爲結構主義性質的一
次頓悟──一刹那間的突然理解，它重複了（非常無意識地，我
可以肯定）李維史陀在美洲「憂鬱的熱帶地區」的經歷。當生活
在巴西的原始部落中間時，那個法國人類學家獲得了他的人類普
遍性意識。當受到那些脫逃的馬里蘭奴隸和「野蠻人」的折磨和
面對死亡時，埃波奈澤學到了類似的一課：

> 假如印第安人和黑人對他不抱有一種敵意的話，經由世
> 界歷史將他帶到的這個時間地點就不會是危險的。但正是英
> 國殖民者，即由於偶然的歷史事件而在許多方面處於一種優
> 越地位的一個民族，對他們的剝削才使得他們開始抱有敵
> 意；埃波奈澤毫不懷疑，假如情況相反的話，捕獲他的人會
> 幹英國人正在幹的那些事。因此，僅就歷史運動表達了投身
> 於其中的那些人們的意志而言，埃波奈澤是捕獲他的人發洩

憤怒的一個正當對象，因為，與麥克法幾夜前的一次談話相
比，他在一個更加深刻的意義上屬於剝削階級：作為西方世
界中一名受過教育的紳士，他分享了他的文化強力的果實，
因此也必須分擔這個強力所招致的罪責。他的責任也不僅僅
就這些：假如是偶然的強力和地位，而不是每個群體靈魂的
某種神秘的專門化造成了剝削者和被剝削者之間的差別的
話，那麼，白人進行奴役和剝奪，就像黑人和紅人僅僅根據
膚色進行殺戮一樣是「符合人道的」；那個不久就將焚殺他的
野蠻人，像曾經奴役過那個野蠻人的那個商人一樣是他的兄
弟。總而言之，詩人注意到，儘管他必須親自償還世俗原罪，
他仍將遭受一種強求別人代受的懲罰；他對自己犯下了一次
嚴重的罪行，他本人不久將懲罰那個犯罪的人。(《菸酒因
素》，紐約，1964年，第579頁)

儘管他身上帶有許多殖民主義的標記，埃波奈澤當然是一個典型
的現代人，特別是在諸如這一個的段落中，既與麥克盧漢的愚蠢
投機又與查理斯‧雷奇的樂觀主義福音信仰有相似之處。結構主
義思想正在對當代小說發生著強大的影響。對於這一點，我在結
尾前還將更詳細地探討。但這種影響的一種表現，自然是小說人
物個性化的降低以及典型化的重新出現。另一種表現則是結構控
制人物一類的小說的增加，這是在上一世紀的最優秀小說中所沒
有出現的情況。但這些變化不應被看成純粹的損失或純粹的得
益。對小說來說，它們當然是一種混雜。但一種敘述模式的最大
成就絕不可能被另一種模式複製。史詩的沒落與小說的崛起，就
像月亮的盈虧一樣互為補充。
　　我們在當代小說中所發現的人物觀變化，涉及整個一種新的

思想意識系統，涉及人類存在的所有方面，包括政治方面。結構主義政治學尤其意味著盡可能地脫離各個層次政治過程中的敵對關係：脫離國家之間、政黨之間、派別之間、尤其是人與自然之間的鬥爭。假如我們將它與另一種強大的現代思想意識系統，即存在主義——尤其是在最近歐洲政治思想中起著十分重大作用的存在主義傾向的馬克思主義——作一對照，我們就可看到結構主義的思想含義。

存在主義創立了一種將自由和選擇置於人類生存的中心之道德原則，還創立了一種組合了馬克思主義和佛洛伊德主義的政治，從而建立了一個吸引人的未來觀。在它所展現的未來中，所有人都是自由的、平等的和充分發揮了才能的人。具有存在主義傾向的馬克思主義所面臨的問題是，它信仰歷史，而歷史出賣了它。存在主義的政治觀，使馬庫塞描繪了一個受到控制的社會。在這個社會中，擁有敏銳見識的一批菁英人物把自由強加在消極的大眾身上。它的個人觀導致了拉英 (R. D. Laing) 的出現，他最終認為，瘋狂是解決清醒生存這一問題的方法。存在主義的教長本人，珍·保羅·沙特 (Jean-Paul Sartre) 是少數幾位能夠維持存在主義政治思想家所應有的微妙平衡的著名人士中的一位。沙特越來越發現，一個人必須放棄他在一個統治社會中的地位，並在第三世界的革命希望中扮演一個角色，才能夠成為一名存在主義者。在存在主義的政治中，人們不能夠革命，而僅僅能夠再革命。要進行一次成功的革命，人們必須首先倒回到在十九世紀——或許十八世紀中佔主導地位的條件中。事實上，人們必須逆轉歷史。這就是為什麼存在主義在當前絕望的原因所在。

結構主義與存在主義的關係，可在沙特與克勞德·李維史陀之間的關係中得到說明。具有存在主義傾向的馬克思主義假定，

人**存在於歷史**之中，並在一個不斷進步的意義上朝著一個更好的未來運動。結構主義假定，人存在於一個系統之中，這個系統之所以存在，並不一定就是爲了服務於他的利益。結構主義接受了現代科學的主要觀念，而存在主義則不然。具體地講，結構主義認爲，人類眞理蘊涵在相對論這個物理原則之中。愛因斯坦在本世紀早期證明，所有的測量都不過是確定測量單位的關係構架而已。一加一等於二——有時候情況是這樣。另外一些時候，從另一個角度看，它們的和就不是二而是一。假如我們允許李維史陀將這個原則變換成人類學術語，相對的原則就促使人們抨擊自由主義的歷史眞理概念。對於李維史陀來說，所存在的不是一個歷史，而是許多個歷史；他認爲，每一個歷史都「是哲學家或歷史學家對他們自己的神話所作的解釋，因此，我把它看作神話的一個變異。」

沙特回擊了這種觀點。他認爲，作爲資產階級的一個詭計，結構主義是在企圖以一個封閉和毫無生氣的系統來取代馬克思主義的進化論。結構主義的這個系統強調了秩序，但是在忽略變化的情況下做到這一點的。簡言之，沙特認爲，人生活在歷史之中，但在神話中尋求躲避它的庇護所；李維史陀則認爲，人生活在神話之中，但在歷史中尋求躲避它的庇護所。對李維史陀來說，歷史只不過是人類爲自己編造的一個滿意神話。在歷史學家看來是不斷進步的東西，對結構主義者來說則僅僅是轉換或移置。從它的角度看，每一個社會都擁有一些最優秀的價值，優越於任何一個其他社會的價值。但假如我們正確理解它們的話，那麼，一個社會的價值就僅僅是另一個社會價值的轉換。

存在主義和結構主義之間的這場理論鬥爭，與我們這個時代的小說史有著密切的關係。在過去的幾十年中，大多數嚴肅的小

說家都有意識或無意識地從存在主義的角度進行寫作。許多文學批評在技巧和價值上也都顯然是存在主義性質的。因此，我們的一些最優秀的小說家竟然以存在主義信徒的身分開始寫作但最終轉向結構主義，這一點有著極其重大的意義。我們可以十分清楚地在默道赫(Iris Murdoch)、福勒斯(John Fowles)以及巴斯的作品中看到這個運動。

默道赫的第一部書研究了沙特。在這項研究中，她提出了這種批評，即作為一名小說家，沙特失敗了。

> 沙特對有關人類生活的材料〔默氏本人的強調〕感到不耐煩。他一方面對當代生活的細節有著一種強烈的、經常是有些病態的興趣，另一方面又熱烈地渴望進行分析並建造在理論上給人以愉悅感的系統和模式。但他缺少能夠使這兩種才能融進一位偉大的小說家的作品之中的那個特點，即對人們以及他們之間的相互關係的那種獨特性理解，這種獨特性令人可笑地不可還原。(《沙特：浪漫主義的唯理論者》，紐黑汶，1953年，第118頁)

這個陳述以及她書中李維斯和艾略特的其他引語表明，在她開始小說創作之前，默道赫的小說觀在傳統的意義上比沙特的小說觀還要傾向於自由化。在她的第一部小說《網下》(*Under the Net*)中，她故意具體描述了她對人類的獨特性以及人類存在的偶然性所具有的存在主義意識。在自那以後的十幾部小說中，她一而再、再而三地討論了正統存在主義哲學所關心的主要問題，特別是自由問題。但她對這些問題的處理卻越來越多地表現出對存在主義教條的不滿。就像她所承認的那樣，她的小說故意越來越多地強調模式和結構。

在《沙特》一書有關「描寫意識」的那個章節的一個註脚中，她指出，

> 可怕的美杜莎(Mcdusa)這個引人注目的象徵，被佛洛伊德解釋為一種對閹割的恐懼（《文集》第五卷）。沙特則當然把我們通常對被觀察的恐懼看成它的基本意思（《存在與虛無》，第502頁）。到底人們應該怎樣判斷哪一個解釋是「正確的」呢？推測這一點將是有趣的。（第97頁）

當她把這個意象當作她的小說《一個被切掉的頭顱》(A Severed Head)的關鍵象徵時，她在其中發現了佛洛伊德和沙特都沒有考慮到的一種意義。在這部小說中，亞歷山大‧林奇—吉本提醒他弟弟注意佛洛伊德關於美杜莎的解釋：「頭能夠代表人們所懼怕的而不是渴望的女性生殖器。」馬丁回答說，任何野蠻人都希望收集頭顱。後來，當馬丁發狂地愛上了曾在奇怪的地方生活過並幹過奇怪事情的那位亂倫的人類學家奧尼‧克萊恩時，那個可怕的女士告訴他說，

> 我是一顆被切掉的頭顱，就是原始部落和古老的煉金術士所慣於使用的那種頭顱。他們為它塗油，給它的舌苔鍍金，從而使它能夠預言未來。大家都知道，與一顆被切掉的頭顱長期接觸，將使接觸它的那個人獲得奇怪的知識。人們已經為這種知識付出了巨大代價。（約紐，1966年，第198頁）

在這部小說中，馬丁‧林奇—吉本必須接受他對美杜莎的這種佛洛伊德式或沙特式恐懼，並在存在主義的意義上超越快樂原則，從而獲得她的愛情。但出現在這個關鍵意象中的小說家本人，也在描述她自己從沙特的自由到李維史陀的秩序、從偶然性到模

式、從存在主義到結構主義的超越，因爲被切掉的頭顱代表了文學本身；與哲學不同，它像神諭一樣預言式地講話（就像巴特繼黑格爾之後在一篇題爲〈結構主義活動〉的文章中所指出的那樣）。假如，像我所相信的那樣，默道赫與沙特相比之下是一位更加偉大的小說家，這並不是——像她可能希望的那樣——因爲她抓住了人的那種「可笑地不可還原的獨特性」，而是因爲她證明了他們在理智上所具有的相近性和相關性。這就是爲什麼她所有作品的最重要主題不是異化，而是它的對立物：愛情。

在此，我需要就結構主義與愛情之間的關係作一說明。當我使用這個詞時——當我把結構主義作爲一個思想體系談論時——，我的意義超出了許多結構主義本人的意義範圍。諸如皮亞傑和巴特這樣的人堅持認爲，結構主義是一種活動或一種方法，不是一個思想體系。但我（與馬克思主義者一起）相信，任何方法都意味著一種思想體系，結構主義也不例外。此外，我們今天所最緊迫需要的正是結構主義這個思想體系。這就是愛情應該得到考察的地方。正是性區別就相同性和相異性給了我們最早和最深刻的啓迪。性區別不僅僅是我們的社會系統，而且是我們的邏輯基礎。假如存在著三種性別的話，我們的計算機就不可能根據二元相對的原則進行思維。

除了這一點，我們對敍事結構所具有的意識，正是在性的韻律、精子產生、行經、求愛和性交的各種周期中產生出來的。敍事結構使時間屈從於人類意志，從而使我們得到了快感。韻律使人戰勝了時間順序，使他能夠驅趕時間伴隨人類的曲調起舞。這一點在小說的時間結構中表現得最爲淋漓盡致。在這種結構中，重複、周期以及高潮賦予事件過程以形態和意義。在小說中，如同在生活中，充滿愛情的性擁抱代表了所有各種對立的和解、所

有各種爭論的和平解決、所有的干戈化爲犂頭。在這樣一個擁抱中，循環時間戰勝了歷時時間，戀人與所有的戀人聯合了起來，從而獲得了某種普遍意義。婚姻是結構主義的一次聖禮。也正是在這點上，結構主義思想和小說結構達到了最緊密的對立。從古代到現代小說，求愛和婚姻、分離和結合的結構模式，就一直是最經常出現和最流行的一個模式。它已證實能夠得到最高程度的發展，並具有最基本的吸引力。自「歌之歌」（Song of Songs）問世以來，甚至在那之前，愛情故事和愛情寓言就攜手並進。由此可見，結構主義小說包括了這個歷史最悠久的模式，並且賦予它以新的生命力這一事實，是最自然和恰當不過的了。

像默道赫一樣，福勒斯從存在主義道路走上了結構主義道路，儘管他涉及結構主義的程度不如默道赫，方法也不完全一樣。對於人類自由的考察，使他討論了愛情的必要性。對於時間的研討（很少有人更機敏地討論了這個問題），使他接受了一種超越時間的生活觀。正是這種生活觀出現在《法國中尉的女人》（*The French Lieutenant's Woman*）——作爲一個整體的這部小說以及諸如下列這一個的段落之中：

> 在一次深刻的醒悟中，在一次黑色閃電劃破長空的剎那間，他認識到，所有的生活都是相似的：進化並不是一直向上，上升到完美，而是水平的。時間是一個巨大的謬誤；存在位於歷史之外，總是現在，總是被這同一個惡魔似的機器所俘獲。人爲了掩蓋現實而矗立起許多經過仔細描繪的畫面——歷史、宗教、責任、社會地位，但所有這些都是幻覺，僅僅是吸食鴉片之後所出現的幻覺而已。（紐約，1970年，第165頁）

正如他的一個人物所指出的那樣，男人能夠看見物體，女人則能夠看見物體之間的關係，因此，完整的視覺取決於男人和女人在愛情中的結合。藝術家可能是一個夏娃——男人或亞當——女人。對於福勒斯來說，視覺最終變成了一個基本上是男性的存在主義視角與一個基本上是女性的結構主義認識之間的一種聯合。這就是為什麼《占星家》（*The Magus*）既是歌頌自由的聖歌，又是講述愛情的寓言的原因所在。在愛情的儀式中，自由的人必須自由地選擇適合於他的那個神話角色。

與《占星家》中的尼古拉斯·厄夫一樣，巴斯的結構主義史詩《放羊娃賈爾斯》（*Giles Goatboy*）的主人公學到了「透過夫人進行觀察」的方法。正是在與阿娜斯塔西亞實際結合的那次性擁抱中，賈爾斯才獲得了結構主義的宇宙觀：

> 在我生活的那個甜蜜的地方沒有東方、沒有西方，僅僅有完整的、漫無邊際的地域：旋轉式柵門、代罪羊門、林蔭大道、穀倉、發電站裡那令人可怕的大火、奠基人山那充滿香氣的山峰——我看到了所有這些；弗魯曼提斯那茂盛的叢林、尼古雷那冰冷的速度、產魚豐富的水塘——所有這些都與我是一個整體。**這裡**與**那裡**相互銜接、**滴聲**緊接著**答聲**、**全體**為**空無**服務；我和我的夫人，以及所有的物體都是一個整體。（紐約，1967年，第731頁）

在我們這個時代，文學想像力已穿越存在主義移進了結構主義。至於政治想像力是否能夠效法，這依然是一個問題。我們迫切需要一種結構主義政治學（以及一種愛情政治學）。人們僅能夠希望，生態思維（即結構主義思維）將**幫助**我們大家接受再教育。

人類存在於一個系統之中，這個系統處於他的控制之外，但在他的再排列能力之內。人類的墮落不是史前的一個神話，也不是人類時間開端時的一個事件。這是許多世紀以來一直在發生著的一個過程，它與其說是進入知識之中的一次墮落，不如說是進入力量之中的一次墮落——能夠在我們以及我們的環境中造成巨大變化的那種力量，以各種不同方式緩慢或快速地摧毀我們這個星球的那種力量，或在一定時間內維持它以及我們在它上面的生活的那種力量。在許多不同層次的活動中，人以自我毀滅的方式運用他的力量的能力，超過了他的反饋系統所具有的那種糾正他的行為的能力。我們的政府在近年來遭受的巨大失敗，都是想像力的失敗。在生活的所有領域中，我們都需要更加敏感和強大的反饋。一種適當的結構主義想像力必然是關於未來的。它將告訴人類那些尚未實施的行動的後果。但它不僅必須告訴我們，而且還必須使我們在心中和肺腑內體會這些行動的後果。結構主義想像力必須幫助我們在未來中生活，從而保證我們能夠繼續在未來中生活。隨著這個偉大的任務越來越多地被人察覺到，它將在文學系統中引起變化。只要人類繼續存在，新的形式就將出現，必然出現。

　　假如想像力讓我們失望了，假如我們讓自己失望了，那麼，結構主義提供了使人冷靜的舒適。人是一個有秩序的以及可被理解的系統的一個部分。儘管這個系統既不是為人所設計的，又不是被人所創造的，它仍然是真實的，存在在那裡，並在某種程度上可以為人所理解。假如人不能繼續與它相適應，它就將在沒有人的情況下繼續下去。人能夠研究它，愛戀它，並把它的運轉當作既不需人類批准，又不需人類存在為其辯護的一件美好東西而接受下來。

參考書目

　　下面列出的文獻並不是有關結構主義的所有作品，而僅僅是經過挑選了的、有關結構主義文學批評和理論的一些主要著作，以及與它們有關的重要先驅者及其他研究著作。我在這裡盡可能羅列了以英文形式出現的作品。僅僅是在沒有英譯本的情況下，我才包括了一些法文書目。為了盡可能大地幫助那些初次接觸結構主義的讀者，我對許多條目作了註釋，並在我的理解能力之內指出了所列文獻的性質和價值。

形式主義：研究著作、選文選集以及
形式主義者本人的專著

1.Bakhtin, Mikhail. *Rabelais and His World*. Cambridge, Mass.: M.I.T., 1968. 巴赫汀，米蓋依：《拉伯雷和他的世界》（劍橋，麻省理工學院出版社，1968年）。

——*Problems of Dostoevsky's Poetics*. Ann Arbor: Ardis, 1973.《杜斯妥也夫斯基的詩學問題》(安阿波，阿迪斯出版社，1973年。)

2.Chklovski, Victor. *Sur la théorie de la prose*. Lausanne: L'Age d'Homme, 1973. 什克羅夫斯基，維克托：《論散文理論》（勞山，人文出版社，1973年）。

敍事理論方面的一部重要著作，一九二九年以俄文首次出版。它應在最近的將來被譯成英文。

3.Eikhenbaum, Boris. *The Young Tolstoy*. Ann Arbor: Ardis, 1972. 埃欽鮑姆，鮑利斯：《青年托爾斯泰》（安阿波，阿迪斯，1972年）。

4.Eisenstein, Sergei, *Film Form*. New York: Harvest Book, 1969. 愛森斯坦，塞吉：《電影形式》（紐約，哈威斯特出版社，1969年）。

——*The Film Sense*. New York: Harvest Book, 1969.《電影意識》（紐約，哈威斯特出版社，1969年）。

儘管愛森斯坦不是形式主義流派的一個成員，並事實上經常被人引述去批駁形式主義的「傾向」，他在電影方面的許多著述與形式主義者有關文學的著述如出一轍。

5.Erlich, Victor. *Russian Formalism*. The Hague: Mouton, 1955. 厄里奇，維克托：《俄國形式主義》（海牙，摩頓，1955年）。

有關形式主義歷史和理論的一部經典著作。

6.Lemon, Lee T., and Reis, Marion J., eds. *Russian Formalist Criticism*. Lincoln, Neb.: Bison Books, 1965. 萊蒙，李·T., 和雷斯，馬里昂·J.（編）：《俄國形式主義批評》（林肯，內布拉斯加，彼森出版社，1965年）。

有關形式主義的一部最為簡練的介紹，包括從什克羅夫斯基、埃欽鮑姆以及托馬謝夫斯基的著作中選出的四個部分，

以及有益的介紹性資料和注釋。

7.Matejka, Ladislav, and Pomorska, Krystyna. *Readings in Russian Poetics*. Cambridge, Mass.: M.I.T.,1971. 麥 杰 卡，拉迪斯拉夫和波莫斯卡，克里斯蒂娜：《俄國詩學讀物》（劍橋，麻省理工學院出版社，1971年）。

收集形式主義著作最全的英譯本，包括埃欽鮑姆、雅各布森、托馬謝夫斯基、提尼阿諾夫、伯格提萊夫、普羅普、布里克、沃羅什諾夫、巴赫汀、圖波茨科以及什克羅夫斯基的著作，此外還有編輯們撰寫的一些資料翔實的文章。

8.Propp, Vladimir. *Morphology of the Folktale*. Austin: University of Texas, 1970. 普羅普，弗拉基米爾：《民間故事形態學》（奧斯汀，德克薩斯大學，1970年）。

9.Todorov, Tzvetan, trans. and ed. *Théorie de la littérature*. Paris: Seuil, 1965. 托多洛夫，茨維坦：《文學理論》（巴黎，索伊，1965年）。這部著作的許多部分已被譯進英文，並已被收入萊蒙和雷斯，以及麥杰卡和波莫斯卡編輯的集子中。但其他部分仍未譯成英文，包括什克羅夫斯基有關「故事和小說的構造」的那篇重要文章。

結構主義：論文選集及研究著作

1.Auzias, Jean—Marie. *Clefs pour le structuralisme*. Paris: Editions Seghers, 1971. 奧茨阿斯，珍—瑪麗：《打開結構主義的鑰匙》（巴黎，1971年）。

有關結構主義的一般性介紹書籍，但其第三版經過了徹底的

改寫。除了語言學背景和基本概念之外，作者抽出專門章節介紹人類學（從涂爾幹(Durkheim)到李維史陀）、阿圖塞(Althusser)和馬克思主義、傅柯的「非結構主義」以及拉岡和心理分析學。他的文學部分不夠翔實，但作爲一個整體，這本書生動、活潑，是這個專題的一個有益介紹。

2.Chatman, Seymour, ed. *Approaches to Poetics*. New York: Columbia, 1973. 查特曼，塞摩爾：《詩學的研究方法》（紐約，哥倫比亞，1973年）。

包括正反兩方面意見的一個有關文學結構主義和文體學研究的論文集。像大多數類似的集子一樣，它的具體部分比整體要優秀得多。它收入了維克托・厄里奇關於雅各布森的文章、休・戴維森關於巴特的文章以及弗蘭克・克默多、理查德・歐曼、斯坦利・菲什和茨維坦・托多洛夫論其他人的文章。

3.Culler, Jonathan. *Structuralist Poetics*. London: Routledge and Kegan Paul, 1973. 卡勒，喬納森：《結構主義詩學》（倫敦，1973年）。

當本目錄交付印刷時，卡勒的書尚未出版。但根據收入羅貝集子中的他那篇文章以及刊登在《中心》雜誌上的一篇文章判斷，這應是一部經過仔細思考、頗有見地的著作。

4.DeGeorge, Richard, and DeGeorge, Fernande, eds. *The Structuralists from Marx to Lévi−Strauss*. Garden City: Doubleday Anchor Books, 1972. 德・喬治，理查德，和德・喬治，菲爾南德（合編）：《結構主義者：從馬克思到李維史陀》（加頓城，道布戴，1972年）。

這個集子收入了馬克思、佛洛伊德、索緒爾、雅各布森、巴特、李維史陀、阿圖塞、傅柯以及拉岡的著述，並附有編輯

們撰寫的一個簡短然而非常有益的介紹。與類似讀物不同的是，它堅持認爲，馬克思和佛洛伊德是結構主義者，因爲他們與索緒爾和其他人一樣「堅信，人們可以根據表層下面的結構、資料，以及現象去解釋表面事件和表面現象。」文學結構主義那一部分僅包括巴特的兩篇文章，但它們都很重要。

5.Ehrmann, Jacques. *Structuralism*. Garden City: Doubleday Anchor Books, 1970. 埃爾曼，雅克：《結構主義》(加頓城，道布戴，1970年)。

最初以單行本形式在耶魯法文研究叢書中出版。收入這個集子的十篇文章，討論了語言學、人類學、藝術、精神病學以及文學的結構主義方面。這個集子的構成相當複雜，因爲它既包括結構主義者（李維史陀、拉岡以及埃爾曼）本人的文章，也包括有關結構主義以及與結構主義相關聯的那些學科的文章。整個集子傾向於簡略和過於玄妙。它的對象顯然是深入研究結構主義活動的高級人員，而不是初學者。但杰弗爾‧哈特曼論英美結構主義的那篇文章以及邁克爾‧里法泰爾評述雅各布森和李維史陀對波特萊爾的〈貓〉的分析的那篇文章都很重要。這個集子也列出了一些參考文獻，但數量既少且又過時。

6.Gardner, Howard. *The Quest for Mind*. New York: Knopf, 1973. 加德納，霍華德：《精神探索》(紐約，1973年)。

此書的副標題爲「皮亞傑、李維史陀和結構主義運動」，它非常全面地討論了這兩個重要的結構主義者以及他們的思想。儘管它幾乎完全忽略了文學和語言學結構主義，它仍然對結

構主義的認識論作了有益的介紹。

7.Garvin, Paul L. *A Prague School Reader on Esthetics, Literary Structure, and Style*. Washington: Georgetown, 1964. 加爾文，保羅：《布拉格學派論美學、文學結構和文體》（華盛頓，喬治城大學出版社，1974年）。

這是迄今為止對布拉格學派的結構主義者所作的最好介紹。尤其應指出，它包括簡・穆卡羅夫斯基的四篇文章以及一個帶有註釋的文獻目錄。

8.Gras, Vernon W. *European Literary Theory and Practice*. New York: Delta Book, 1973. 格拉斯，弗農・W.：《歐洲文學理論與實踐》（紐約，1973年）。

這本書的副標題是：「從存在主義的現象學到結構主義」。這個經過仔細挑選的集子，不僅收入雅各布森、李維史陀、巴特、里奇以及布特的著述，而且收入存在主義者和現象學家撰寫的一些內容或許更加豐富的文章。此書的前言思想敏銳、資料翔實。但除了巴特論拉辛的一段節錄外，所有的結構主義文學「實踐」都是神話和民間故事。熱奈特和托多洛夫本應包括在這裡。

9.Jameson, Fredic. *The Prison-House of Language*. Princeton University, 1972. 詹明信，弗雷德里克：《語言的囚牢》（普林斯頓大學，1972年）。

這是一個黑格爾批評家對形式主義和結構主義所作的一個資料翔實、思想敏銳的批評性研究。他集中討論了形式主義和結構主義方法論中的不足之處。它附有一個有益的文獻目錄，但未指出許多外文著作的英譯本。

10.Lane, Michael, ed. *Introduction to Structuralism*. New

York: Harper Torchbook, 1972. 萊恩，邁克爾（編）：《結構主義導論》（紐約，1972年）。

這個集子著重介紹了語言學、人類學和文學方面的結構主義。編輯本人撰寫的一篇內容極好的前言以及一份詳盡的文獻目錄使它受益匪淺。總的來說，它對這一學科作了一個全面和有見地的介紹。

11. Macksey, Richard, and Donato, Eugenio, eds. *The Languages of Criticism and the Sciences of Man.* Baltimore: Johns Hopkins, 1970.

麥克西，理查德和多納托，尤吉尼奧（合編）：《批評語言與人文科學》（巴爾的摩，約翰・霍普金斯大學，1970年）。

副標題爲「結構主義論戰」的這個集子，收入了有關一九六六年在約翰・霍普金斯召開的一次重要會議的材料。它包括結構主義者和反結構主義者的立論文章以及隨後進行的辯論的紀錄。吉哈德、普萊特、戈德曼、托多洛夫、巴特、拉岡、德希達和魯威特是收入此書的一些人。介紹參加人的文獻部分是有益的。這是深入研究結構主義的學者所必讀的一部重要著作。

12. Piaget, Jean. *Structuralism.* New York: Basic Books, 1970. 皮亞傑，珍：《結構主義》（紐約，1970年）。

經查尼那・瑪斯勒非常出色地翻譯和編輯的這本書，是結構主義哲學方面的一部重要著作。雖然皮亞傑沒有討論文學，但他對數學、邏輯學、物理學、生物學、心理學、語言學、人類學以及哲學方面的結構主義概念所作的解釋，就像他在第一章中對結構所下的定義一樣，對文學研究者具有重大的意義。

13.Robey, David, ed. *Structuralism: An Introduction.* Oxford
: Clarendon, 1973. 羅比，戴維（編）：《結構主義導論》（牛
津，克拉倫登，1973年）。

這個薄集子收入了喬納森・卡勒和約翰・萊昂斯（語言學）、
愛德蒙・里奇（人類學）、烏姆波托・埃科（符號學）、茨維
坦・托多洛夫（亨利・詹姆斯）、約翰・墨非姆（哲學）以及
拉賓・甘地（數學）就結構主義的許多不同方面撰寫的一批
出色文章。

14.Wahl, Francois, ed. *Qu'est-ce-que le structuralisme?*
Paris: Seuil, 1968. 沃爾，弗朗索瓦（編）：《什麼是結構主
義？》（巴黎，索伊，1968年）。

此書目前正在改編之中，其原版包括五篇重要文章：奧斯烏
德・杜克羅特論語言學、茨維坦・托多洛夫論詩學、且・斯
潘伯論人類學以及沃爾論哲學。茨維坦・托多洛夫的宣言已
實際改寫，並很快以單行本形式出版。

15.Wellek, René. *The Literary Theory and Aesthetics of
the Prague School.* Ann Arbor: University of Michigan,
1969. 韋勒克，雷內：《布拉格學派的文學理論和美學》（安
阿波，密西根大學，1969年）。

有關布拉格結構主義者的一部重要專著，其著重點是穆卡羅
夫斯基的著作。

結構主義和原始結構主義
的語言與文學研究

1.Barthes, Roland. *On Racine.* New York: Hill and Wang,

1964. 巴特，羅蘭:《論拉辛》(紐約，希爾和王，1964年)。

這本書反映了一個人而不是一個學派關於拉辛的觀點。它與其說介紹了作爲一個學科的結構主義，不如說介紹了作爲一位批評家的巴特。但這是一部出色的著作，並且經過了理查德‧霍華德的很好翻譯。

——, *Writing Degree Zero and Elements of Semiology.* Boston: Beacon, 1970.《寫作的零度》和《符號學原理》(波士頓，1970年)。

巴特的這兩部專著被收入了同一個集子。相比之下，《符號學原理》一書中的自相矛盾因素要少些。

——, *Critical Essays.* Evanston: Northwestern, 1972.《批評文集》(西北大學出版社，1972年)。

經由理查德‧霍華德翻譯的這個集子，內容豐富多彩。它收入了巴特在文學和批評方面撰寫的一些最重要的文章。

——, *Mythologies.* New York: Hill and Wang, 1973.《神話》(紐約，希爾和王，1973年)。

主要由關於通俗文化的短篇新聞式文章構成的這個集子代表了這位實用符號學家的最佳表現。

——, *S／Z.* Paris: Seuil, 1970.《S／Z》(巴黎，索伊，1970年)。

當本目錄交付印刷時，理查德‧霍華德的譯文還未出版——這本書從符號學角度對巴爾扎克的故事作了分析，將這本書譯成英文不是一件易事。

2.Benveniste, Emile. *Problems in General Linguistics.* Coral Gables: University of Miami, 1971. 班旺尼斯特，埃米爾《普通語言學問題》(邁阿密大學出版社，1971年)。

這本集子收入的文章都十分清晰流暢，因此經常被結構主義
文學批評家提及。

3.Booth, Wayne C. *The Rhetoric of Fiction.* University of
Chicago, 1961. 布思，韋因‧C.：《小說修辭》（芝加哥大
學，1961年）

既不是形式主義，又不是結構主義，布思的新亞里士多德小
說研究對年輕一代的結構主義者發揮了重大影響。

4.Bovon, Francois, ed. *Analyse structurale et exégèse bibli-
que.* Neuchâtel: Delachaux et Niestlé, 1971. 勃峰，弗朗
索瓦（編）：《結構分析與聖經詮釋》。

這個集子是文學結構主義者和傳統解釋學家合作的產物。它
包括編輯對結構主義作的討論，以及巴特、馬丁—阿沙德、
斯塔羅賓斯基和林哈特在聖經結構主義方面撰寫的文章。

5.Bremond, Claude. *Logique du récit.* Paris: Seuil, 1973. 柏
萊蒙德，克勞德：《敘事邏輯》（巴黎，索伊，1973年）。

在此書的第一部分，柏萊蒙德收入了評述貝蒂爾、格雷瑪斯
和托多洛夫的重要文章。篇幅更大的第二部分，全部是他對
「主要敘事角色」所作的研究。

6.Dorfman, Eugene. *The Narreme in the Medieval
Romance Epic.* University of Toronto, 1969. 多夫曼，尤
金：《中世紀浪漫史詩中的敘事成分》（多倫多大學，1969
年）。

副標題爲「敘事結構介紹」的這本書，試圖將結構主義方法
用於對《羅蘭德》（*Roland*）和《熙德之歌》（*Cid*）的分析，
但不甚成功。

7.Frye, Northrop. *Anatomy of Criticism.* Princeton University, 1971. 弗賴伊,諾思羅普：《批評的解剖》（普林斯大學，1971年）。

英美結構主義的一部重要著作。

——, *Fables of Identity*. Harbinger, 1963.《身分寓言》（哈賓格，1963年）。

《批評的解剖》發表於一九五七年。《身分寓言》中的大部分文章則作於《解剖》之後。

8.Genette, Gérard. *Figures I*. Paris: Seuil, 1966.

——, *Figures II*. Paris: Seuil, 1969.

——, *Figures III*. Paris: Seuil, 1972. 熱奈特，吉哈德：《修辭格I》（巴黎，索伊，1966年）；《修辭格II》（1969年）；《修辭格III》（1972年）。

熱奈特是兩個或三個最重要的文學結構主義者中的一個。他的著作尚未被譯成英文，但約翰霍普金斯不久將出版他的一個集子。

9.Goldmann, Lucien. *The Hidden God*. New York: Humanities, 1964. 戈德曼，盧西恩：《隱蔽的上帝》（紐約，1964年）。

此書從馬克思主義／結構主義角度研究了巴斯噶和拉辛。巴特的《論拉辛》就是對此書作出的反應。

——, *Pour une sociologie du roman*. Paris: Gallimard, 1964. ——，《小說社會學》（巴黎，1964年）。

尚未譯成英文的這本書，包括對馬爾洛小說的一份長篇研究和三個短篇文章。在這三篇文章中，戈德曼討論了他的「類屬結構主義」（genetic structuralism），並試圖將盧卡奇的馬克思主義社會觀與一個結構主義方法論結合起來。

10.Greimas, A. J. *Semantique structurale*. Paris: Larousse, 1966. 格雷瑪斯，A. J.：《結構語義學》（巴黎，拉魯斯，1966年）。

———, *Du sens*. Paris: Seuil, 1970.《意義》（巴黎，索伊，1970年）。

雖然他的作品讀起來晦澀難懂，但格雷瑪斯仍然對年輕一代的結構主義者發揮了重大影響。

11.Guillén, Claudio. *Literature as System*. Princeton University, 1971. 居萊恩，克勞迪歐：《作爲系統的文學》（普林斯頓大學，1970年）。

無論在哪種意義上，這個集子都未有計畫地反映結構主義觀點，但整本書的目的卻是「支持結構主義處理文學史的基本單位、術語和問題時所使用的方法」。除了別的目的之外，它還是與李維史陀和索緒爾的一次「內部對話」。這是文學結構主義的一部重要著作。

12.Heller, L. G., and Macris, James. *Toward a Structural Theory of Literary Analysis*. Worcester, Mass.: Institute for Systems Analysis, 1970. 海勒，L.G.和馬克利斯，詹姆斯：《走向文學分析的結構理論》（沃斯特，麻州，系統分析學院，1970年）。

試圖將文學價值歸納成幾個結構原則的這個努力，是使更加傳統的文學批評家感到恐懼的那種核心結構主義，因爲它忽略了文學研究中的許多重要方面。另一方面，它注意了由於太顯而易見而經常被忽視的其他一些方面。

13.Hendricks, William O. *Essays on Semiolinguistics and Verbal Art*. The Hague: Mouton, forthcoming. 亨德里

克，威廉・O.：《符號語言學及語言藝術論文集》（海牙，摩頓，即將出版）。

14.Jakobson, Roman. *Selected Writings*. New York: Humanities, in progress. 雅各布森，羅曼：《論文選集》（紐約，待出版）。

這個六卷版本將最後把雅各布森在語言和文學方面撰寫的大量和多方面的著述收攏在一起。第三卷，《詩的語法與語法的詩》，對結構主義詩學的研究者來說特別重要。在這個版本問世之前，一些重要文章已被收入萊恩（前面第二部分）和塞貝科（後面第六部分）的英文集子中。也請參見第六部分中的雅各布森條目。

——, *Questions de poétique*. Paris: Seuil, 1973. ——，《詩學問題》（巴黎，索伊，1973年）。

這個出色的集子是在托多洛夫的指導下編成的。它收入了雅各布森在詩學方面撰寫的大部分文章，重要的例外是「語言學與詩學」，但它的英譯文已被收入塞比奧克的集子（第六部分）。

15.Jakobson, Roman, and Halle, Morris. *Fundamentals of Language*. The Hague: Janua Linguarum, Mouton, 1956. 雅各布森，羅曼和哈利，莫里斯：《語言的基本原理》（海牙，摩頓，1956年）。

雅各布森在此書的第二部分中討論了隱喻和換喻。

16.Jolles, André. *Formes simples*. Paris: Seuil, 1972. 喬勒斯，安得烈：《簡單形式》（巴黎，索伊，1972年）。

由安多爾・瑪麗・布蓋特從德文譯成法文的這部原始結構主義著作仍需譯成英文，儘管它最初發行於一九三〇年。

17.Lewin, Jane. "Structural Poetics," Dissertation in progress, Brown University.列文，簡：〈結構詩學〉，尙在繼續的論文，布朗大學。

這部著作的長篇前言全面討論了熱奈特和托多洛夫。

18.Metz, Christian. *Language of Film.* New York: Praeger, 1973. 梅茨，克里斯琴：《電影的語言》（紐約，1973年）。

電影符號學方面的一部重要著作。

19.Mukarovsky, Jan. *Aesthetic Function, Norm and Value as Social Facts.* Ann Arbor: University of Michigan, 1970. 穆卡羅夫斯基，簡：《作爲社會事實的美學功能、規範和價值》（安阿波，密西根大學，1970年）。

由布拉格學派的一位領導人撰寫的這部著作，最初發行於一九三六年，馬克・E.蘇努翻譯及註釋。除了本身就是一部重要的專著外，它還顯示了從形式主義到旣研究文學資料又研究社會資料的結構主義的運動。

20.Rabkin, Eric. *Narrative Suspense.* Ann Arbor: University of Michigan, 1973. 拉布金，埃里克：《敍事懸念》（安阿波，密西根大學，1973年）。

對類屬理論的一個有趣貢獻。

21.Saussure, Ferdinand de. *Course in General Linguistics.* New York: McGraw－Hill, 1966. 索緒爾，費爾迪南・德：《普通語言學教程》（紐約，1966年）。

由索緒爾的學生於一九一五年匯集在一起，而後由韋德・巴斯金翻譯和註釋的這部作品，仍然是結構主義中必不可少的第一部書。

22.Scholes, Robert, and Kellogg, Robert. *The Nature of*

Narrative. New York: Oxford, 1966. 休斯，羅伯特和凱洛格，羅格特：《敘事的性質》（紐約，1966年）。

此書屬於形式主義／結構主義傳統，因為它主要根據類屬系統的運轉來解釋敘事文學的演變。

23.Souriau, Étienne. *Les deux cent mille situations dramatiques.* Paris: Flammarion, 1950. 蘇里奧，艾瓊：《二十萬個戲劇情景》（巴黎，1950年）。

討論了戲劇文學的一部重要的原始結構主義著作。

24.Todorov, Tzvetan. *Littérature et signification.* Paris: Larousse, 1967.托多洛夫，茨維坦：《文學與含義》（巴黎，拉魯斯，1967年）。

將結構主義的方法論用於《危險連繫》的一個範例。

——, *Grammarie du Décaméron.* The Hague: Mouton, 1969. 《〈十日談〉的語法》（海牙，摩頓，1969年）。

在這部著作中，托多洛夫使普羅普的方法得以加強和系統化，從而能夠描述薄伽丘的敘事。

——, *Introduction à la littérature fantastique.* Paris: Seuil, 1970. 《幻想文學導論》（巴黎，索伊，1970年）

經理查德・霍華德翻譯的這部著作於一九七三年出版。它不僅是類屬理論方面的一部重要著作，而且是對幻想文學的一次聰敏研究。

——, *Poétique de la prose.* Paris: Seuil, 1971. 《散文詩學》（巴黎，索伊，1971年）。

這個重要的集子收入了托多洛夫在結構主義文學批評方面，所撰寫的文章。它們討論了敘事理論，以及不同時代和不同文化的許多不同的敘事。康乃爾大學出版社希望於一九七五

年出版經羅伯特・休斯翻譯的這本書。

——, *Poetique*. Paris: Seuil, 1971.《詩學》（巴黎，索伊，1971年）。

這是收入沃爾集子（見前面第二部分）中的那個結構主義聲明的一個改寫本。

儘管托多洛夫是兩個或三個最重要的結構主義文學批評家之一，他的著作仍未足夠多地被譯成英文。因此，我在此注出已被譯成英文的六篇文章的出處：

① ——, "Structural Analysis in Narrative".*Novel: A Forum on Fiction,* Fall 1969.〈敍事中的結構分析〉（《小說：敍事論壇》，1969年秋）。

② ——, "The Discovery of Language" : *Les Liaisons Dangereuses and Adolphe, Yale French Studies,* 1970.《語言發現：〈危險連繫〉與〈阿道夫〉》（《耶魯大學法語研究》，1970年）。

③ ——, "The Fantastic in Fiction", *Twentieth Century Studies.* May 1970.〈小說中的幻想成分〉（《二十世紀研究》，1970年五月號）。

④ ——, "Language in Literature", Macksey and Donato (see section II).〈文學中的語言〉見：麥克西和多納托，（第二部分）。

⑤ ——, "Meaning in Literature: A Survey", *Poetics,* No.l. The Hague: Mouton.〈文學中的意義〉（《詩學》，第一冊，海牙，摩頓）。

⑥ ——, "The Two Principles of Narrative", *Diacritics,*

Fall 1971.〈敘事的兩個原則〉(《發音符號》，1971年秋季號)。

25.Van Rossum—Guyon, Francoise, *Critique du roman.* Paris: Gallimard, 1970.范羅薩姆—蓋揚，弗朗索瓦：《小說批評》(巴黎，1970年)。

這篇長文將結構主義的文學批評方法用於單獨一部作品：布特 (Butor) 的《改變》(*La Modification*)。

26.Wollen, Peter. *Signs and Meaning in the Cinema.* Bloomington: Indiana University, 1969. 沃倫，彼得：《電影符號與意義》(印地安那大學，1969年)。

對於一個因爲範圍廣大而不可能在此很好地加以討論的領域，這是一個有益的介紹。最後一章「電影符號學」生動活潑地討論了結構主義與電影的關係，並強調了被忽視的美國語言哲學家查理斯·桑德斯·皮爾斯 (Charles Sanders Peirce) 的貢獻。不幸的是，此書旣無註釋又無文獻附錄。

與文學和語言相關聯的學科之結構主義

顯然，這是一個包羅萬象的籠統概念。隨著範圍的擴大，它的有益之處將減少。但這裡包括了通常被稱爲結構主義者的那些重人物，他們的著作不屬於語言學和文學批評範疇。此外，這裡還有幾部通常不被看作「結構主義」然而對結構主義的人類活動卻發揮著重要作用的著作。

1.Althusser, Louis. *For Marx.* New York: Vintage, 1970. 阿圖塞，路易斯：《獻給馬克思》(紐約，1970年)。

阿圖塞經常被稱爲一個結構主義者，也許因爲他堅持把馬克
思的著作看成一批「科學的」材料，因而像其他科學假設一
樣需要得到檢驗、發展和拋棄。有關馬克思的這個集子，詳
盡闡述和評述了馬克思主義的「歷史科學」。

2.Bateson, Gregory. *Steps to an Ecology of Mind.* New
York: Ballantine, 1972. 貝特森，格雷戈里：《通向精神生
態學的步驟》（紐約，1972年）。

雖然貝特森未使用結構主義這個詞，但他在認識論、生態學、
生物學、心理學和人類學方面撰寫的文章對結構主義的哲學
和思想作出了重要貢獻。

3.Burnham, Jack. *The Structure of Art.* New York: Brazil-
ler, 1971. 伯哈姆，傑克：《藝術的結構》（紐約，1971年）。
帶有結構主義色彩的這部著作，首先簡略討論了李維史陀、
索緒爾、巴特、喬姆斯基和皮亞傑，然後分析了從特納到杜
象的繪畫和其他藝術品。

4.Derrida, Jacques. "Structure, Sign, and Play in the Dis-
course of the Human Sciences," Included in Macksey
and Donato (see section II). 德希達，雅克：〈人文科學話
語中的結構、符號和遊戲〉，見：麥克西和多納托（第二部
分）。

雖然德希達經常被稱作結構主義者，但他在世界觀上與存在
主義的現象學卻更爲接近。前面提到的文章激烈抨擊了那種
總是認爲別人在結構主義方面不夠激進的人。他在語言、寫
作和思維方面撰寫的兩部書（《論書寫語言學》（*De la gram-
matologie*）和《書寫與差異》（*L'Écriture et la différence*））
正在被翻譯之中，但尚未在英文中出版。

5.Foucault, *Michel. Madness and Civilization (Histoire de folie)*. New York: New American Library, 1973. 傅柯，米歇爾：《瘋狂與文明》(紐約，1973年)。

——, *The Order of Things (Les mots et les choses)*. New York: Pantheon, 1970.《事物的秩序》(紐約，1970年)。

——, *The Archaeology of Knowledge*. New York: Pantheon, 1970.《知識考古學》(紐約，1970年)。

傅柯堅持認爲，他不是結構主義者，但他對歷史過程模式的興趣表明，儘管他一直這樣認爲，他仍然屬於形式主義／結構主義傳統。迄今爲止，他的美國出版商沒有特別好地爲他服務。《事物的秩序》一書根本未提及譯者的姓名。考慮到譯文的拙劣，這種腼腆是可以理解的。但除此之外，對理解第一章來說必不可少的卷首插圖——委拉斯凱支所作的「曼尼那斯號」的複製品——在這部標價過高的書中被省略了，儘管註釋提及了它。對於英語讀者來說，這就是可以得到的東西。讀者或許應該首先讀《考古學》，尤其是結論部分和附加的「論語言」。

6.Gombrich, E. H. *Art and Illusion*. Princeton University, 1961.古姆布里奇，E. H.《藝術與幻覺》(普林斯頓大學，1961年)。

雖然很少有人指責古姆布里奇是結構主義者，但他對造型藝術中進化系統的出色討論，還是將他與形式主義／結構主義傳統連在了一起。

7.Köhler,Wolfgang. *The Task of Gestalt Psychology*. Princeton University, 1969. 科勒，沃夫岡：《完形心理學的任務》《普林斯頓大學，1969年)。

皮亞傑在《結構主義》（*Structuralism*）中將完形心理學與結構主義在心理學中的啓始連繫起來。科勒簡短和清楚的總結，則是對完形心理學家的成就和思想的一個出色介紹。

8.Kuhn, Thomas S. *The Structure of Scientific Revolutions.* University of Chicago,1970.孔恩， 托馬斯‧S.：《科學革命的結構》（芝加哥大學，1970年）。

通過將科學思想看成一個進化系統——就像古姆布里奇看待繪畫，或文學批評家看待類屬歷史那樣——，孔恩縮小了科學與藝術之間的差距。他還引發了科學歷史學家內部的大論戰。這是一部重要的著作。

9.Lacan, Jacques. *The Language of the Self*：*The Function of Language in Psychoanalysis.* Baltimore: Johns Hopkins, 1968. 拉岡，雅克：《自我的語言：心理分析中的語言功能》（巴爾的摩，約翰‧霍普金斯，1968年）。

在拉岡的著作中，這是譯成英文中的唯一一部重要著作。它附有一個內容全面的文獻目錄。在前面第二部分提到的埃爾曼和麥克西與多納托的集子中也可找到拉岡的重要文章。

10.Piaget, Jean. *Six Psychological Studies*. New York: Vintage, 1968. 皮亞傑，珍：《六項心理學研究》（紐約，1968年）。

就像李維史陀在人類學領域，皮亞傑的遺傳認識論方面是一個富有創造性的學者。在此提及的書目介紹了已被譯成英文的更大一批著作。這六項研究都經過了很好的挑選，因此能夠顯示皮亞傑的研究深度和力度。此書還有一個很好的包括英法書目在內的文獻附錄。

11.Wiener, Norbert. *The Human Use of Human Beings.*

New York: Avon Books, 1967. 威尼，諾伯特：《人的人道運用》（紐約，1967年）。

副標題為「熵與社會」(Cybernetic and Society) 的這本書首次發行於一九五○年。它介紹了當代結構思維中的重要概念，但它本身卻不是結構主義性質。儘管如此，與前面提及的貝特森一樣，它仍然對結構主義思想作出了重大的貢獻。

克勞德‧李維史陀：著作與研究

下面的書單沒有包括李維史陀在人類學方面撰寫的大部分更加專門的著作。

1. Charbonnier, Georges. *Conversations With Claude Lévi-Strauss*. London: Cape Editions, 1969. 夏邦尼爾，喬治：《與克勞德‧李維史陀的談話紀錄》。

   在夏邦尼爾機敏和富有人情味的問題的引導下，李維史陀解釋和闡述了他在人類學和藝術方面的思想。

2. Hayes, E. Nelson, and Hayes, Tanya, eds. *Claude Lévi-Strauss: The Anthropologist as Hero*. Cambridge, Mass.: M.I.T, 1970. 海斯，E.納爾遜和海斯，塔妮雅(合編)：《克勞德‧李維史陀：作為英雄的人類學家》（劍橋，麻省理工學院出版社，1970年）。

   既有通俗的新聞肖像又有嚴肅的註釋的這個集子，介紹了李維史陀和結構主義。所有的文章都經過了很好的篩選，書中還有一個詳盡的法文和英文的作品目錄。

3. Leach, Edmund. *Claude Lévi-Strauss*. New York: Viking ,

1970. 里奇，愛德蒙：《克勞德‧李維史陀》（紐約，1970年）。
在「現代大師」叢書中發表的這部專著是對李維史陀所作的
最好介紹。雖然里奇是這位大師在英國的大徒弟，但他在註
釋中還是很好地避免了盲目崇拜。

4.Lévi-Strauss, Claude. *Tristes Tropiques*. New York: Ath-
eneum, 1970. 李維史陀，克勞德：《憂鬱的熱帶》（紐約，
1970年）。

這是首先以法文形式於一九五五年出版的那本書的一個稍有
省略的版本。在書中，作者以非常生動的語言描述了他最初
的人類學研究以及它們在他心中提出的問題。

——.*Structural Anthropology*. Garden City: Anchor
Books, 1967.《結構人類學》（加頓城，1967年）。

首次於一九五八年在法國出版的這個集子介紹了人類學。

——.*Totemism*. Boston: Beacon Press, 1963.《圖騰制度》
（波士頓，1963年）。

——.*The Savage Mind*. University of Chicago ,1966.《野
性的思維》（芝加哥大學，1966年）。

這後兩部著作描述了原始思想的構成，並構成了即將完成的
四卷本《神話》（*Mythologiques*）的序曲。

文體學：論文集及主要著作

因爲當代文體學將語言學知識運用於文學的一個方面，所以
它經常與「從事同樣工作」的結構主義相混淆。然而，儘管它們
在一些方面非常相似，它們在另外一些方面又大不相同，因而應

被視爲相互獨立的學科。下面的書單未加註釋。

1.Chatman, Seymour. *A Theory of Meter*. The Hague: Mouton, 1965.查特曼，塞摩爾：《格律理論》（海牙，摩頓，1965年）。

——,*Literary Style: A Symposium*. New York: Oxford, 1971.《文學文件：論文集》（紐約，1971年）。

——,*The Later Style of Henry James*. New York: Oxford,1972.《亨利‧詹姆斯的後期文體》（紐約，1972年）。

2.Chatman, Seymour, and Levin, Samuel, eds. *Essays on the Language of Literature*. Boston: Houghton-Mifflin, 1967. 查特曼，塞摩爾和列文，塞繆爾（合編）：《文學語言論文集》（波士頓，1967年）。

3.Enkvist, Nils E. *Linguistic Stylistics*. The Hague: Mouton, 1973. 恩科維斯特，尼爾斯‧E.：《語言文體學》（海牙，摩頓，1973年）。

4.Fowler, Roger, ed. *Essays on Style and Language*. New York: Humanities, 1966. 福勒，羅杰（編）：《論文體和語言》（紐約，1966年）。

——,ed .*The Languages of Literature*. New York: Barnes and Noble, 1971. （編）：《文學的語言》（紐約，1971年）。

5.Freman, Donald C. ed. *Linguistics and Literary Style*. New York: Holt, 1970. 弗里曼，唐納德.C.（編）：《語言學和文學文體》（紐約，1970年）。

6.Jakobson, Roman, and Jones, Lawrence G. *Shakespeare's Verbal Art*. The Hague: Mouton, 1970. 雅各布森，羅曼和瓊斯，勞倫斯‧G.：《莎士比亞的語言藝術》（海牙，摩頓，

1970年)。

7.Leech, Geoffrey N. *A Linguistic Guide to English Poetry*. London: Longmans, 1969. 李奇，杰弗里・N.：《英國詩歌的語言指南》（倫敦，1969年）。

8.Le Guern, Michel. *Sémantique de la métaphore et de la métonymie* Paris: Larousse, 1973. 列古厄恩，米歇爾：《隱喻與轉喻語義學》（巴黎，拉魯斯，1973年）。

9.Levin, Samuel. *Linguistic Structures in Poetry*. The Hague: Janua Linguarum, Mouton, 1962. 列文，塞繆爾：《詩歌中的語言結構》（海牙，摩頓，1962年）。

10.Love, Glen A, and Payne, Michael, eds. *Contemporary Essays on Style*. Glenview: Scott, Forsman, 1969. 洛弗和佩恩（合編）：《論風格》（格倫維尤，1969年）。

11.Nowottny, Winifred. *The Language Poets Use*. London: Athlone, 1965. 諾渥特尼，威妮弗雷德：《詩人使用的語言》（倫敦，1965年）。

12.Sebeok, Thomas A., ed. *Style in Language*. Cambridge, Mass.: M.I.T., 1960. 塞比奧克，托馬斯・A.（編）：《語言中的文體》（劍橋，麻省理工學院，1960年）。

13.Uitti, Karl D. *Linguistics and Literary Theory*. Englewood Cliffs: Prentice-Hall, 1969. 尤依提，卡爾. D.：《語言學與文學理論》（安格屋德・克里弗斯，1969年）。

雜誌

　　經過高度篩選的這個雜誌目錄全部或主要與語言和文學方面的結構主義有關。

1. 《中心》（*Centrum*）（明尼阿波利斯，明尼蘇達語言、文體及文學高級研究中心出版。）第一期於一九七三年春出版。

2. 《變化》（*Change*），（巴黎，索伊出版。）這不是一份雜誌，而是一個系列刊物。關於「布拉格學派」的第三期和關於「敘事藝術」的第五期特別重要。

3. 《交流》（*Communications*），（巴黎，高等研究實用學院出版）。這個系列刊物是結構主義和符號學思想的一個主要源泉。第四期登有柏萊蒙德、托多洛夫、巴特和梅茨的重要文章。專門討論「敘事的結構分析」的第八期是結構主義敘事學家的主要宣言。對於研究結構主義的人來說，第十一、十五和十六期也很重要。

4. 《發音符號學》（*Diacritics*），（自一九七一年以來每年四期，康乃爾大學拉丁語言系出版。）這家雜誌對結構主義思想非常友好。

5. 《假設》（*Hypothèses*，（巴黎，塞格斯／拉方特出版。）這個系列刊物的第一期（1922年）討論了雅各布森、哈勒和喬姆斯基。

6. 《文學語義學雜誌》（*Journal of Literary Semantics*），（摩頓出版）這個系列刊物的第一期（1972年）刊登了福勒（Fowler）、理查德（Richards）和查特曼（Chatman）等

人的文章。

7.《詩學》（*Poetics*），（摩頓出版）這個不定期出版的系列刊物經常登載文學結構主義和文體學方面的文章。

8.《詩學》（*Poétique*），（巴黎，索伊出版）每年四期的這個刊物目前是文學結構主義的主要喉舌。這家雜誌的編輯是熱奈特、托多洛夫和海倫・西克蘇。撰稿人包括兩個半球上的主要結構主義者及與之相關的文學批評家。

9.《符號學》（*Semiotica*），（摩頓出版）每年八期的這家雜誌經常登載文學符號學方面的研究文章。文字使用英文或法文。

補遺

下面列出的四部作品，是本書第一次印刷後發現的。其中兩部是當代文獻方面的工具書；一部關於法國結構主義，另一部關於英美文體學。另外兩部作品是互為補充的研究著作。一部是一位俄國作家在結構主義的形式主義傳統中寫成的。另一部則是一位與拉岡和傅柯接近的法國人寫的。尤斯潘斯基的書名易使人誤解；它討論了敘事中的角度問題。

1.Deleuze, Gilles. *Proust and Signs*. New York: George Braziller, 1972. 德律茲，吉爾斯：《普魯斯特與符號》（紐約，1972年）。

2.Harari, Josué V. *Structuralists and Structuralisms: A Selected Bibliography of French Contemporary Thought, 1960～1970*. Published by the journal *Diacritics*. Ithaca, 1973. 哈拉禮，喬蘇・V.:《結構主義者與結

構主義：法國當代思想文獻選錄，一九六〇～一九七〇》（《發音符號》雜誌出版，1973年）。

3.Kluewer, Jeffery D. 〝An Annotated Checklist of Writings on Lingusitics and Literature in the Sixties." *Bulletin of the New York* Public Library 76(1972)：36－91. 克魯沃，杰弗里・D: 〈六十年代語言學與文學論文目錄（附註譯）〉（紐約公共圖書館出版，1972年）。

4.Uspensky, Boris. *A Poetics of Composition.* Berkeley: University of California Press, 1973. 尤斯潘斯基，鮑利斯：《寫作詩學》（柏克萊，加州大學出版社，1973年）。

索 引

桂冠新知叢書*45*

文學結構主義

著者一羅伯特·休斯

譯者一劉豫

責任編輯一鍾宜靜

發行人一賴阿勝

出版一桂冠圖書股份有限公司

登記證一局版臺業字第1166號

地址一臺北市10769新生南路三段96-4號

電話一368-1118　363-1407

電傳一(886 2) 368-1119

郵撥帳號一0104579-2

印刷一海王印刷廠

初版一刷一1992年5月

⊙**本書如有破損、裝訂錯誤，請寄回調換**

ISBN 957-551-520-x

定價一新臺幣200元

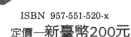

國立中央圖書館出版品預行編目資料

文學結構主義/ 羅伯特·休斯（Robert Scho-
les)著；劉豫譯. -- 初版. -- 臺北市：桂冠，
1992〔民81〕
　　面；　　　公分. -- （桂冠新知叢書；45）
譯自；Structuralism in literature : an
introduction
　　參考書目：面
　　含索引
　　ISBN 957-551-520-x（平裝）
　　1.文學–哲學，原理　　2.結構主義（文學）

810.139　　　　　　　　　　81003207